KB067353

리더를 위한 멘탈 수업

일러두기

- 인명을 포함한 외국어 표기는 국립국어원 외래어표기법과 용례에 따라 표기했습니다.
- 책에 등장하는 모든 사례는 퍼포먼스 코칭 사례를 기반으로 하되 독자의 내용 이해를 돕기 위해 적절하게 가공한 내용임을 밝힙니다.

리더를 위한
멘탈 수업

압도적 성과를 올리는 사람들의 7단계 성장 전략

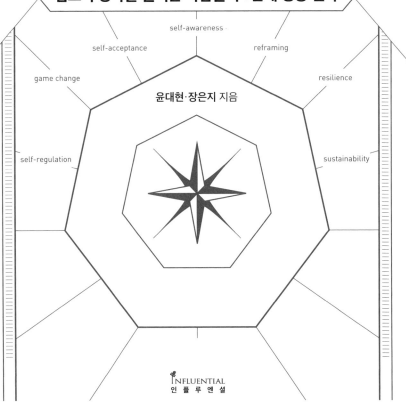

self-awareness

self-acceptance

reframing

game change

resilience

윤대현·장은지 지음

self-regulation

sustainability

INFLUENTIAL
인 플 루 엔 설

압도적인 성과를 내는 리더들에게는 공통점이 있다. 바로 자기 자신을 잘 안다는 것이다. 리더가 자신을 알고 마음을 스스로 통제할 수 있을 때 비로소 다른 사람에게 영향을 줄 수 있다. 리더 내면의 성장이 곧 조직의 성장으로 이어지기 때문이다. 결국 기업의 창의적 혁신과 변화는 리더의 마음에 달려 있다고 해도 과언이 아니다. 정신적 멘토가 절실한 이 시대의 리더들에게《리더를 위한 멘탈 수업》은 진정한 멘토가 되어줄 것이다.

• **이광형**(KAIST 총장)

조직을 이끄는 사람에게 가장 힘든 점은 아무도 마음을 알아주지 않는다는 것이다. 리더는 오직 스스로 마음을 돌봐야 한다. 자신의 마음을 돌보지 않는 리더는 결국 지속가능한 성장이 강조되는 오늘날의 경영환경에서 살아남기 힘들다. 이 책은 리더가 자신을 지키는 동시에 조직을 성장시키는, 두 마리 토끼를 모두 잡을 수 있는 영리한 리더십을 제시한다. 앞으로의 성장을 고민하는 이 시대의 리더들에게 일독을 권한다.

• **정창화**(포스코 신성장 부문장)

자신에 대한 이해와 수용이 선행되어야 구성원들을 이해하고 조직을 긍정적인 방향으로 이끌 수 있는 진정한 리더가 될 수 있다. 직장인들의 심리 멘토로 자리매김한 윤대현 교수와 조직문화와 리더십 컨설팅 분야 최고 권위자인 장은지 대표의 공저라는 사실만으로도 이 책을 추천하는 데 부족함이 없다. 우리 시대의 리더들에게 진정한 위로가 되는 책이라고 확신한다.

• **조준희**(한국소프트웨어산업협회 회장)

전례 없는 변화의 시대에 가보지 않은 길을 열어가는 리더는 고독할 수밖에 없다. 리더 스스로 자신의 강점과 동기를 명확히 인지하고 내면을 다스리는 노력이 중요한 이유이다. 마음의 에너지는 의도적인 연습과 전문가의 개입을 필요로 한다. 이 책은 정신의학과 조직심리학에 정통한 두 저자가 오랜 기간 많은 리더의 마음 훈련을 도운 결과물이다. 리더의 성장 7단계를 따라가다 보면 더욱 성숙해진 자신의 모습을 발견하게 될 것이다.

• **송미영**(현대자동차그룹 인재개발원장)

이 책은 지금까지 수많은 리더와 고민을 나누고 해결책을 제시해온 두 사람의 날카로운 통찰과 조언, 명확한 솔루션을 담고 있다. 이들이 제시하는 리더의 성장 7단계에서 가장 중요한 키워드는 '마음을 들여다보는 힘'이다. 복잡다단한 현대 사회에서 이런 마음의 힘을 기르는 것은 리더뿐 아니라 직장생활을 하는 모든 사람에게 필수적인 요소일 것이다. 회사와 회사의 구성원 모두가 함께 지속가능하고 건강한 성장을 할 수 있는 비결이 궁금한 사람에게 이 책을 추천한다.

•**양현서**(카카오 부사장)

일과 마음의 언어를 진중하게 살피고 접근하는 방법은 조직의 근본적인 변화와 성장을 돕는다. 이 책은 깊이 있게 질문하고 문제를 제대로 직면하게 만들어 우리가 자신의 마음을 살피고 깊은 근원으로 들어갈 수 있게 돕는다. 나 역시 조직의 리더로서 자신을 돌아보고 깊이 살피게 되는 소중한 시간이었다. 정신의학과 리더십 전문가인 두 저자가 만나서 일으키는 지혜와 통찰의 시너지를 확실하게 체험할 수 있다.

•**정다정**(페이스북코리아 인스타그램 홍보 총괄 상무)

현대 사회는 무조건 이기는 리더가 아닌 조직과 함께 성장하는 리더를 필요로 한다. 이러한 건강한 리더십은 타인에 대한 공감 능력과 포용력이 수반되어야 하며, 이는 리더의 치열한 자기인식이 토대가 되었을 때 가능하다. 수많은 리더십 책이 있지만, 실제 경영 현장에서의 경험과 심리학 이론 모든 측면을 깊이 다루며 깨달음을 줄 수 있는 책은 단연코 이 책뿐이다.

•**손태희**(퍼시스홀딩스 사장)

차례

탁월하게 성장하는
리더들은 무엇이 다른가

다양한 조직을 이끄는 리더들 곁에서 오랜 시간 동안 그들의 고민을 나누고 솔루션을 제시하며 깨달은 중요한 사실이 있습니다. 아무리 유능한 리더라도 자기 마음을 들여다보고 살피지 않은 채 앞만 보고 달린다면 결국 지속가능한 성장을 할 수 없다는 것입니다. 탁월한 성과를 내며 행복한 성장을 이어가는 리더들은 모두 '자기 마음을 들여다보는 힘'을 지니고 있었습니다.

코로나19 팬데믹은 우리의 삶 구석구석 영향을 미치지 않은 곳이 없지만, 리더십 측면에서도 새로운 변화를 요구하고 있습니다. 팬데믹으로 야기된 경영환경 변화에 빠르게 대응하기 위해서 리더는 상황인식 능력을 갖추고 조직 내외부의 모든 상황적 변수, 구성원의 다양한 요구에 민감하게 반응하고 대처해야 합니다. 여기에 필요한 것이 깊이 있는 자기인식입니다. 객관적이고 명확한 자기인식이 있어야 주변 상황을 왜곡 없이 받아들이고 정확하게 해석할 수 있기 때문입니다. 상황인식과 자기인식은 팬데믹 이전에도 리더십의 중요한 요건이었습니다. 다만 복잡하고 불투명한 환경 변화로 인해 더욱 기본적이고 핵심적인 역량이 된 것입니다.

리더십은 상황에 따라 계속 변화하며 성장하고 발전해야 합니다. 훌륭한 성과를 내고 목표로 했던 승진에 성공했더라도 그다음 단계로의 성장에 관한 비전이 마련되지 않으면 그 자리에서 정체되거나 뒤로 밀려나게 됩니다. 자기 성장에 관한 비전은 다른 사람이 제시하는 것이 아니라 자신이 진정으로 원하고 자신에게 잘 맞는 것이어야 합니다. 그래야 단기적인 성과에 함몰되지 않고 행복한 성장을 이어갈 수 있습니다.

계속 성장하기 위해서는 자기 비전에 대한 고민과 도전이 뒤따라야 하며, 이는 자기 마음을 들여다보는 힘이 뒷받침되어야만 가능합니다. 자기 마음을 들여다본다는 것은 자신이 무엇을 원하는 사람인지, 무엇을 잘하고 무엇이 부족한 사람인지 자각하는 것입니다. 그리고 자신의 취약성을 어떻게 협업을 통해 보완할 수 있는지 성찰하는 것입니다.

리더에게 마음관리가 중요한 이유

리더의 성과 향상을 위한 '퍼포먼스 코칭performance coaching'은 '리더십 성장'에 초점을 맞춥니다. 리더가 기술, 역량, 행동 등의 측면에서 변화를 창출하고 지속함으로써 계속 성장하도록 돕는 것이 퍼포먼스 코칭의 목표입니다. 그중에서도 가장 중점을 두는 것은 '빠른' 성장이 아니라 '건강한' 성장입니다. 모든 성과는 결국 건강한 마음에서 나온다고 믿기 때문입니다.

오늘날 리더들에게는 '마음관리'가 매우 중요합니다. 규모의 경제와 표준화를 통해 성과를 이끌던 시대에는 개인의 감정과 욕구를 잘 억제하는 것이 미덕이었지만, 지금은 인간의 자유로운 정신과 창의성이 중요한 경쟁력으로 작용하는 시대가 되었습니다.

이러한 변화와 별개로도 리더들에게 마음관리가 특히 중요한 이유로 세 가지를 꼽을 수 있습니다.

첫째, 리더는 외로움을 느끼기 쉬운 존재입니다. 사람은 누구나 공감받고 지지받는 관계를 통해 심리적 자원을 얻게 마련인데, 리더의 위치에 서면 자신의 의도와 상관없이 그러한 진정성 있는 관계를 상당수 잃어버리게 됩니다. 오죽하면 "나를 지독하게 미워하는 사람들 아니면 내가 듣고 싶은 이야기만 하는 사람들만 세상에 남은 것 같다"라며 심리적 고충을 토로한 리더도 있었습니다. 이러한 리더에게는 타인에게 얻는 위로와 공감 없이도 자신의 마음을 스스로 들여다보고 보듬어 안을 수 있는 역량이 너무나 중요합니다. 이러한 마음관리에 소홀할 경우 과도한 스트레스를 이기지 못해 번아웃에 빠지거나 부정적 감정으로 인해 결정적인 순간에 실수를 저지르게 됩니다.

둘째, 아무리 유능한 리더라 하더라도 언제든 힘들고 어려운 상황에 부딪힐 수밖에 없습니다. 많은 리더가 하루에도 몇 번씩 롤러코스터를 타며 긴장의 끈을 놓지 못한 채 하루하루를 버텨가고 있습니다. "매일매일 벌어지는 사건과 이슈들에 일일이 마음을 쓰며 일희일비한다면 온전한 제정신으로 살기 어려울 것이다"라고 말하는 경영자도 많습니다. 그래서 그들에게는 어떤 난관을 만나더라도 침착하게 대응할 수 있고, 뛰어난 성과를 이루거나 뜻밖의 호재를 만났을 때도 지나치게 낙관하지 않는 마음의 균형추가 절실히 필요합니다.

셋째, 결국 리더도 자신이 통제할 수 있는 것은 자기 마음뿐입니다. 사람은 자신이 상황을 통제할 수 있다고 믿을 때 스스로 동기를 부여하며 더 큰 자기효능감을 가지게 됩니다. 리더는 자기 마음을 잘 조절하는 자기통제력을 통해서 주체적이고 능동적이며 성장 지향적인 결정을 내릴 수 있습니다.

코로나19 팬데믹은 평범한 리더들조차 자기 마음을 관리하기가 쉽지 않다는 것을 깨닫게 해주었습니다. 사람들은 갑자기 언컨택트 방식의 소통에 익숙해져야 했고, 극심한 경기 침체와 더불어 찾아온 시장 변화에도 적응해 어떻게든 살아남아야 했습니다. 그러면서 이전에는 마음관리에 어려움을 겪지 않던 리더들도 과도한 스트레스와 우울감을 호소하는 예가 늘어났습니다.

《감정의 발견》이라는 책을 집필한 미국 예일대학교 마크 브래킷 Marc Brackett 교수는 한 인터뷰에서 흥미로운 리더십 연구 결과를 언급한 바 있습니다. 팬데믹 이전에는 구성원들이 자신들의 어려움을 공감해주고 도움을 주는 리더를 원했다면, 팬데믹 이후에는 자기 자신의 감정을 잘 조절하는 리더를 훨씬 더 선호하게 되었다고 합니다. 이는 팬데믹과 같은 불확실성의 상황에서는 자신의 감정을 잘 이해하고 관리할 수 있는 리더의 역량이 훨씬 더 중요해진다는 의미로 해석할 수 있을 것입니다.

마음관리와 성과와의 관계

그렇다면 마음관리를 잘하는 리더들이 이끄는 조직이 더 높은 성과를 올리게 될까요? 우리는 일에 쫓겨 마음을 들여다볼 여유가 없다는 리더를 많이 만났습니다. 자기 마음은 고사하고 다른 사람의 감정까지 고려하며 일하다가는 제대로 성과를 내기가 어렵다는 것이 그들의 주장이었습니다. 과연 그럴까요?

글로벌 경영컨설팅사인 맥킨지앤컴퍼니 Mckinsey&Company는 지난 15년간 세계 유수의 글로벌 기업에서 탁월한 리더십으로 높은 성과를 올린 160여 명 리더의 특성을 조직개발, 진화생물학, 뇌과학, 긍정심리학 등에 걸친 다면적 연구를 통해 들여다본 바 있습니다. 그 결과 탁월한 리더십에는 다섯 가지 공통점이 있다는 사실을 밝혀 냈습니다.

첫째, 자신과 일의 의미 발견

둘째, 긍정적 사고와 관점

셋째, 신체적·정신적 에너지 관리

넷째, 관계의 연결

다섯째, 몰입

자신이 누구이며 무엇을 원하는지 알고, 아무리 까다로운 상황에 직면했더라도 긍정적인 관점과 사고를 유지하며, 이를 위해 신체적·정신적 에너지의 긍정적 상호순환을 유지하기 위한 끊임없는 습관과 노력에 시간을 투자하고 있었다는 것입니다. 한 가지 주목할 점은 이 다섯 가지 요소가 직간접적으로 '마음관리'와 직결되어 있다는 것입니다.

맥킨지는 이 다섯 가지 요소와 성과와의 상관관계도 분석했습니다. 한 가지 이상의 요소를 가진 리더는 아무것도 없는 리더보다 변화를 성공적으로 주도해나갈 확률이 두 배나 높았습니다. 다섯 가지 특성을 모두 가진 리더들은 그 확률이 네 배로 늘어났습니다. 또 다섯 가지 모두 가진 리더들은 아무것도 없는 리더들보다 일에서의 성과와 개인적 삶에 만족한다고 답한 확률이 20배나 높았다고 합니다.

이러한 연구 결과를 굳이 언급하지 않더라도 우리가 지난 20여 년간 만난 수많은 리더가 보여준 궤적은 마음관리를 통해 성숙한 리더십을 가진 리더들이 결국 지속가능한 성공을 만들어낸다는 점을 생생하게 증명해주고 있습니다. 실패한 리더들은 예외 없이 자신과 자신의 마음을 들여다보는 자기반성과 성찰이 부족했습니다. 다른 사람의 감정을 이해하고 적절하게 대응하는 공감 능력 역시 떨어졌습니다.

훌륭한 리더로 계속 성장하기 위해서는 뛰어난 업무 역량이나 단기적 성과만으로 충분하지 않습니다. 자기 마음뿐 아니라 타인의 마음도 잘 보살피고 헤아릴 수 있는 역량을 갖춰야만 지속가능한 성장을 이뤄내는 리더가 될 수 있습니다. 그리고 이러한 마음관리 역량은 끊임없이 자신을 들여다보고 긍정적 에너지를 채우며 변화와 도전의 관점에서 자기 한계를 계속 극복해가는 연습을 통해서 습득할 수 있습니다.

리더의 성장 7단계를 따라가라

리더들은 제각기 다른 상황에서 다양한 문제를 해결하며 성장하고 있습니다. 그들이 가진 강점과 약점도 다르고 지향하는 비전과 목표도 다르지요. 그런데 수많은 리더의 성장 루트를 분석해본 결과 그들이 매우 유사한 경로를 거치며 성장한다는 것을 발견할 수 있었습니다. 그것을 정리한 것이 이 책에서 제시하는 '리더의 성장 7단계'입니다.

　우리는 많은 리더와 만나며 과연 '리더의 자격'은 무엇일까 고민합니다. 리더의 자리가 리더로서의 자격까지 부여해주는 것은 아니란 점을 여러 경험을 통해 확인했기 때문입니다. 여기에서 리더의 자격을 일일이 열거하기는 어렵겠지만, 가장 중요한 기준 한 가지에 대해서는 이야기할 수 있을 것 같습니다. 그것은 '자기 개인의 성취에 만족하지 않고 조직과 구성원들의 성공에 헌신하려는 겸손한 태도'입니다. 이러한 겸손함은 자기인식이라는 자양분을 바탕으로 길러낼 수 있는 리더의 중요한 역량 중 하나라고 생각합니다. 바로 이런 이유에서 리더의 성장 첫 번째 단계를 '자기인식'으로 설정했습니다.

　객관적인 피드백과 자기 성찰을 통해 자신이 어떤 사람인지 파악하는 자기인식의 다음 단계이자 리더의 성장을 이끄는 두 번째 단계는 '내적수용'입니다. 우리는 자신의 문제점을 자각하더라도 이를 해결하지 못한 채 스스로 한계에 부딪히곤 합니다. 그 이유는 대개 자각한 내용을 온전한 내적수용으로 가져가지 못한 데서 비롯됩니다. 자신의 문제를 객관적으로 수용했더라도 실질적인 변화가 일어나려면 심리적 블로킹을 한 번 더 돌파해야 합니다. 자신이 십수 년간 반복해온 문제 행동은 때로 무의식 차원에서 작동되는 프레임의 영향을 받기 때문입니다. 그래서 세 번째 단계는 문제를 다르게 바라보는 '관점전환'입니다.

네 번째는 도전과 변화의 과정에서 숙명처럼 맞닥뜨리게 되는 갈등과 저항을 극복하고 새로운 성장 모멘텀을 만들어내는 '한계극복'의 단계입니다. 한계극복을 위한 노력에도 불구하고 리더는 실패할 수 있습니다. 계속 성장하고 도전하려는 리더에게 실패는 필연적입니다. 다섯 번째 단계는 그 실패에서 빠져나오기 위한 '회복탄력성'을 키우는 것입니다. 요즘과 같이 불확실하고 예측하기 어려운 시대에는 '어떻게 하면 실패하지 않을까'가 아니라 '어떻게 하면 실패를 빠르게 극복할 수 있을까'를 고민해야 합니다.

이어지는 여섯 번째는 성공의 경험을 만들어 축적하며 이를 개인의 성공을 넘어 조직의 성공으로 확장하는 '지속가능성'을 확보하는 단계입니다. 리더의 성장 마지막 단계는 특히 성공의 고지에 올랐다는 생각이 들 때 자만에 빠지지 않도록 자신을 끊임없이 살피고 조심하는 '자기경계'입니다. 자기경계의 단계에서 리더는 다시 자기인식의 단계로 돌아가 자신의 비전과 목표를 가다듬게 됩니다. 결국 리더십은 어느 단계에서 완성되는 것이 아니라 리더의 성장과 함께 계속 변화하며 성장하는 것이지요.

우리는 이 책을 통해 여러분과 함께 '리더의 성장 7단계'를 차근차근 밟아가는 여정을 경험해보고자 합니다. 그래서 현장에서 만난 리더들의 실제 사례를 바탕으로 단계별로 겪을 수 있는 어려움과 솔루션을 구체적으로 살펴보는 방식으로 내용을 구성했습니다. 그리고 실제 퍼포먼스 코칭을 할 때와 마찬가지로 리더십 전문가와 정신건강의학과 교수의 솔루션으로 세션을 나누어 설명했습니다. 여러분은 상담 사례에서 자신의 리더십을 점검해볼 수 있으며, 솔루션을 통해 자신만의 방법을 찾아내고 실제로 어떻게 적용해갈지 고민하는 시간을 가질 수 있을 것입니다.

이 책에서 제안하는 '리더의 성장 7단계'는 끊임없는 성찰과 도전을 통해 마음관리 역량을 키우고 지속적으로 리더십을 연마하려는 모든 리더에게 유용한 도움을 줄 것입니다. 7단계의 여정을 차근차근 거치고 나면 몰라보게 달라진 리더십의 성장을 경험할 수 있을 것이라 확신합니다.

저명한 비교신화학자였던 조지프 캠벨Joseph J. Campbell은 《천의 얼굴을 가진 영웅》이라는 책에서 '고통스러운 환난을 벗어나 도전의 길을 나서는 것'으로 영웅의 등장을 예고합니다. 진정한 리더의 길도 마찬가지입니다. 아무리 노력해도 팀의 성과가 좋아지지 않을 때, 구성원들과의 관계가 나빠지고 점점 더 자신감을 잃어갈 때, 미처 예상하지 못했던 한계에 부딪혀 좌절했을 때 포기하지 않고 한 단계 더 성장하려는 도전을 통해 진정한 리더의 길에 들어설 수 있습니다. 우리는 여러분의 여정에 늘 함께하며 응원하겠습니다.

● 　리더의 성장 첫 번째 단계는 '자기인식self-awareness'입니다. 자기인식은 자기 자신을 정확하고 깊이 있게 이해하는 것입니다.

리더가 자기인식 단계에서 해야 할 일은 내가 어떤 사람인시 객관석으로 이해하고, 나의 문제점이 어디에 있는지 정확하게 파악하는 것입니다. 다른 사람의 평가나 조언도 필요하지만, 결국 자기 내면에 귀를 기울이는 것이 가장 중요합니다.

아무리 겸손한 사람이라도 자신의 문제를 솔직하게 인정하는 건 어려운 일입니다. 하지만 리더는 고통과 난관을 뚫고 앞으로 나아가는 사람입니다. 이 첫걸음을 잘 내디뎌 단단한 성장의 토대를 만들어가기 바랍니다.

STEP 1

자기인식

1장

나는 내가
좋은 리더인 줄 알았다

● **나를 객관적으로 바라보기**

CASE 1 대형 보험사에서 법인사업부를 총괄하고 있는
——————— 40대의 김 본부장은 평소 명상을 자주 하는데,
그래서인지 늘 서글서글한 표정으로 사람들을 격의 없이 편하고
친절하게 대한다. 사장이 "리더가 그렇게 부들부들하면 안 좋아
요. 적당히 권위도 있어야 사람들이 따릅니다"라고 조언할 정도이
다. 그런데 올해 상반기 다면평가 결과를 받아본 김 본부장은 깜
짝 놀라지 않을 수 없었다. 자신이 '팀원을 존중하는 개방적이고
유연한' 리더라고 생각했던 것과 달리, 동료들은 그를 "매우 독단
적이고 상대방 의견을 수용할 줄 모르는 경향이 강하다"고 평가
했기 때문이다.

모니터링을 해본 결과 그는 이중적이고 독단적인 모습을 자주 보
여주고 있었는데, 스스로는 악의가 없다고 생각하며 그런 성향을
자각하지 못했다. 가령 회의 시간에 팀원들에게 돌아가며 발표를
하게 하고 의견을 청취하는 듯 보였지만, 결국에는 애초 자신의
주장대로 결론을 내려버리는 식이었다. 팀원이 기획안을 제출하
면 수고 많았다며 격려의 말을 건넸지만, 최종 기획안은 그의 생
각대로 모두 수정되어 있었다. 팀원들은 김 본부장의 사람 좋아
보이는 웃음도 가짜라고 느낄 정도로 그의 리더십을 매우 부정
적으로 평가했다.

당신은 자기 자신을
객관적으로 평가할 수 있는가

• 장은지

우리는 주변에서 자신의 문제를 잘 모르는 리더, 자신에 대해 왜곡된 평가를 하는 리더를 자주 만날 수 있습니다. "내가 이야기 좀 하라고 해도 팀원들이 회의 시간만 되면 꿀 먹은 벙어리가 된다. 왜 다들 그렇게 수동적인지 모르겠다"라며 불만을 터트리는 팀장이 있었는데, 알고 보니 그는 언제나 일방적으로 지시만 하는 권위적인 상사였습니다. 팀원들이 왜 회의 시간에 입을 꾹 다물고 있는지 팀장 자신만 모르는 것 같았습니다.

사실 김 본부장처럼 평소 성격이 원만하고 좋은 인상을 지닌 사람은 자신의 리더십에 문제가 있다는 생각을 하기가 더 어렵습니다. 스스로 하는 말과 행동이 독단적이라고 생각하지 않는 데다 다른 부서의 동료들이나 외부 사람들에게는 좋은 평가를 받고 있을 가능성이 크니까요. 게다가 함께 일하는 팀원들은 직속 상사에게 솔직하게 피드백하기가 어려웠을 겁니다. 팀원들은 괜히 나섰다가 손해를 입을까 두려워 입을 다물었을 테고, 김 본부장의 자기 자신에 대한 왜곡된 평가는 더욱 강화되었을 겁니다.

리더의 정확한 자기인식이 중요한 이유

높은 지위에 있는 리더일수록 자기 자신에 대해 정확하게 알고 객관적으로 평가하는 것이 어렵습니다. 너무 바빠서 자기 자신을 돌아볼 겨를이 없고, 용감하게 피드백을 줄 직원이나 동료도 없기 때문입니다. 그 결과 리더는 자신의 문제점을 자각하거나 개선할 기회를 얻지 못하고, 조직 내에는 오해와 불신이 팽배해집니다. 신뢰 대신 냉소로 가득한 조직문화는 점점 더 부정적인 근무환경을 조성하며 성과를 갉아먹게 될 겁니다.

성과를 창출하는 리더십과 조직문화를 위한 첫걸음은 리더의 정확한 자기인식에서 출발합니다. 리더가 자기 자신을 정확하게 이해하고 있어야 이를 토대로 다른 사람들도 잘 이해할 수 있습니다. 자기인식 수준이 높을수록 사회적·정서적 유능성●도 높아져 더욱

● 유능성은 환경에 잘 적응하고 주어진 자원을 잘 활용하는 능력이며, 정서적 유능성은 긍정적인 대인관계를 맺는 능력과 관련이 깊다.

효과적인 리더십을 발휘할 수 있다는 연구결과도 많습니다. 글로벌 컨설팅기업 헤이그룹^{Hay Group}이 2012년에 내놓은 리더십 핵심요인에 관한 연구결과를 보더라도, 자기인식 수준이 높은 리더의 92퍼센트가 그렇지 않은 사람보다 최대 30퍼센트의 성과를 더 내는 것으로 나타났습니다.

정확한 자기인식은 무엇보다 리더의 성장을 위한 첫걸음이기도 합니다. 퍼포먼스 코칭을 하며 만난 너무나 많은 리더들이 놀랍도록 자기 자신에 대해 무지하며, 자신의 문제점조차 제대로 파악하지 못했습니다. 미국의 조직심리학자인 타샤 유리크^{Tasha Eurich}가 미국 유수 기업들의 리더를 대상으로 진단한 결과에서도, 정확한 자기인식을 가진 리더는 전체의 10~15퍼센트에 불과한 것으로 나타났습니다. 그렇다면 리더들이 자기 자신에 대해 정확히 아는 것이 이토록 어려운 이유는 무엇일까요?

리더의 자기인식이 어려운 세 가지 이유

첫 번째 이유로는 '성공의 함정^{success trap}'을 들 수 있습니다. 성공의 함정이란 과거의 성공 경험이나 전략에 사로잡혀 새로운 환경에 적응하지 못하고 도태되는 현상을 말합니다. 어려운 환경을 극복하고 큰 성공을 거둔 리더일수록 과거의 성공 방식을 고집하며 타성에 젖기 쉽고, 한편으로는 "나만 옳고 다른 사람들은 모두 틀리다"

라는 자만심에 빠질 가능성도 큽니다. 이런 과도한 자기 확신에 빠진 나르시시스트 리더는 자신이 이룬 성공과 사회적 인정에 취해 자신의 취약성을 인정하려고 하지 않습니다. 이렇게 성공 경험의 부작용으로 나타난 과도한 자기 확신이 어느 순간 왜곡된 자아를 형성하고 고착화해 자기인식을 어렵게 만드는 것입니다.

아마도 김 본부장은 자신이 팀원들에게 소신껏 발언할 기회를 많이 주었다고 생각할 겁니다. 다소 엉뚱한 이야기를 하더라도 참고 들어주었을 테고, 어떤 의견에는 "그거 정말 좋은 생각인데"라며 칭찬도 했을 겁니다. 문제는 그러한 의견들을 적절하게 수렴하고 토론해서 참여적 의사결정을 하지는 못했다는 것입니다. 김 본부장은 그동안 성과가 좋았고 동기들보다 승진도 빨랐기 때문에 자신의 판단과 방식이 옳다는 확신에 사로잡혀 있습니다. 아마도 김 본부장은 그렇게 강한 확신을 갖고 의사결정을 하는 것이 일을 잘하는 것이고, 좋은 리더십이라고 생각했을 겁니다.

리더의 자기인식이 어려운 두 번째 이유는 김 본부장이 그랬던 것처럼 높은 위치에 올라갈수록 주변 사람들로부터 '솔직한 피드백'을 받기가 어렵기 때문입니다. 위계질서가 강한 권위적 조직문화에서는 더더욱 그렇습니다. 실제로 다면평가를 해보면 권위적인 문화를 가진 조직일수록 리더가 스스로 평가한 자기 리더십 수준과 팀원들이 팔로워로서 평가한 리더십 수준이 큰 격차를 보입니다. 권위적인 조직문화에 익숙해진 리더들은 자기 자신을 과대평가하면서 부정적인 피드백은 무시하고 긍정적인 피드백만 강화하려는 성향 역시 강하게 나타납니다.

리더들이 자기 자신에 대해 무지할 수밖에 없는 세 번째 이유는, 리더로 성장하면서 자신을 온전히 돌아볼 기회를 얻지 못한 채 사회와 조직이 요구하는 방향으로 스스로를 맞추어왔기 때문이 아닐까 합니다. 특히 한국 사회와 기업조직은 고속 경제성장기를 거치며 위계질서를 중시하고 조직에 대한 충성도를 강조하는 문화를 형성했습니다. 이에 따라 자신의 고유한 리더십을 개발하기보다 조직에서 좋은 평가를 받은 리더십을 별 고민 없이 답습하는 경우가 많았습니다. 그럴듯하게 보이고 싶고, 잘 해내고 있다는 이미지가 중요해서 실제 자신의 본모습과는 다른 사회적 가면(페르소나)을 쓰게 되는 분들이 많습니다. 그러다 보니 정작 중년을 넘어선 나이에 내가 무엇을 잘하는 사람인지, 무엇이 부족한 사람인지 이해하지 못한 리더들이 많은 것입니다.

정확한 자기인식을 위한 두 가지 방법

그렇다면 정확한 자기인식을 위한 방법에는 어떠한 것들이 있을까요? 먼저 전문가의 도움을 받거나 혹은 전문가들이 개발해놓은 심리학적·정신분석적 도구를 활용해 자기 자신이 타인과 어떻게 다른 존재인지 객관적으로 확인할 기회를 마련해 볼 것을 권합니다.

자기인식은 대개 두 가지 측면에서 이루어집니다. 한 가지는 자신의 내면을 자각하는 '내적 인식intrapersonal perception'으로 내 삶의 목적, 중요하게 생각하는 가치, 나를 움직이는 동기, 나만의 고유한 강점과 품성을 이해하는 것입니다. 다른 한 가지는 '대인관계적 인식interpersonal perception'으로 서로 영향을 주고받는 다른 사람들과의 관계에서 내가 어떻게 상호작용하는지를 이해하는 것입니다.

많이 알려진 MBTI나 에니어그램을 비롯한 심리학적 진단도구는 바로 이 내적 인식 및 대인관계적 인식이 어떻게 형성되었는지 알아볼 수 있는 내용으로 설계되어 있습니다. 자신이 타인과 다른 차별적 존재라는 것을 인지할 때 사람들은 성장하고자 하는 능동성이 생깁니다(자세한 내용은 부록 338~339쪽을 참고하시기 바랍니다).

다만 도구를 활용할 때 반드시 유의해야 할 점은, 진단결과를 객관적인 자기인식을 위한 참고 자료로만 활용해야지 지나치게 의존하거나 과신해서는 안 된다는 점입니다.

정확한 자기인식을 위한 두 번째 방법은 '솔직한 피드백'을 구하는 것입니다. 매일 함께 일하는 사람들이 자신에 대해 평가한 내용을 마주하는 것은 누구에게나 불편한 일입니다. 하지만 대개의 인간은 자기 자신을 객관적으로 바라보는 것이 어렵습니다. 자기 자신에 대한 다른 사람의 관점을 이해해야만 온전한 자기인식이 이루어질 수 있습니다. 한쪽에 문제를 쌓아두고 외면한다고 해서 그 문제가 저절로 해결되지 않듯이, 피드백을 받는 것이 불편하다고 해서 계속 회피한다면 해소되지 않은 갈등과 불신의 감정들이 어느 날 커다란 문제로 폭발해버릴 것입니다.

자기 자신을 정직하게 드러내기

마지막으로 중요한 것은 자기 자신을 정직하게 드러내는 것입니다. 리더들 중에는 자신의 문제점이 무엇인지 알면서도 그것을 감추는 데 급급할 뿐 개선하지 않는 사람들이 있습니다. 제가 만난 어느 대기업 임원은 말과 행동이 다른 상황이 반복된다는 피드백을 받았습니다. 알고 보니 그는 에고ego가 매우 높고 욕심도 많은 사람이었는데, 밖으로는 이익에 연연하지 않는 리더처럼 보이려다 보니 여러 사람이 있을 때 보여지는 모습과 본인의 욕심이 충돌하면서 구성원들이 듣기에 말이 꼬이는 소통을 하는 경우가 많더라는 것입니다.

과연 다른 사람들이 이 리더의 본모습을 알아보지 못할까요? 그렇지 않습니다. 리더는 조직 내에서 마치 연예인 같은 존재입니다. 원하지 않아도 일거수일투족이 노출되고 수많은 사람의 관찰 대상이 될 수밖에 없지요. 그렇기 때문에 팀원들은 리더의 진짜 모습과 겉으로 드러나는 말과 행동에 간극이 있을 때 귀신같이 알아차릴 수밖에 없습니다. 자기를 기만하고 위선적으로 행동하는 리더는 결국 신뢰를 잃게 되고, 신뢰를 잃은 리더는 설 자리가 없어집니다.

리더는 자신이 무엇을 중요하게 생각하는 사람인지, 주변 사람과 어떤 방식으로 관계를 맺는 사람인지 직시하고 솔직하게 인정해야 합니다. 그래야 갈등을 해결하고 신뢰와 지지를 바탕으로 조직을 이끌어가는 리더십을 확보할 수 있습니다. 무엇보다 리더는 자기인식을 통해서 자신의 존재 의미와 성장의 방향성을 확인하며 진정한 리더로서의 길에 들어설 수 있습니다. 성장하는 리더가 되기 위한 첫 번째 단계로서 자기인식의 중요성을 강조하는 이유는 바로 여기에 있습니다.

리더의 '내로남불'이
위험한 이유

• 윤대현

     최근 직원들의 '마음관리'에 특별한 관심을 기울이는 기업들이 많습니다. 직원들의 마음을 잘 관리해 '긍정적 마인드'가 강화되면 조직 성과 역시 높아지므로 이는 매우 고무적인 일이라 할 수 있겠지요. 그런데 한 가지 걱정되는 부분은 있습니다. 지나치게 긍정적 마인드만 강조하다 보면 자신의 문제를 인식하는 능력에 방어벽이 세워진다는 점입니다. '나는 항상 완벽하다'라는 억지에 가까운 방어벽이 만들어지면 자신의 문제를 자각하기 어렵고 모든 문제의 원인을 타인에게 돌려버리기 쉽습니다.

  김 본부장 역시 평소 명상을 통해 '마인드 컨트롤'을 하여 자신의 내면을 들여다볼 기회가 많았으리라 예상합니다. 그런데도 왜 자신의 문제점을 인지하지 못했을까요? 사실 '성공의 함정'에 빠진 리더들 가운데 '자기애'가 강한 사람들이 많은데, 이들은 작은 비난에도 쉽게 무너지기 때문에 자신의 문제점을 잘 인정하지 못합니다. 김 본부장의 독단적인 커뮤니케이션 방식이 가진 문제점은 수시로 드러났을 겁니다. 그런데도 정작 스스로는 내면에 세워놓은 방어벽 때문에 이를 인지하지 못한 것입니다.

자기인식의 시작은 '남 탓하는 본능'을 내려놓는 것

요즘 인터넷 뉴스에서 '내로남불'이라는 신조어를 자주 목격할 수 있습니다. 한심한 사람들이나 남의 탓을 하는 것 같지만 사실 '내로남불'은 본능입니다. 우리는 누구나 타인의 탓을 하려는 방어적 본능을 갖고 있습니다. 그래야 나를 보호할 수 있기 때문입니다.

우리의 본능이 이러하니 자기인식이 쉬울 리 없습니다. 자기 내면을 들여다보고 자신의 문제점을 이해하는 '자기인식'은 저절로 되지 않고 의식적인 노력이 있어야 가능합니다. 그러려면 먼저 '남 탓하는 본능'부터 내려놓아야 합니다.

촌스러운 비유 같지만, 우리의 마음은 양파와도 같습니다. 여러 겹의 껍질에 쌓인 자신의 속내를 완전히 이해하기란 여간 어려운 것이 아닙니다. 가끔 "나는 내 문제를 잘 알고 있다"라고 말하는 사람의 이야기를 들어보면 자기 자신에 대해 피상적으로만 알고 있는 경우가 많습니다. 자기 내면을 깊이 들여다보지 않은 채 닮고 싶은 타인의 이미지를 가져와 자신의 것으로 착각하는 사람도 많습니다.

이렇게 정확한 자기인식이 어려운 이유가 바로 '남 탓하는 본능' 때문입니다. '남 탓'을 해서라도 세상에서 가장 소중한 자기 자신을 긍정적으로 인식하며 안도하려는 본능 말입니다. 문제는 이러한 경향이 일시적인 방어기제로 그치지 않고 성격이나 성향으로 굳어지면 주변 사람들까지 불편하고 피곤하게 만든다는 겁니다. 사람들을 협력하게 해서 성과를 창출해야 할 리더가 오히려 사람들을 불편하고 피곤하게 한다면 말이 되지 않겠지요. 리너로서 계속 성장하고 성과를 창출하기 위해서라도 '남 탓하는 본능'을 내려놓고 정확한 자기인식을 위한 노력을 시작해야 합니다.

'남 탓하는 본능'을 내려놓으라는 것이 문제점을 찾아내 자신에게 화살을 돌려야 한다는 의미는 아닙니다. 자기인식은 미처 자각하지 못했던 여러 가지 모습이 자신에게 있다는 것을 인정하고 이해하는 것입니다. 그중에는 더 강화해야 할 강점도 있고 조금 더 다듬어야 할 약점도 있을 겁니다. 자기인식에서는 약점을 인식하는 것 이상으로 강점을 파악하는 것도 중요합니다.

자기인식 결여와 방어적 회복탄력성이 만났을 때

자기인식을 어렵게 하는 방어벽은 '남 탓하는 본능' 때문에 생기기도 하지만, 회복탄력성^{resilience}을 잘못 훈련했을 때도 생길 수 있습니다. 회복탄력성은 스트레스의 공격을 받아 마음이 움츠러들었을 때 이를 다시 탄력적으로 회복하는 힘입니다. 특히 기업조직의 리더들은 온갖 스트레스의 공격을 피할 수 없는 자리에 있으므로 스트레스에 적극적으로 대처하고 견뎌낼 수 있는 능력인 회복탄력성을 훈련하는 것이 매우 중요합니다.

그런데 자기인식이 부족한 리더가 회복탄력성 훈련을 잘못하게 되면 오히려 커다란 부작용을 낳을 수 있습니다. 자기인식에서 중요한 것이 자기 내면을 반성의 대상으로 삼는 '자기반성'인데, 자기반성에서 스트레스 자극은 피할 수 없는 요소입니다. 그러다 보니 자기인식이 부족할 경우 자기반성과 같은 꼭 필요한 스트레스 자극을 피하려고 하는 경향이 생깁니다. 이러한 상태에서 방어적으로 회복탄력성 훈련을 하게 되면 자신의 문제를 인식하는 능력에 방어벽을 세우게 되는 것입니다.

자기인식의 결여와 방어적인 회복탄력성이 결합했을 때 나타나는 또 다른 부작용 중 하나는 '과잉 자신감'입니다. 과잉 자신감을 가진 리더는 지나치게 야심 차고 비현실적인 목표를 설정하고 끝없이 자기 자신과 조직을 밀어붙이는 '헛된 희망 증후군'에 사로잡히곤 합니다. 데이터상에서 객관적으로 도달 불가능한 목표라는 결과가 나오면 성취 가능한 목표로 재설정해야 합니다. 잘못된 목표를 향해 긍정의 에너지를 뿜어내는 것은 자기 자신과 조직의 미래를 망치는 일입니다. 그런데 과잉 자신감을 가진 리더는 이러한 문제를 스스로 인식하지 못합니다.

　김 본부장이 독단적으로 회의 결과를 밀어붙이고 자기 생각만으로 기획안을 수정해버리는 심리적 배경에는 '과잉 자신감'이 자리 잡고 있을 가능성이 큽니다. 과도한 자신감을 가진 리더는 자신을 만화 속 슈퍼히어로처럼 여겨 자아를 팽창시키고 미래에 대한 예측을 긍정적으로 포장하며 주변의 비판에도 전혀 귀를 기울이지 못합니다. 더욱 심각한 것은 과잉 자신감이 심리적 방어기제를 발동시켜서 자기반성과 자기인식을 할 기회마저 앗아간다는 것입니다. 그 결과 주변 사람들은 다 알고 있는 문제를 본인만 모르거나 착각하는 상황이 발생하게 됩니다.

자기반성의 결핍이 '또라이'를 만들어낸다

　미국 스탠퍼드대학교 로버트 서튼[Robert Sutton] 교수는 《또라이 제로 조직》에서 자신을 과대평가하며 독설을 일삼는 '또라이'의 특성과 더불어 이들을 상대하는 법을 설명하고 있습니다. 또라이 감별 설문지도 제시했는데, 요약하면 두 가지 진단 기준이 중요합니다. 첫 번째, 그를 만나면 기분이 비참해지고 위축되며 자신이 가치 없는 사람처럼 느껴진다는 것입니다. 두 번째는 자기보다 약자인 사람을 타깃으로 정해 함부로 대하고 상사나 파워를 가진 사람에겐 완전히 다른 모습을 보이는 이중성을 가지고 있다는 것입니다.

서튼 교수의 설명에 따르면, 또라이들은 조직문화와 성과에 악영향을 미치는 데다 전염성이 강해 주변 사람마저 또라이로 만들 수 있다고 합니다. 사람들의 일할 의욕을 앗아가고 원활한 소통을 망치며 퇴직률을 높이는 등 조직에 주는 피해가 크다는 것입니다.

저는 이러한 '또라이'를 만들어내는 가장 큰 원인이 자기반성의 결핍에 있다고 생각합니다. 누구나 예기치 못한 상황에서 일시적으로 정상적이지 않은 말과 행동을 할 수는 있습니다. 하지만 자기반성과 더불어 변화하려는 노력이 동반된다면 또라이라는 딱지가 붙지 않습니다. 진짜 또라이들은 스스로 인지하지 못한 채 문제 행동이 고착된 사람들입니다.

자기반성이 결핍된 사람들 중에는 지나친 '자기애'의 소유자가 많습니다. 자기애가 강하면 자존감이 튼튼할 것 같은데 그렇지 않습니다. 자기애가 지나친 사람들은 오히려 작은 비난에도 쉽게 무너져 버리는 자아를 갖고 있습니다. 그러다 보니 자기 잘못을 이해하고 인정하는 자기반성을 하지 못한 채 살아온 것입니다.

자신의 모습을 되돌아보고 냉철하게 판단해야 할 때

과도한 자신감과 자기애로 인해 자기반성을 할 기회를 얻지 못한 리더들은 자칫 잘못하면 조직을 망치는 또라이가 되기도 합니다. 이러한 리더는 직장인들의 주된 스트레스 요인 중 하나로 꼽힙니다. '성공하면 자신이 잘해서, 실패하면 팀원들이 잘못해서'라는 인식을 가진 리더와 함께 일하는 팀원들은 동기부여가 안 될 뿐 아니라 분노와 자괴감마저 느낀다고 합니다. 이런 부정적 감정의 골이 깊어지면 '인지부조화' 현상을 겪기도 합니다.

진짜 속마음은 '싫다'인데 자기감정을 스스로 속여서 '좋다'라고 하는 현상이 일어나는 겁니다. 예를 들어 상사에게 신상품 출시 시기를 겨울로 제안했는데 상사가 여름이 좋다고 주장해 결국 여름에 출시를 했습니다. 그랬는데 성과가 좋지 않자 상사는 왜 겨울에 출시해야지 여름에 출시했냐고 야단을 칩니다. 처음에는 당혹스럽고 분노가 일어나는데 이러한 스트레스를 견디는 것이 어려우니 무의식적으로 '내가 결정을 잘못했어'라고 인정해버리는 인지부조화 현상이 일어나는 거죠. 내가 나를 속이는 셈인데, 자신의 깊은 속마음까지 속일 수는 없습니다. 이런 인지부조화는 시간이 지나면 더 거대한 분노 반응을 일으키거나 '번아웃 증후군burnout syndrome'으로 이어질 수 있습니다. 이처럼 리더의 자기인식 결여는 리더 자신은 물론 주변 사람들과 조직 전체를 무너트릴 수도 있습니다.

갈등과 위기 상황에서 "나는 잘못 없고 다 남의 탓이다"라고 하는 리더가 있다면 자기인식의 결여를 의심해봐야 합니다. 그리고 서튼 교수가 지적했듯이 이런 리더가 또라이가 되어 조직을 망치지 않도록 경계해야 합니다. 리더의 위치에 있는 사람이라면 자기 자신의 모습을 되돌아보고 냉정하게 판단해야 할 시간입니다.

CASE 1 솔루션

- 정확한 자기인식을 하는 리더는 소수에 불과하다.

- 자신의 문제를 인식하는 능력에 방어벽을 세우면 건강한 자기인식이 어려울 수 있다.

- 구성원들에게 솔직하게 피드백을 구할 수 있어야 한다.

- 솔직한 피드백을 받아들일 용기가 필요하다.

- 나의 장점과 약점을 그대로 받아들이는 것이 자기인식의 시작이다.

2장

그는 왜 피드백이
통하지 않을까

● **저성과자 팀원과 일하는 법**

CASE 2   국내 대기업의 홈쇼핑 자회사에서 디지털사업부 ──────── 를 담당하고 있는 박 팀장은 요즘 팀원인 김대리 때문에 속앓이를 하고 있다. 업무 역량과 방식에 문제가 있어서 기회가 있을 때마다 충분한 피드백을 줬는데도 막상 김 대리는 아무런 변화를 보이지 않기 때문이다. 독하게 마음을 먹고 "올해 초에 분명히 저와 팀 내 역할 관련해서 합의하셨던 부분 기억하시죠? 그런데 매번 업무처리가 늦어지고 버그 해결도 제대로 안 돼서 다른 팀원들은 물론 우리 팀 전체 성과에도 영향을 미치고 있어요. 어떻게 생각하세요?"라고 말한 적도 있다. 그랬더니 김 대리는 자신이 왜 그런 평가를 받아야 하는지 납득하지 못하겠다며 오히려 억울하다는 태도를 보였다. 자신은 주어진 일을 빠짐없이 처리했기 때문에 아무런 문제가 없다는 것이었다.

결국 박 팀장은 김 대리 업무를 다른 팀원들에게 나눠주기 시작했고, 이로 인해 김 대리와 다른 팀원들의 관계에서도 부정적인 감정 기류가 형성되었다. 박 팀장은 팀의 전체 성과를 위해 어쩔 수 없이 그렇게 했지만, 한편으로는 깊어지는 감정의 골을 어떻게 해결해야 할지 막막하기만 하다.

──────────────────────────────
──────────────────────────────
──────────────────────────────
──────────────────────────────

우리는 자신의 능력을
평균 이상이라고 생각한다

· 장은지

조직에 저성과자가 있다면 리더는 피드백을 통해 변화를 유도하고 성과를 높이도록 도와야 합니다. 하지만 저성과자 대다수는 아무리 피드백을 주고 코칭을 해도 잘 변하지 않기 때문에 리더에게 큰 부담으로 작용하게 되지요. 때로는 '어떻게 해도 사람은 변하지 않는다'는 좌절감에 팀원을 포기하는 상황에 이르기도 합니다.

박 팀장과 김 대리처럼 똑같은 상황을 놓고도 서로 다르게 해석하는 동상이몽이 발생하기도 합니다. 김 대리는 담당 업무를 모두 처리했기 때문에 문제가 없다며 당당하지만, 박 팀장은 김 대리의 업무 처리가 늦고 완성도가 낮은 것에 문제가 있다고 판단하고 있습니다. 책임과 성과에 대한 두 사람의 인식에 커다란 격차가 있는 것입니다. 이런 경우에는 팀장의 인식이 아니라 팀원의 인식을 기반으로 피드백이 이뤄져야 하는데, 이것을 아는 리더는 많지 않습니다. 자신이 가진 틀 내에서만 피드백을 주고 팀원의 생각이나 입장에 대해서는 깊이 이해하려고 하지 않는 것입니다.

저성과자의 문제 역시 대부분 자기인식의 결여에서 비롯됩니다. 따라서 리더는 먼저 팀원이 자신의 문제점을 정확하게 인식할 수 있도록 도와야 하고, 그 문제점이 무엇인지에 따라 피드백의 방향이 달라져야 합니다.

사람들이 자신의 능력을 후하게 평가하는 이유

인간에게는 자신을 다른 사람보다 우월하다고 생각하는 본성이 있는데, 이로 인해 많은 사람이 "나 정도면 평균 이상이지"라고 믿는다고 합니다. 이것을 '평균 이상 효과better-than-average effect'라고 부릅니다. 스웨덴의 심리학자인 올라 스벤손Ola Svensson이 발표한 연구결과에 따르면, 자동차 운전자의 10명 중 9명 이상이 자신의 운전 실력이 상위 50퍼센트에 들 것으로 생각한다고 합니다. 영국 사우스햄튼대학교 리서치팀이 한 교도소 재소자들을 대상으로 한 조사에서는, 재소자들의 3분의 2 이상이 자신을 동료 죄수보다 더 도덕적이며 심지어 일반인만큼 법을 잘 지킨다고 응답했다고 합니다.

이렇게 자신의 역량과 성과에 대해 후하게 평가하는 심리적 경향으로 인해 팀원들은 리더와 조직이 자신에 대해 낮은 평가를 했을 때 잘 받아들이지 못하는 경우가 많습니다. 실제로 국내 모 대기업을 대상으로 조사한 결과 직원 70퍼센트 이상과 임원 90퍼센트 이상이 자신의 성과를 '평균 이상'으로 평가했습니다.

이러한 심리적 경향을 고려하여 기업조직에서 구성원에게 성과평가가 공정하게 이뤄졌다는 인상을 주려면 '객관적인 다면평가'와 '지속적인 피드백'을 잘 활용해야 합니다. 특히 저성과자에게는 주기적인 피드백을 통해 객관적이고 투명하게 소통함으로써 당사자가 본인의 저성과와 그에 따른 평가를 인정하고 받아들일 수 있도록 해야 합니다. 이걸 잘하는 회사 중 하나가 넷플릭스^{Netflix}입니다. 넷플릭스의 리더들은 "팀원들 가운데 경쟁사로 가겠다고 하면 최우선으로 붙잡아야 할 사람은 누구인가?"라는 질문에 비추어 팀원들을 수시로 평가한다고 합니다. 그리고 이 질문에 대한 답에서 반복하여 제외되는 사람은 4개월분의 월급을 받고 빠르게 해고됩니다. 잔혹할 만큼 냉정한 평가 문화라고 할 수 있겠습니다.

저성과자의 자기인식을 도와주는 피드백

넷플릭스에도 '나 정도면 평균 이상이지'라고 생각하는 사람이 많을 텐데, 그토록 냉혹한 평가를 군말 없이 받아들이는 이유는 이렇게 수시로 이루어지는 리더의 평가와 피드백 덕분입니다.

최근 많은 국내 대기업에서도 수시 피드백 제도를 도입하는 추세지만 여전히 분기별 1회 정도의 소극적인 피드백을 하는 기업이 많습니다. 또 성과평가를 '나눠주기'나 '생색내기' 식의 상대평가로 하면서 겉으로만 훈훈한 동네잔치를 하는 기업도 여전히 넘쳐납니다. 평가가 이런 식으로 이루어지다 보니 구체적 사실에 입각한 피드백보다는 "수고했다"라거나 "도전의식이 더 필요하다"와 같은 애매한 피드백들이 많을 수밖에 없는데, 이런 피드백은 상대의 성장과 발전에 아무런 도움이 안 되는 가짜 피드백입니다.

자기 역량을 과대평가하는 저성과자가 정확한 자기인식을 할 수 있도록 도우려면 무엇보다 객관적인 다면평가를 토대로 한 효과적인 피드백이 중요합니다. 저성과자를 대상으로 하는 피드백은 필요할 때마다 수시로 이뤄져야 하며, 스스로 문제점을 정확하게 인식할 수 있도록 객관적이면서 구체적이어야 효과가 있습니다.

일의 의미와 목적에 대해 다시 질문하기

코칭을 하다 보면 대부분의 저성과자들에게 발견할 수 있는 공통적인 특징이 있습니다. 바로 일을 하는 의미와 목적에 대해 잘 설명하지 못한다는 것입니다. 그것은 조직의 비전과 자신의 성과를 연결시키지 못하는 결과로 나타납니다. 가령 청소를 할 때도

'청소기를 돌렸다', '걸레질을 했다'와 같은 과업 그 자체의 실행 여부에만 관심을 둘 뿐 '주변을 청결하게 유지해서 쾌적한 근무환경을 만들기 위함'이라는 청소의 의미나 목적을 고려하지 못합니다. 물론 예외적인 경우도 있지만, 대개의 경우 이들에게 일이란 금전적 대가를 받고 제공하는 노역에 불과합니다. 리더가 끊임없이 제시하는 비전이 이들에게는 뜬구름처럼 여겨질 수 있습니다.

자신이 어떤 일을 하고 싶은지, 어떤 사람이 되고자 하는지에 대한 생각이 없다는 것은 자기인식이 잘되지 않았다는 방증입니다. 다만 리더들의 자기인식 부족은 자신감 과잉이나 권위의식, 자기기만에서 비롯되는 경우가 많지만, 저성과자들의 경우 자기인식을 제대로 해낼 능력이나 의지가 없는 것이 원인일 수 있다는 점을 염두에 두어야 합니다. 그들이 성과를 내지 못하는 이유는 자신의 강점과 약점을 제대로 알지 못한 채 자신에게 잘 맞지 않는 일을 선택하고 수동적으로 머물러 있기 때문일 수도 있습니다.

저성과자들의 자기인식을 돕기 위해 필요한 것은 먼저 쉬운 단계부터 자신의 삶을 돌아보도록 하는 것입니다. 주로 활용되는 방법 중에 '인생 곡선 그리기Life Curve Activity'라는 활동이 있는데, 이는 몇 가지 질문을 통해 자신의 강점을 짚어보고 그 강점을 통해 행복했던 경험과 그것을 어떻게 다시 반복할 수 있을지 생각해보는 계기를 마련해줍니다(자세한 내용은 340~341쪽의 부록을 참고 바랍니다).

능동적인 성장 의지의 발현이 중요하다

　미국의 조직심리학자인 에이미 브제스니에프스키[Amy Wrzesniewski]가 처음 제시한 '잡 크래프팅[Job Crafting]' 프로그램도 저성과자의 자기인식을 돕는 효과적인 활동입니다. 잡 크래프팅은 자신의 업무를 의미 있는 일로 바꾸는 활동인데, 이를 통해 일의 궁극적 목적을 이해할 수 있습니다. 그리고 그 일을 수행하는 데 있어 나의 강점과 가치관이 어떻게 연결되는지도 이해할 수 있습니다. 그런 다음에는 저마다 고유한 강점이 있음을 인식하고 이를 바탕으로 능동적으로 자기 업무를 설계하도록 돕습니다.

　자기인식을 해낼 능력이나 의지가 없는 팀원에게 '왜 이렇게 성과가 낮은지 스스로 성찰해보라'고 주문하는 것은 적절하지 않습니다. 대신 좀 더 쉽고 리스크가 낮은 업무를 맡겨서 새로운 경험을 통해 자신의 강점과 독창성을 발견할 기회를 제공하는 것이 의외의 커다란 효과를 불러오기도 합니다. 기존에는 인지하지 못했던 자신의 강점과 독창성을 스스로 발견하게 되면 자신이 어떤 일을 하고 싶은지, 앞으로 어떤 사람이 되고 싶은지에 대한 성찰도 자연스럽게 이루어집니다. 저성과자를 돕는 리더의 역할에서 핵심은 정확한 자기인식을 통해 스스로 성장하고자 하는 능동적인 의지가 발현되도록 돕는 것입니다.

변화하지 않는 팀원 때문에
자신을 탓하지 마라

· 윤대현

앞서 저성과자에게 변화를 이끌어내는 것이 어려운 이유가 언급되었는데, 저는 그렇게 잘 변하지 않는 저성과자에 반응하는 리더의 심리에 대해 먼저 살펴보고자 합니다. 사례에서도 박 팀장은 김 대리로 인해 심각한 스트레스를 받고 있는데, 저성과자와 일하는 리더들의 고질적인 문제 중 하나가 무력감에 빠지는 것입니다. 자신에게 리더의 자질이 부족해 변화를 끌어내지 못한다고 생각하기 때문입니다.

박 팀장은 자신이 아무리 피드백을 주고 코칭을 해도 김 대리의 태도에 변화가 없자 그의 업무를 다른 팀원들에게 나눠주는 식으로 문제를 해결했습니다. 미봉책에 불과하다는 것을 박 팀장도 잘 알았겠지만, 김 대리와 벌이는 신경전이 몹시도 거슬리고 맥이 빠졌던 것이겠지요. 이쯤 되면 박 팀장은 이미 마음속으로 김 대리를 포기한 것이나 마찬가지라고 봐야 할 겁니다. 저성과자를 대하는 리더가 무력감에 빠지는 것이 위험한 이유는 바로 이렇게 문제를 제대로 해결하기도 전에 포기해버리는 상황이 발생하기 때문입니다.

'남 탓' 대신 '자기 탓' 하는 리더들

한 기업의 팀장 리더십 교육에 참여한 적이 있습니다. 5회에 걸쳐서 1,000명 정도의 팀장들과 소통하는 기회였는데, 질의응답 시간에 가장 많이 접수된 고민이 무엇일지 짐작되시나요? 바로 "열심히 코칭해도 변하지 않는 팀원 때문에 내가 무능력한 리더인 것 같아 자존감마저 떨어진다"라는 것이었습니다. 저는 속으로 '헐!'이라는 감탄사를 내뱉고 말았습니다. 잘나가는 기업의 리더들이 그런 고민을 많이 할 것이라곤 전혀 예상하지 못했거든요.

저는 우선 그런 고민을 한다면 이미 훌륭한 리더라고 이야기했습니다. 듣기 좋은 이야기를 한 것이 아니라 사실입니다. 리더로서 지녀야 할 '타인에 대한 공감과 연민의 능력'을 지니고 있다는 의미니까요. 공감과 연민의 반대말은 '무관심'입니다. 관심도 없는 사람을 변화하게 하려고 애쓰는 사람은 없습니다.

앞에서 언급한 것처럼 우리 마음에는 '남 탓'을 하는 본능 회로

가 존재합니다. 그런데도 제게 그런 질문을 한 팀장들은 '남 탓'을 하는 게 아니라 '자기 탓'을 하고 있었습니다. 자신이 리더로서 한심하게 느껴진다는 것은 불편한 감정이긴 하지만 나쁜 것은 아닙니다. 자기인식이 잘 이루어지고 있다는 방증이며, 그렇기에 발전적인 변화의 에너지가 될 수 있습니다.

과도한 자기비판과 자기미움은 위험하다

그렇지만 과도하게 부정적인 자기인식은 발전적인 자기비판을 넘어 '자기미움'에 이르게 합니다. 자기미움은 내 자아를 분리시켜 내가 나를 탓함으로써 편안함을 얻겠다는 방어기제라고도 할 수 있습니다. 우리 마음이 묘하고 신비로운 녀석이라 이런 일들이 가능합니다.

과도한 자기비판은 정확한 자기인식이 아닌 자기방어적 도피일 수 있습니다. 단기적으로는 도움이 될지 모르지만 자기미움이 지나치거나 장기적으로 지속되면 자기파괴에 이를 수도 있습니다. 과도한 부정적 자기인식은 리더십에 도움이 안 될 뿐만 아니라 자신의 삶도 불편하게 합니다. 자신이 무능하다고 여겨질 때 과도한 자기비판으로 가지 않으려면 리더로서의 목표를 재점검해볼 필요가 있습니다. 아무리 탁월한 리더라 해도 '코칭을 통해 모든 구성원을 긍정적으로 변화시키겠다'라는 목표를 가지고 있다면 자존감이 떨어질 수밖에 없습니다. 불가능한 목표이기 때문이죠. 내 마음도 내 마음대로 안 되잖아요. 하물며 내가 타인의 마음을 모두 변화시키 겠다는 것은 말이 안 되는 겁니다.

　박 팀장과 비슷한 상황에 놓인 리더들에게 지금 해주고 싶은 이야기는 "변화는 누구에게나 어렵다"라는 것입니다. 더구나 다른 사람을 변화하게 하는 일은 더더욱 어렵습니다. 그러니 저성과자 팀원을 반드시 변화시켜야 한다는 목표를 세우지 마십시오. 그 팀원이 자기인식을 통해 변화하도록 최선을 다해 돕겠다는 정도가 합리적인 목표입니다.

누군가를 변화시키는 일이 어려운 이유

　그렇다면 누군가를 변화시키는 것이 이렇게 어려운 이유는 무엇일까요? 바로 앞에서 말씀드렸던 묘하고 신비로운 '마음' 때문입니다. 당신과 팀원이 일대일로 대화할 때 사실은 네 명의 객체가 이야기를 나누고 있습니다. 당신과 팀원 외에 당신의 마음과 팀원의 마음도 함께 대화에 참여하는 것이지요. 그런데 사람이 사용하는 언어와 마음이 사용하는 언어가 다릅니다. 사람은 논리적 언어를 사용하지만, 마음은 은유적 언어를 사용하기 때문에 머리로는 이해했는데도 마음은 반대로 갈 수 있는 것입니다.

　박 팀장과 김 대리는 어땠을까요. 어느 순간 박 팀장이 무슨 말을 하든 김 대리는 형식적으로만 "네, 알겠습니다"라고 하곤 실제로는 들은 척도 하지 않았을 겁니다. 이건 박 팀장의 관점이고, 김 대리의 관점에서 보면 또 다릅니다. 박 팀장이 성과지상주의자처럼 보여도 틀린 말을 하지는 않기 때문에 일단은 지시를 잘 따르려고 했습니다. 주어진 업무를 어떻게든 해내려 애를 썼고요. 그런데도 박 팀장은 늘 다그치고 따지기만 하니 답답했을 겁니다.

김 대리도 김 대리의 마음을 모르고, 박 팀장은 김 대리의 마음을 더 모릅니다. 소통이 잘되지 않고 아무런 변화도 만들어내지 못한 채 서로 감정의 골만 깊어갑니다. 이것이 모두 '마음'이란 녀석이 훼방을 놓기 때문입니다.

우리는 상대방의 행동을 긍정적으로 변화시키는 것이 얼마나 어려운 것인지 이해하고 인정해야 합니다. 의사들이 환자들에게 매일 운동하라고 잔소리를 하지만, 정작 의사들은 운동을 안 하는 경우가 허다합니다. 오죽하면 "의사 말만 듣고 의사 행동은 따라 하지 마라"는 우스갯소리가 다 있을까요. 그 누구보다 운동의 필요성을 잘 아는 의사들조차 운동 시작하는 것을 어려워하는 것만 봐도 인간의 행동을 변화시키는 것은 정말 어려운 일입니다.

그러니 당신이 최선을 다해서 코칭했다고 해서 팀원들이 반드시 바뀔 것이라고 기대하지 마십시오. 팀원들이 바뀌지 않았다고 해서 과도한 자기비판으로 가지도 마십시오. 지나치게 부정적인 자기 인식은 리더에게 추천할 만한 좋은 덕목이 아닙니다.

부정적 감정을 이용하는 직면적 소통

물론 리더로서 최선을 다하는 것은 언제나 중요합니다. 그래서 '마음'이란 녀석이 훼방을 놓더라도 최선을 다해 효과적으로 소통하기 위해 익혀야 할 기술에 대해 살펴보고자 합니다.

상대방의 행동을 변화시키는 소통 기술 가운데 가장 일반적인 방법이 '직면적 소통'입니다. 말 그대로 상대방의 잘못을 직접 지적해 자신의 문제에 직면하게 하는 것이죠. "김 대리님, 이번에도 마감 기한을 못 지켰네요. 이러다가 이번 달에 우리 팀 실적 꼴찌 하겠어요!"와 같은 말이 직면적 소통의 예입니다. 이 방법은 상대의 마음에 부끄러움과 불편함을 만들고 그 부정적인 감정을 이용해 행동 변화를 유발하는 것이죠. 이런 소통은 어느 정도 효과를 거두기도 하지만 두 사람의 관계는 멀어지기 쉽습니다. 상사의 지적이 틀린 것이 아니란 걸 알면서도 불편한 마음을 계속 겪고 싶지 않은 게 사람 마음이니까요. 김 대리는 '아니, 말을 꼭 그렇게 기분 나쁘게 해야 돼? 좋게 말하면 내가 못 알아듣냐고!'라며 속으로 분통을 터트리겠지요.

직면적 소통이 반복되면 시간이 지날수록 효과가 떨어진다는 문제가 발생합니다. 팀원이 리더를 신뢰하고 마음을 열어야 하는데, 직면적 소통법은 팀원이 마음을 닫아버리도록 만들기 때문입니다. 또 모든 사람은 자유에 대한 욕구가 크기 때문에 옳은 내용이라도 누군가가 강하게 밀어붙이면 본능적으로 저항하고 싶은 심리가 일어납니다. 저항 심리는 변화에 대한 동기부여를 하기는커녕 있던 동기마저 빼앗아버립니다.

열린 질문으로 동기부여하라

동기부여를 통해서 팀원의 행동을 변화시키고 싶다면 직면적 소통으로 닫힌 질문을 하는 대신 '열린 질문'을 해야 합니다. 열린 질문은 일방적 지시가 아닌 상대방의 의견을 묻는 것입니다. 열린 질문은 정해진 단답형의 대답이 아니라 자유롭고 능동적인 대답을 끌어내 다양한 생각을 하게끔 유도합니다. "어제 지시한 프로젝트 다 마쳤나요?"는 닫힌 질문입니다. "프로젝트 기획하는 데 어려움은 없나요?"가 열린 질문입니다. "오늘도 지각이네요. 또 늦잠 잤나요?"는 닫힌 질문입니다. "아침에 일찍 일어나는 게 힘든가요? 자꾸 지각하는 이유가 뭘까요?"가 열린 질문입니다.

열린 질문에는 리더의 일방적인 주장이나 지시가 담기지 않기 때문에 팀원에게 저항감을 심어주지 않습니다. 그래서 마음을 좀 더 쉽게 열 수 있습니다. 가령 "프로젝트 기획하는 데 어려움은 없나요?"라고 물으면 그간 느꼈던 이런저런 어려움을 이야기할 것이고, 그러면서 자연스럽게 스스로 문제를 인식하게 됩니다. 스스로 문제를 인식했기 때문에 한 걸음 더 나아가 해결방안에 관한 이야기를 나눌 때도 훨씬 능동적으로 대화를 나눌 수 있습니다.

리더들이 열린 질문에 익숙하지 않은 이유는 변화가 빨리 일어나길 바라는 조급함과 불안감 때문입니다. 더구나 상대가 저성과자 팀원이라면 훨씬 더 조급하고 불안하겠지요. 하지만 어떤 변화든 하루아침에 일어날 순 없습니다. 더구나 나 자신이 아닌 다른 누군가를 변화시키는 일이라면 더욱더 기다림이 필요합니다. 저성과자 팀원에게 변화의 동기를 부여하고 성과를 끌어올리고 싶다면 우선은 열린 질문을 통해 성찰의 기회를 주십시오. 스스로 깨닫고 능동적으로 변화할 수 있도록 기다려주십시오. 그것이 저성과자 팀원을 상대하는 리더가 해야 할 가장 중요한 일입니다.

CASE 2 솔루션

- 팀원을 변화시키지 못했다는 죄책감에서 벗어나야 한다.

- 피드백이 통하지 않는 저성과자 팀원은 자기인식이 부족할 확률이 높다.

- 객관적인 피드백이 수시로 진행되는 조직문화가 정착되어야 한다.

- 저성과자 팀원의 자기인식을 위해 잡 크래프팅 활동 등이 도움이 될 수 있다.

- 행동의 변화를 원할 때는 상대방의 의견을 묻는 '열린 질문' 소통이 효과적이다.

자기인식

리더의 성공과 실패를 가르는 가장 중요한 요인은 '얼마나 자기인식을 잘하는 가'였다. 아래 표를 통해 나는 얼마나 자기인식을 잘하는 리더인지 스스로 점검해보자.

평가항목	체크
나는 나의 강점과 약점을 3가지씩 말할 수 있다.	☐
나는 후배들에게도 자주 피드백을 구한다.	☐
나는 내가 지향하는 구체적인 리더의 모습을 이야기할 수 있다.	☐
나는 나의 감정을 잘 알아차리는 편이다.	☐
문제가 생겨도 남 탓을 하지 않는다.	☐
나는 MBTI 등의 심리적 경향성 테스트 결과와 나의 리더십, 일하는 방식을 연결지어 생각할 수 있다.	☐

0개~2개: 성과보다는 자기인식을 우선시해야 하는 단계
3개~4개: 자기인식을 위해 노력하는 리더
5개 이상: 자기인식이 가능한 상위 10% 리더

● 　 자기인식을 통해 자신의 문제점이 무엇인지 이해하게 되었다면, 이제는 리더의 성장 두 번째 단계인 '내적수용self-acceptance'으로 나아가야 합니다. 내적수용은 자기 자신을 있는 그대로 수용하는 것입니다. 자신의 문제점을 아는 것과 이를 온전히 수용하는 것은 또 다른 문제입니다.

인간은 내적수용이 되어야만 자신의 문제점을 극복하고 변화해야겠다는 능동적인 의지가 발생합니다. 그런 점에서 '내적수용'이라는 두 번째 단계는 가장 뚫고 나가기 어려운 단계이지만, 일단 극복하면 리더십이 크게 성장할 수 있는 단계이기도 합니다.

_____

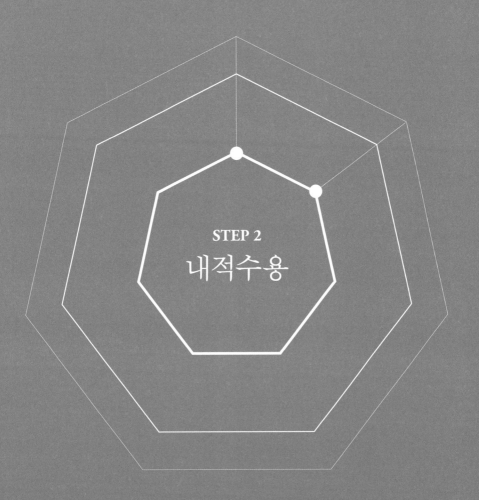

STEP 2

내적수용

3장

나에 대한 평가가
신경 쓰인다

● 부정적인 피드백 대처하기

CASE 3 국내 최대 공기업에서 승승장구하는 강 센터장

———————— 은 일분기 실적을 마감하고 상사와 면담하는 자리에서 자신도 모르게 울컥하고 말았다. 가파른 상승곡선을 그린 실적 그래프를 떠올리며 내심 칭찬받을 기대를 했는데, 상사는 팀원들의 피드백 내용이 좋지 않다며 쓴소리를 했기 때문이다. 가장 큰 문제로 지적된 것은 실적이 떨어지거나 실수를 하는 팀원들에게 윽박지르듯 고함을 친다는 것이었는데, 이로 인해 팀원들의 자존감이 떨어졌다는 것이다. 심지어 모욕감을 느껴 퇴사 생각까지 했다는 팀원도 있었다.

강 센터장은 자신의 그런 말투와 태도에 대해서는 수긍을 했다. 하지만 그게 왜 문제가 되는지 이해하지 못했기 때문에 '나는 성과를 달성하기 위해 리더로서 해야 할 일을 했을 뿐이야!'라는 반발심이 일어났다. "정말 이상하네요. 센터에서 일 잘하는 팀원들은 저를 얼마나 잘 따르는데요. 주로 능력 안 되는 팀원들이 그런 평가를 했겠지요." 상사와의 면담을 마치고 강 센터장은 오히려 이렇게 불만을 토로했다. "제가 좀 강하게 밀어붙이는 건 인정합니다. 하지만 그래서 실적이 좋은 겁니다. 새삼 그런 게 문제가 된다니 드릴 말씀이 없네요. 팀원들 생각을 알고 나니 앞으로 어떻게 센터를 이끌어가야 할지 걱정이 됩니다."

수용의 깊이가
성장의 크기를 결정한다

· 장은지

요즘은 스타트업을 비롯한 많은 기업에서 '극도로 솔직하고 대담한' 피드백 문화를 강조하고, 수시 피드백 제도를 도입하는 등 피드백 시스템 구축에 노력을 기울이고 있습니다. 하지만 리더들이 그 피드백을 인정하고 수용하지 못하면 애써 구축한 피드백 시스템이 무용지물이 될 수 있습니다.

특히 강 센터장처럼 숫자로 보이는 실적이 좋은 리더들일수록 부정적 피드백을 수용하지 못하는 경우를 많이 봅니다. 강 센터장은 팀원들의 부정적 피드백을 접하고 아마도 커다란 배신감에 휩싸였을 겁니다. '내가 그렇게 몰아붙여서 성과를 올렸기 때문에 당신들이 월급을 받는 거야'라든가 '내가 지금까지 회사에 돈 벌어다준 게 얼만데'라는 생각이 들면서 리더로서 성공하지 못했다는 사실을 받아들이기 어려웠을 겁니다.

강 센터장이 그런 것처럼 피드백 내용 자체를 수긍하는 리더는 많습니다. 대부분 객관적인 사실일 테니까요. 하지만 '수긍'하는 것과 '수용'하는 것은 다른 문제입니다. 수긍은 맥락적인 이해나 동의이고, 수용은 자기 내면에서 온전히 받아들이는 것입니다. 여기서 중요한 건 타인의 평가와 피드백을 내적수용의 단계로 가져가지 못하면 스스로 아무런 변화도 꾀할 수 없고 성장할 수도 없다는 점입니다.

부정적 평가를 수용하지 못하는 리더들의 공통점

그렇다면 '리더십 다면진단 결과'를 있는 그대로 수용하는 리더들은 과연 얼마나 될까요? 리더십 컨설턴트로서 경험한 바를 토대로 어림잡아 보더라도, 다면진단 결과를 내적수용의 단계로 가져가는 리더들의 비율은 10퍼센트가 채 되지 않았습니다. 특히 진단 결과가 부정적일 경우 이를 수용하지 못하는 이유도 대략 비슷한데, 크게 다음의 세 가지 유형으로 나눌 수 있습니다.

● 첫 번째 유형: 방어형 리더
방어형 리더는 진단 시기가 자신에게 불리했다고 생각합니다. 가령 성과가 좋아야 리더십 평가도 후해지기 마련인데 외부 여건으로 인해 성과가 좋지 않다 보니 조직 분위기가 좋을 리 없었다고 생각합니다. 진단결과를 놓고 마주 앉았을 때 첫 질문이 "이 진단을 언제 하신 거죠?"라고 묻는 리더들이 있는데, 십중팔구 "나는 이 결과를 받아들이지 못하겠다"라는 의미입니다.

● 두 번째 유형: 부인형 리더

진단평가의 타당성을 신뢰할 수 없다며 결과 자체를 부인하는 리더들이 있습니다. 이런 경우 신뢰할 만한 통계적 수치를 제시해도 쉽게 태도가 바뀌지 않습니다. 또 "다면평가에 응답한 사람들이 나에 대해 제대로 알지 못하기 때문에" 이처럼 믿기 어려운 결과가 나왔다고 하는 리더들도 있습니다. 강 센터장이 "주로 능력 안 되는 팀원들이 그런 평가를 했겠지요"라고 말한 것도 이와 비슷한 맥락입니다.

● 세 번째 유형: 회피형 리더

진단결과가 무엇이든 신경 쓰지 않겠다는 유형입니다. 실제로 코칭을 할 때도 진단결과지를 곁눈질로 대충 보고는 바로 엎어두고 딴 이야기를 하는 예가 있습니다. 왜 그러는지 물어보면 "리더의 자리에 있는 사람은 항상 부정적인 평가를 받기 마련이고 그런 평가를 들어봤자 자신감만 떨어진다"라고 대답합니다. 이런 유형의 또 다른 공통점은 '사람은 변하지 않는다'고 생각한다는 것입니다.

강점을 잘 살리면 되지 어차피 고쳐지지 않는 약점 붙들고 노력해 봐야 소용이 없다는 것이지요. 그래서 다면평가 자체를 불필요한 것으로 생각하기도 합니다.

피드백 수용도가 높은 리더가 빨리 성장한다

저는 코칭 현장에서 "나도 '좋은 사람'이라는 소리 듣고 싶다. 하지만 리더에겐 성과가 더 중요하지 않나"라고 말하는 리더들을 많이 만납니다. 이 말의 행간에서 "리더로서 누구보다 치열하게 일하고 노력하는데 이런 노력과 고생을 몰라주는 것 같아서 섭섭하다"라는 심정을 느낄 수 있지요. 어떤 임원은 리더십 피드백 결과를 읽더니 화를 참지 못하고 "이런 평가를 한 놈더러 내 자리에 와서 직접 한번 해보라고 하면 좋겠네요"라고 말하기도 했습니다.

사실 부정적인 평가를 들었을 때 그것을 온전히 받아들이는 것은 누구에게나 쉬운 일이 아닙니다. 하지만 지난 20여 년간 훌륭한 리더들을 만나온 제 경험에 비추어보면, 자기 자신에 대한 평가와 피드백을 수용하는 태도는 그가 리더로서 얼마나 지속가능한 성장을 할 수 있을지를 보여주는 리트머스 시험지와 같았습니다. 즉 피드백 수용도가 높은 리더들은 예외 없이 빠르게 성장의 다음 단계로 이행하면서 지속가능한 성장을 하는 반면에, 수용도가 낮은 리더들은 그 자리에서 더 성장하지 못한 채 물러나는 경우가 대부분이었습니다. 자기 자신에 대한 평가와 피드백을 얼마나 깊이 있게 수용하느냐가 리더로서 성장의 크기를 결정한다고 해도 과언이 아닙니다.

강 센터장에게 한 가지 해드리고 싶은 조언은, 리더십을 고정된 것으로 받아들이지 않았으면 하는 것입니다. 리더로서 계속 성장하기 위해서는 다양한 각도에서 리더십을 개발하고 발전시켜야 합니다. 예전에는 성과를 위해 팀원들을 몰아붙이는 리더십이 먹혔을지 몰라도 지금의 조직과 자리에서는 그러한 리더십이 효과적이지 않다는 점을 인정하고 받아들여야 한다는 것입니다. 그래야 자신의 리더십을 어떻게 변화시키고 발전시켜야 할지에 대한 답을 찾을 수 있습니다.

부정적인 피드백이 곧 나의 패배는 아니다

강 센터장이 "팀원들 생각을 알고 나니 자신감이 떨어져 앞으로 어떻게 센터를 이끌어가야 할지 걱정이 됩니다"라고 말했는데, 사실 많은 리더가 이와 비슷한 반응을 보입니다. 부정적 피드백을 듣고 자신감이 떨어졌다는 것은 '피드백'조차도 다른 리더들과 경쟁해서 이겨야 할 대상으로 인식했다는 것을 의미합니다. 그래서 등수가 떨어진 성적표를 받아든 아이처럼 의기소침해지는 것이지요.

이러한 리더들에게 필요한 것은 관점의 전환입니다. 즉 부정적 피드백을 실패나 패배의 근거로 받아들이는 대신 리더십을 성장시킬 기회로 이해하고 받아들이는 겁니다. 우리가 흔히 말하는 탁월한 리더는 아무런 결점도 없는 완벽한 리더가 아닙니다. 완벽한 리더는 존재하기 어려울뿐더러 다른 사람에게 좋은 리더이기 어렵습니다. 자신의 문제점이나 취약성을 인정하고 수용하는 리더야말로 좋은 리더일 가능성이 큽니다. 이들은 겸손한 자세로 더 배우기 위해 노력하며, 자신의 모습을 속이지 않고 진정성 있게 사람들을 대하기 때문입니다.

이러한 관점은 미국 몬타나주립대학교의 교수진이 수행한 연구를 통해서도 확인할 수 있습니다. 연구팀은 리더십에 대한 자기평가가 지나치게 긍정적이고 타인의 평가와 크게 차이가 나는 리더와 일하는 사람들, 그리고 자기평가가 타인의 평가와 비슷하거나 좀 더 낮은 수준인 리더와 일하는 사람들을 각각 비교하면서 관찰했습니다. 그 결과 후자의 리더들과 일하는 사람들이 '현저히' 높은 수준의 생산성과 업무 몰입도를 나타냈다고 합니다.

부정적 피드백을 패배로 받아들이는 리더는 스스로 성장의 가능성을 차단하는 것입니다. 자신이 왜 그런 피드백을 받았는지 이해하고 내적수용을 통해 받아들이는 리더에게는 부정적 피드백이 성장의 동력으로 작용할 수 있습니다.

리더들에게 자기인식은 단편적이며 고정적인 결론을 내리기 위한 것이 아니라 다각적인 관점을 받아들여 계속 성장해가기 위한 것이라는 점, 그렇기에 타인을 통한 자기인식의 내용 역시 성패의 관점이 아닌 성장의 관점에서 수용해야 한다는 점을 다시 한번 강조하고 싶습니다.

한 발짝 물러서서
마음의 공간을 만들어라

· 윤대현

　최근 '내적수용'은 비즈니스 심리 영역에서 리더들이 훈련하고 갖춰야 할 핵심적인 마음의 가치로 강조되고 있습니다. 그런데 내적수용이 행동이 변화하는 단계에 이르려면 결심만 해서는 안 되고 훈련을 통해 익혀야 합니다. 열심히 노력해서 습득해야 하는 마음의 역량인 셈이지요.

　내적수용에 대한 훈련이 잘 안 된 리더라면 강 센터장처럼 부정적 피드백 앞에서 불만을 토로하고 저항하는 것이 지극히 정상적인 반응입니다. 강 센터장은 평소 피드백을 접할 기회가 많지 않았기 때문에 거의 무방비 상태에서 부정적 피드백을 접했을 가능성이 큽니다. 실적이 좋으니 상사로부터 긍정적 평가를 주로 받았을 테고, 팀원들

의 피드백은 강 센터장의 권위적이고 불같은 성향에 가로막혔을 테
니까요. 더구나 성과 경쟁이 일상화된 조직의 리더들은 평소 피드백
을 주고받는 친밀한 네트워크를 형성하는 것이 매우 어렵습니다.

저는 강 센터장에게 저항하고 싶은 마음이 일어나는 것을 '괜찮
다'라고 받아들여야 내적수용이 시작될 수 있다는 점을 이야기하
고 싶습니다. 부정적 피드백을 받아도 아무런 반응도 하지 않는 것
보다는 저항이든 불만이든 감정을 드러내는 것이 행동 변화의 측
면에서는 훨씬 좋은 신호입니다. 더 나아가서 일에 쏟아붓는 열정
적인 에너지를 내적수용이라는 마음의 역량을 키우는 데에도 사
용할 수 있다면 분명 좋은 결과를 얻을 수 있을 겁니다.

왜 리더들은 내적수용을 어려워할까

심리적 측면에서 내적수용은 '지적 통찰'과 '정서적 통찰'이라는
두 단계를 거쳐 진행됩니다. 지적 통찰이 단지 희미하게 알고 있던
생각을 지식과 정보 차원에서 좀 더 분명하게 알게 되는 것이라면,
정서적 통찰은 자기 내면 깊숙한 곳의 무의식까지도 이해하게 되
는 것입니다. 정서적 통찰을 통해서 우리는 자신의 감정과 생각이
어디에서 비롯된 것이고 문제가 일어난 이유는 무엇인지 훨씬 깊
이 있게 이해할 수 있습니다. 정신건강의학에서는 치료를 위해 정
서적 통찰을 활용하기도 합니다.

리더들 가운데 지적 통찰은 잘되는데 자기 내면의 문제를 이해하고 공감해서 행동 변화의 단계로 나아가는 정서적 통찰은 너무 어렵다고 하는 예가 많습니다. 정서적 통찰은 내면에 따뜻한 공감 에너지가 있어야만 가능한데 늘 스트레스로 지쳐 있는 리더들에게는 이러한 에너지가 턱없이 부족하기 때문입니다. 내적수용 훈련을 할 때 가장 우선되어야 할 일은 마음의 에너지를 확보하는 것입니다.

리더의 자리에 오른 사람들은 대개 적극적이고 능동적입니다. 문제가 있으면 곧바로 해결해야 한다는 생각이 강하죠. 부정적 피드백을 접하면 분노, 불안, 저항 등의 부정적 감정이 올라오는데, 이 감정들에 즉각적으로 반응하면서 제거해버리거나 긍정적인 것으로 바꾸려고 애쓰게 됩니다. 하지만 스트레스로 지쳐 있어 내면의 에너지가 부족한 상태에서 감정적 대응을 한다면 싸워보기도 전에 파도에 휩쓸려 떠내려갈 수가 있습니다.

마음의 에너지를 채우는 여유 공간 만들기

내적수용을 훈련하기 위해서는 먼저 내면의 에너지를 회복해야 하는데, 그러려면 우선 마음에 에너지를 채울 수 있는 여유 공간을 만들어야 합니다. 마음의 여유 공간을 만들기 위한 것이 바로 '메타뷰meta-view' 훈련입니다. 메타뷰는 한발 물러서서 내 감정과 생각을 바라보는 훈련입니다. 가령 강 센터장의 경우 '내가 지금 부정적 피드백을 받아서 화를 내고 있구나'라고 생각하며 관객으로서 나를 주인공으로 바라보는 시간을 갖는 것이죠. 선수들이 운동장에서 뛸 때 코치는 경기 전체 흐름을 읽어서 그때그때 선수들에게 새로운 지시를 하잖아요. 메타뷰는 바로 이 코치의 역할을 스스로 하는 것입니다. 코치가 선수들처럼 바쁘게 뛰어다니면 경기 흐름을 읽을 수 없습니다. 마찬가지로 메타뷰를 할 때는 감정에 반응하지 말고 마음을 가만히 두는 것이 핵심입니다.

신경과학 분야의 연구를 보면, 스트레스를 받은 상태에서 메타뷰를 하면 뇌의 활성화 부분이 감정을 담당하는 영역에서 문제 해결을 담당하는 영역으로 옮겨간다고 합니다. 말하자면, 스트레스를 받아서 피곤하고 힘들 때 메타뷰를 하면 '이 힘든 것에도 어떤 가치와 의미가 있지 않을까'라고 생각하는 쪽으로 심리적 변화가 일어난다는 겁니다. 메타뷰를 해서 여유 공간이 생기면 자기 마음의 문제를 해결하기 위한 심리적 메커니즘이 작동하기 시작한다는 것이지요.

강 센터장은 상사로부터 부정적 피드백을 전달받았을 때 이를 수용하지 않고 저항하는 태도를 보였습니다. 이때 상사의 압박에 못 이겨 억지로 수용하려고 애쓰다 보면 그대로 파도에 휩쓸릴 수 있습니다. 그렇지 않아도 강 센터장은 팀원들로부터 그런 피드백을 받으니 자신감이 떨어진다고 말했습니다. 이런 상황에서는 내적수용을 강조하는 것이 도움이 되지 않습니다. 오히려 심각한 면역 반응으로 인한 역효과를 얻을 수 있습니다.

저항의 에너지를 동기부여 에너지로 전환하라

피드백에 대해 저항하는 반응을 보이면 '변화하기 힘들겠구나'라고 생각하기 쉬운데 그렇지 않습니다. 강력한 저항은 수용과 변화 측면에서 걸림돌이 될 수 있지만, 어느 정도의 저항은 아무런 저항도 없고 감정적 반응이 없는 경우보다 훨씬 긍정적입니다. 부정적 피드백에 대해 아무런 저항이나 감정적 반응을 보이지 않고 잘 수용하는 리더들이 있습니다. 이런 경우 대부분 표면적인 수용을 했을 뿐 정서적 통찰까지 나아간 것은 아닙니다.

강 센터장은 상사와의 면담 자리라서 겉으로 강하게 드러내진 않았지만 반발심을 느끼며 심리적으로 저항했습니다. 그러면서도 한편으로는 자신감이 떨어졌다고 말했습니다. 모두 부정적 감정 반응이죠. 하지만 어떤 식으로든 반응을 한다는 것은 에너지가 존재한다는 의미이기 때문에 행동 변화를 위한 긍정적인 신호로 받아들일 수 있습니다. 다만 그 에너지의 방향을 잘 '전환'하기만 하면 됩니다.

부정적인 피드백을 받았을 때 저항하는 마음이 먼저 올라오는 것은 정상적인 감정 반응입니다. 스스로 '괜찮다'고 말해주세요. 그런 다음 혼자서 시간을 갖고 '메타뷰' 훈련을 반복적으로 합니다. 어느 정도 마음에 여유가 생겼다 싶으면 피드백 내용을 다시 한번 차분히 살펴보며 생각을 정리합니다. 이때 정서적 통찰의 단계까지 나아갈 수 있도록 내면 깊숙한 곳의 생각과 감정까지 들여다봐야 합니다. 어떤 깨달음이 왔는데 눈물이 쏟아지거나 걷잡을 수 없는 웃음이 터져 나온다면 정서적 통찰에 이른 것으로 볼 수 있습니다. 그런 다음에는 자연스럽게 지금 당장 실천해볼 수 있는 작은 변화들이 있는지 정리해봅니다. 작은 변화들을 실천해보면 내적수용이 강화되고 변화해야겠다는 의지도 더 커지는 것을 느낄 수 있을 겁니다.

내적수용은 매우 능동적인 심리작용이며, 훈련을 통해 익혀야 하는 마음의 역량입니다. 그러니 하루아침에 변화가 일어나지 않는다고 해서 실망하기보다 천천히 시간을 갖고 자신의 지치고 힘든 마음을 위로하는 것부터 시작해보십시오. 비판이 아닌 애정의 눈길로 나의 문제점을 안아줄 때 내면의 에너지를 긍정적인 방향으로 전환할 수 있습니다.

- 부정적인 피드백을 듣고 저항과 불쾌감이 생기는 것은 자연스러운 감정이다.

- 부정적인 피드백을 성장의 기회로 삼는다.

- 저항 에너지는 행동 변화를 위한 동기부여 에너지로 전환될 수 있다.

- 자신의 문제점이나 취약성을 인정하는 리더가 오래 살아남는다.

- 한발 물러서서 내 감정과 생각을 바라보는 '메타뷰' 훈련이 긍정적인 수용에 도움이 된다.

4장

승진에 밀려나서
무기력할 때

● **좌절을 수용하기**

CASE 4 국내 대형은행 인사팀에서 일하는 유 과장은 올해로 입사 13년 차이다. 재무팀장과 기업관리팀장이 입사 동기이고, 한 입사 동기는 지점장까지 올라갔다. 유 과장은 벌써 몇 년째 팀장 승진에서 밀리고 있어 자존감이 바닥으로 떨어진 상태이다. 3년 전에는 궁여지책으로 지점의 창구업무 쪽으로 보직 변경까지 해봤지만, 고객 응대 업무가 적성에 맞지 않아 1년 만에 포기하고 말았다. 다시 인사팀으로 돌아온 뒤에는 정말 피나는 노력을 통해 토익 점수도 높이고 사내 업무개선 공모전에 도전해 장려상까지 받았다. 하지만 올해 초에 있었던 팀장 승진에서도 1년 후배인 진 과장에게 밀려나는 바람에 엄청난 무기력감을 경험해야 했다.

유 과장은 자신이 왜 계속 팀장 승진에서 밀리는지 이유를 알 수 없었다. 진 과장만 해도 특별히 자신보다 나아 보이는 구석을 찾아보기 어려웠다. 올해는 어떻게든 팀장으로 승진하려 휴일까지 반납하며 노력했기에 좌절도 그만큼 클 수밖에 없었다. 지금 유 과장은 조심스럽게 부서 이동을 고민하고 있다. 후배 팀장과 일하는 것이 껄끄럽기도 하거니와 인사팀에서는 더 이상 기회가 없을 것 같기 때문이다. 하지만 이미 보직 변경을 했다가 실패한 경험이 있어서 부서 이동도 쉽사리 마음이 내키지 않으니 이 상황을 어떻게 벗어나야 할지 괴롭기만 하다.

문제를 피하지 말고
정면으로 마주하라

· 장은지

사람이 좌절하는 이유는 다양한데 그중에서도 인정 욕구가 좌절되는 것만큼 힘든 일은 없을 듯합니다. 생존 욕구를 넘어서면 인간에게는 사랑과 인정을 받고자 하는 욕구가 가장 중요해지기 때문입니다. 유 과장 역시 인정받고 싶고 더 성장하고 싶어서 남다른 노력을 기울였지만 또다시 쓰디쓴 좌절을 하게 됐으니 얼마나 괴롭고 힘들지 짐작이 됩니다.

비즈니스 세계에서는 많은 사람이 커리어 실패로 좌절하는 순간을 마주하게 됩니다. 승진에서 후배에게 밀리기도 하고, 성과가 저조해 주요 프로젝트에서 제외되기도 합니다. 심지어 권고사직을 받는 끔찍한 상황에 부딪히기도 하지요. 이때 사람들은 다양한 선택을 합니다. 유 과장의 경우처럼 부서 이동을 택하거나 완전히 조직을 떠나는 사람도 있고, 현재의 자리에서 다른 시도를 하기도 합니다. 하지만 이런 선택은 답이 될 수도 있고 그렇지 않을 수도 있습니다.

유 과장의 경우에도 자신이 매번 승진에서 탈락하는 이유를 모르겠다고 말합니다. 그러고선 무력감에 빠져버리지요. 원인을 알아야 무기력에서 빠져나와 제대로 문제를 해결할 수 있습니다. 그렇다고 회사 정책이나 다른 사람에게서 원인을 찾으려 들면 당장은 마음이 덜 불편하겠지만 진정한 수용은 일어나지 않습니다. 커리어 실패로 인한 좌절을 수용하기 위해서는 먼저 자기 자신을 객관적으로 대면해야 합니다.

자기대면의 시간이 필요하다

지금 유 과장은 매우 중요한 의사결정을 해야 하는 시점에 와 있습니다. 옳은 의사결정을 내리기 위해서는 먼저 "내가 승진에서 여러 차례 누락한 이유, 즉 실패의 원인이 무엇인가?"라는 질문에 답할 수 있어야 합니다. 이는 마주하기 어렵고 외면하고 싶은 질문일 수 있습니다. 하지만 좌절을 수용하고 앞으로 나아가기 위해서는 용기를 내어 자신의 문제를 마주하는 것, 즉 '자기대면self-encounter'이 필요합니다. 자기인식이 자신이 어떤 사람이고 무엇을 원하는 사람인지 깊이 이해하는 것이라면, 자기대면은 자신의 문제점과 욕구를 피하지 않고 정면으로 마주하는 것입니다.

유 과장의 사례를 대입해서 위 질문에 대한 답을 생각해보면 세 가지 정도로 압축될 수 있습니다.

● 첫째, 적성에 맞지 않는 업무

유 과장에게 주어진 업무와 역할이 본인에게 잘 맞지 않는 업무나 역할이었을 수 있습니다. 조직에서 일방적으로 주어진 업무를 수행해야 하는 경우에는 성과가 제대로 나기 어렵습니다.

● 둘째, 실력 부족

유 과장의 역량이 부족하여 주어진 업무와 역할을 제대로 해내지 못한 것일 수 있습니다.

● 셋째, 팀워크 부족

유 과장에게 잘 맞는 업무와 역할이고 역량도 충분하지만 해당 팀의 리더 또는 다른 팀원들과 합이 잘 맞지 않아 그러한 결과에 이른 것일 수 있습니다.

만약 첫 번째에 해당한다면 팀을 이동해 새로운 업무를 해보겠다는 결정이 합당할 수 있습니다. 다만 이미 창구업무로 보직 변경을 했다가 실패한 경험이 있으므로 자신이 정말 좋아하고 잘하는 일이 어떤 것인지 신중하게 고민해본 후에 결정하는 것이 좋겠습니다.

두 번째와 세 번째의 경우라면 부서를 옮긴다고 해서 근본적인 문제가 한꺼번에 사라질 것으로 기대하기는 어렵습니다. 이때는 업무 역량과 대인관계 측면에서 '어떻게 부족한 면을 보완하고 개선할 것인가'에 초점을 맞추어 의사결정을 해야 합니다.

진정한 조언을 받아들일 용기가 있는가

미국 샌프란시스코주립대학교 미첼 마크스Mitchell L. Marks 교수가 수행한 연구에 따르면, 커리어 실패를 겪었으나 이를 성공적으로 극복한 사람들에게는 공통점이 있었다고 합니다. 한탄과 비난으로 시간을 보내는 대신 냉철하게 실패의 원인을 판단했고, 그다음 새로운 경로를 설정했으며, 마지막으로 꼭 맞는 기회가 왔을 때 놓치지 않고 잘 잡았다고 합니다.

이처럼 커리어 실패를 겪었을 때 가장 먼저 해야 할 일은 실패의 원인을 냉철하게 판단하는 것인데, 이때 스스로 질문을 던지고 답을 구하는 것도 중요하지만 주위 사람들로부터 냉철한 피드백을 구할 용기도 필요합니다. 자기인식 단계에서 설명했듯이 사람은 혼자서는 자기 자신을 객관적으로 판단하기 어렵습니다. 나에게 객관적인 조언을 해줄 나만의 '이사회' 네트워크를 구축하여 나의 역량이 어느 수준인지 무엇이 부족한지 수시로 점검해야 합니다. 적나라한 피드백을 받는 순간에는 몹시 쓰라리겠지만, 성장을 위해 반드시 거쳐야 할 과정으로 받아들여야 합니다.

　유 과장은 승진 기회를 놓치지 않기 위해 토익 점수를 높이고 사내 공모전에도 도전했다고 했습니다. 물론 두 가지 모두 개인의 성장을 위한 의미 있는 도전입니다. 하지만 자신이 후배에게조차 밀려나는 문제 원인을 해결하는 방안으로 합당했는지는 의문입니다. 정작 핵심적인 문제는 그대로 두고 주변적인 문제만 건드린 것은 아닌가 하는 것이지요. 또 후배인 진 과장에게서 자신보다 나아 보이는 구석을 찾기 어렵다고 했는데, 이러한 판단이 얼마나 객관적인 근거를 토대로 한 것인지에 대해서도 짚어봐야 할 겁니다.

　유 과장이 주관적이고 막연한 방식으로 문제에 접근할 수밖에 없었던 것은 객관적인 피드백을 토대로 자기대면을 하지 못했기 때문입니다. 사실 많은 사람이 객관적인 피드백을 구할 용기조차 내지 못합니다. 그런 피드백을 정면으로 마주할 용기는 더더욱 내기가 어렵지요. 이런 분들이 자주 하는 실수가 가족이나 친구처럼 자신을 동조해주는 사람들에게 의존하는 겁니다. 그들에게 한탄을 늘어놓고, 본인의 실패가 외부의 탓이라는 동조를 얻어내고, 이를 마음의 안식으로 삼습니다.

　저 역시 친구에게 무조건적인 동조를 보내야 하는 역할을 맡았던 적이 있습니다. 그러한 동조가 친구의 마음은 위로해줄지언정 커리어의 성장에는 아무런 도움이 되지 못한다는 사실을 한참 후에야 깨달았습니다. 결국 저의 동조는 친구가 저지른 실수나 잘못된 행동을 수정할 기회를 영영 빼앗아버리는 것이나 마찬가지였습니다.

성장의 원동력은 자신에게서 나온다

인정욕구는 리더의 성장에 긍정적으로 작용하기도 하지만 부정적인 역할을 할 때도 있습니다. 리더로서 인정받기 위해 끊임없이 노력한 결과가 큰 성과와 성장으로 이어지는 예는 아주 많습니다. 하지만 타인의 인정은 자신이 통제할 수 없는 것입니다. 그렇기에 오직 타인의 인정을 받기 위해서만 노력하는 사람은 끝내 좌절하고 포기할 가능성이 큽니다. 자신의 행복이 스스로 통제할 수 없는 것에 좌우된다면 끊임없는 결핍을 불러올 수밖에 없으니까요.

유 과장의 경우 인정받으려는 욕구로 열심히 노력했습니다만 그 방향이 올바르지 않았을 뿐입니다. 그런데 노력은 하지 않으면서 인정받기를 바라는 사람들도 있습니다. 그들은 타인의 인정을 얻기 위해 사실을 왜곡하고 자신을 거짓으로 꾸미고 과시하려 합니다. 예를 들어 SNS에서 가짜 스펙이나 사치품으로 자신을 과시하고 허세를 부리는 사람들을 많이 볼 수 있는데, 이런 사람들은 타인의 인정을 받는 '결과'에만 급급할 뿐 더 나은 삶을 살기 위해 필요한 '과정'은 무시하고 실질적인 노력은 하지 않습니다.

리더로서 계속 성장하기 위해서는 끊임없는 노력이 필요하지만 그 원동력을 타인의 인정에서만 찾으려고 해서는 안 됩니다. 주변 사람들의 기대로부터 자유로워야 합니다. 타인의 인정은 추구해서 얻어지는 것이라기보다 노력의 대가로 따라오는 것입니다. 우리가 계속 노력하고 성장하기 위한 원동력은 자기 자신에게서 나올 때 가장 파워풀합니다. 자기대면을 통해서 문제점을 잘 인식하고 좌절을 수용했을 때 비로소 우리는 내면에서 강력한 성장 동력을 이끌어낼 수 있습니다.

좌절의 순간,
나를 새롭게 바라보다

· 윤대현

　　회사에서 승진이나 포상을 기대했다가 좌절하는 리더들을 자주 만납니다. 유 과장처럼 반복되는 좌절을 겪고 심각한 무기력감을 호소하는 사람도 많습니다. 매우 힘들고 고통스럽겠지만 커리어 실패가 유 과장에게만 찾아온 불운은 아닙니다.

　그렇다면 받아들이기 어려운 좌절이 찾아왔을 때 어떻게 반응하고 행동하는 것이 적절한 수용일까요? 유 과장처럼 부서 이동과 같은 환경의 변화를 꾀해보는 것도 방법이긴 합니다. 하지만 섣부르게 결정하는 것보다는 우선 마음이 안정될 때까지 기다리는 것이 좋습니다. 감정적으로 격양되었을 때는 '남 탓하는 본능'이 강하게 작동되어 올바른 판단을 하는 것이 어렵습니다. 주위에서 올바른 조언을 해줘도 귀에 잘 들어오지 않지요.

유 과장의 경우 후배 진 과장을 헐뜯고 싶을 것입니다. '자신보다 나아 보이는 구석이 하나도 없는' 진 과장이 어떻게 먼저 팀장이 될 수 있냐며 주변 사람을 붙잡고 하소연할 수도 있겠지요. 그런데 이런 감정적 반응은 미래의 승진 기회를 잡는 데에 도움이 안 될뿐더러 결국에는 자존감을 더욱 떨어트리는 결과를 낳습니다. 억울하고 분한 마음에 머릿속이 복잡하겠지만, 우선은 스스로 자기 자신을 객관화할 수 있는 긍정적 에너지가 생길 때까지 머리도 마음도 쉬는 것이 좋습니다.

부정적 감정과 거리를 두고 애정 어린 직언 듣기

부정적인 감정 반응이 일어날 때는 빨리 해결하려고 하는 대신 우선 거리두기를 해야 합니다. 부정적인 감정에 휩싸였을 때 가장 흔하게 나타나는 반응 중 하나는 '난 승진에서 밀린 게 당연해'라고 수긍해버리는 겁니다. 하지만 이는 자포자기이지 수용이 아닙니다. 자포자기는 무기력을 동반하게 됩니다. 좌절을 경험한 사람이 무기력감을 느끼는 건 당연합니다. 하지만 무기력감이 길어지면 성장과는 더 멀어지고, 무엇보다 자신의 삶이 불행해집니다.

사람마다 고통을 수용하는 능력이 다른데, 좌절을 겪었을 때 유독 심각한 스트레스를 겪는 사람이 있습니다. 이런 경우에는 마음관리를 위해 전문가를 찾는 것도 방법입니다. 과도한 스트레스 상태에 계속 머물게 되면 자신도 모르게 부적절한 행동을 할 수도 있습니다. 인간의 뇌는 좌절이라는 고통을 이겨내기 위해 쾌락 시스템을 작동시키기도 하는데, 그렇게 되면 자신의 건강을 해치거나 사회적으로 문제가 될 수 있는 행동을 유도하기도 합니다. 좌절을 수용하는 첫 번째 단계는 부정적인 감정에서 빠져나오는 것이라는 점을 꼭 기억하십시오.

머리도 마음도 쉬면서 그다음 해야 할 일은 애정 어린 직언을 해줄 수 있는 사람과 깊이 있는 대화를 나누는 것입니다. 무턱대고 괜찮다고 위로하거나 근거 없는 비판을 일삼는 이들에게 조언을 듣는 것은 적절하지 않습니다. 냉철하면서도 애정이 담겨 있는 조언을 해줄 사람이 있어야 좌절을 수용하고 전화위복의 기회로 삼을 수 있습니다. 조직 내에 그런 선배나 동료가 있으면 좋고, 그렇지 않다면 외부에서 찾아보는 것도 방법입니다.

외부의 시각을 이용해 나를 파악하기

부정적인 감정에 빠져 성급한 결정을 내리지 않으려면 외부의 시각을 활용해 나를 객관적으로 파악하는 것도 방법입니다. 가령 헤드헌팅 업체를 통해서 자신의 커리어를 정리해보고 업계에서의 위치를 파악해볼 수 있을 겁니다. 외부의 전문가를 통해 자신이 더 보완해야 할 부분이나 잘 몰랐던 업계 관련 정보도 얻을 수 있겠고요. 외부의 시각이 들어오면 무엇보다 주의가 환기됩니다. 성취 목표가 좌절되어 과도한 스트레스를 받는 상황에서는 주의를 환기하고 시선을 돌려보는 것도 좋은 해결책이 될 수 있습니다.

아무리 탁월한 리더도 늘 승승장구할 수는 없기에 커리어 실패에 미리 대비하는 것도 필요합니다. 가장 중요한 것이 외부에 수준 높은 네트워크를 형성해두는 것입니다. 주어진 업무와 역할에 최선을 다하되 조직 안에서만 갇혀 있으면 안 됩니다. 자기 에너지의 20퍼센트 정도는 대외 활동에 투자하는 것이 바람직합니다.

유 과장에게 조언하고 싶은 것은 자기 삶과 세계를 좀 더 넓게 조망해보라는 것입니다. 승진이 중요한 문제이긴 하지만 인생에는 그것보다 더 중요한 문제도 많습니다. 조직을 벗어나서 새로운 사람을 만나고 새로운 것에 도전해보는 경험도 성취감과 행복감을 가져다줍니다. 그런 과정에서 커리어가 자연스럽게 확장되기도 합니다. 이를 기반으로 외부와의 네트워킹을 강화하다 보면 조직에서도 새로운 기회를 찾을 수 있습니다. 혼자서 문제를 해결하려 끙끙대지 말고 시야를 넓혀서 자기 자신을 새롭게 바라볼 수 있는 계기를 마련해보기 바랍니다.

현실 회피용 변화 vs. 성장을 위한 진정한 변화

적절한 피드백을 통해 자신의 문제를 잘 파악하고 수용했다면, 이제는 변화를 위한 행동에 나설 때입니다. 새로운 역할이나 기술을 습득하는 것도 변화를 위한 좋은 계획일 수 있습니다. 그러나 변화에 대한 목표와 동기가 애매한 상태에서 환경적 변화만 꾀하는 것은 오히려 다른 좌절을 불러올 수 있습니다. 유 과장은 부서 이동을 고민하는 이유를 '후배 팀장과 일하는 것이 껄끄럽고' '현재 부서에서는 더 이상 기회가 없을 것 같아서'라고 했습니다. 문제의 원인을 제대로 파악하지 못한 것도 안타깝지만, 아무런 목표나 계획 없이 임시방편용 변화를 꾀하려는 점도 우려됩니다. 더구나 창구업무로 보직 변경을 했다가 실패한 경험이 있는데도 말입니다.

번아웃과 같은 내면의 문제나 경기 침체와 같은 외부 요인으로 인해 성과가 저조해지고 안 좋은 평가를 받았을 때도 환경적 변화를 고민하는 사람들이 많습니다. 새로운 팀으로 옮기거나 대학원 진학 등을 고민하는 것이죠. 그러한 환경 변화가 새로운 도전을 위해 구체적인 계획 아래 이루어진다면 말릴 이유가 없습니다. 하지만 성과 저하로 인한 스트레스를 회피하기 위해 환경적 변화를 결정하는 것은 현명하지 못한 선택입니다. 좌절의 이유가 무엇이든 간에 적절한 직언을 통한 내적수용의 단계를 거치지 않은 채 서둘러 문제를 봉합하려고 한다면 임시방편용 변화에 그칠 수밖에 없기 때문입니다.

외국계 기업 마케팅본부 팀장으로 일하면서 아주 훌륭한 성과를 내다가 과로와 시장 악화 등 대내외적인 요인으로 좌절을 경험한 리더를 코칭한 적이 있습니다. 당장 다음 주에 상사에게 팀 이동과 보직 변경을 요청할 예정이고 동시에 대학원도 준비하는 상황이었습니다. 저는 우선 마음이 힘든 상황이니 중요한 결정을 뒤로 미루고 신뢰할 수 있는 지인과 충분한 이야기를 나눠보는 것이 좋겠다고 조언했습니다. 그분은 제 조언을 받아들여 팀을 옮기지 않은 채 자신을 돌아보는 시간을 가졌고, 6개월 후에는 다시 훌륭한 성과를 낼 수 있었습니다.

늘 좋은 성과를 내다가 갑자기 성과가 떨어지면 우선은 그런 상황을 피해버리고 싶은 마음이 앞서게 됩니다. 하지만 환경을 바꾸는 것만으로 마법 같은 변화가 일어나진 않습니다. 변화를 통해 얻고자 하는 정확한 목표 설정이 우선되어야 합니다. 좌절에 대한 수용이 잘 이루어진 다음 변화를 위한 행동에 나서야 하는 이유는 더 현명한 선택을 하기 위해서입니다.

CASE 4 솔루션

- 커리어 실패를 겪었을 때는 환경에 변화를 주기보다 원인을 파악해야 한다.

- 자신의 문제점과 욕구를 자세히 들여다보는 '자기대면'이 필요하다.

- 타인의 인정은 내가 일을 하는 목적이 아니라 나의 노력의 대가가 되어야 한다.

- 나의 실패에 대해 자포자기하는 태도는 올바른 수용이 아니다.

- 평소 나에게 객관적이고 다양한 조언을 해줄 나만의 '이사회' 네트워크를 구축하는 것이 도움이 된다.

체크리스트 내적수용

자기인식이 되었다 하더라도 자기 자신을 있는 그대로 받아들이는 내적수용의 과정이 없다면 진정한 변화는 일어날 수 없다. 아래 표를 통해 나는 얼마나 내적수용을 잘하는 리더인지 스스로 점검해보자.

평가항목	체크
나의 부정적인 피드백을 수긍하고 수용할 수 있다.	☐
나의 리더십은 계속 변화하고 발전하는 중이다.	☐
동료들에게 나의 부족한 점을 솔직하게 말하고 도움을 요청할 수 있다.	☐
부정적인 피드백을 들은 후 감정적으로 대응하지 않을 수 있다.	☐
문제가 생겼을 때 회피하기보다 맞서서 해결하는 편이다.	☐
타인의 인정보다는 스스로의 한계를 넘어서기 위해 일한다.	☐
나를 위해 진심을 담아 객관적으로 조언해 줄 수 있는 선배, 동료, 부하직원들이 있다.	☐

0개~2개: 자신의 있는 그대로의 모습을 받아들여야 하는 단계
3개~5개: 내적수용을 위해 노력하는 리더
6개 이상: 자신을 객관적으로 바라볼 수 있는 상위 10% 리더

92

부정적 피드백을 패배로 받아들이는 리더는
스스로 성장의 가능성을 차단하는 것입니다.
자신이 왜 그런 피드백을 받았는지 이해하고
내적수용을 통해 받아들이는 리더에게
부정적 피드백은 성장의 동력이 됩니다.

● 　리더의 성장 세 번째 단계는 관점전환^{reframing}, 즉 '문제를 바라보는 틀을 바꿔 다르게 바라보기'입니다. 관점전환을 나타내는 영어 '리프레이밍'은 '프레임을 재조정한다'라는 뜻입니다.

우리는 자신도 모르는 고정관념이나 몸과 마음의 습관들이 변화와 도전에 걸림돌로 작용하고 있는지 점검하고 이를 긍정적으로 전환해야 합니다. 자신의 관점이 어디서부터 뿌리내리는지 알고 나면 사람들의 관점이 왜 서로 다른지도 이해하게 됩니다. 이 단계는 리더십 성장에 있어 매우 중요한 모멘텀이 되는데, 바로 타인에 대한 공감이 열리고 자신의 '심리적 통제권'을 갖게 되는 단계이기 때문입니다.

STEP 3

관점전환

5장

사소한 상황에
휘둘리지 않으려면

심리적 통제권 갖기

CASE 5 스타트업으로 출발해 기업공개IPO를 코앞에 둔 ─────── 교육기업에서 사업기획 파트를 맡고 있는 백 이사는 지난 10여 년간 그 누구보다 치열하게 일해왔다. 코로나19 팬데믹으로 시작된 위기를 극복할 실마리가 보이는 듯해서 며칠째 야근을 하면서도 전혀 지치는 기색을 보이지 않았다. 그러던 백 이사에게 청천벽력 같은 일이 벌어지고 말았는데, 평소 아끼고 신뢰하던 팀원 세 명이 갑자기 경쟁사로 이직해버린 것이다. 세 명 모두 과장급이어서 개발사업부 업무 공백이 큰 것은 둘째치고 믿었던 팀원들에게 배신당했다는 생각 때문에 온몸에 맥이 풀려버렸다. 주변에서도 혹시 백 이사에게 문제가 있어서 팀원들이 이직한 거 아니냐는 눈초리로 바라보고 있으니 '내가 정말 문제일까'라는 자책이 몰려왔다.

이제 조금만 더 가면 된다고 생각했는데, 눈앞에서 목표지점이 사라진 듯한 허탈감까지 몰려와 급기야 '나도 그냥 회사를 그만둬버릴까'라는 생각까지 했다. 엎친 데 덮친 격으로 대상포진으로 병원 입원까지 하게 되었다. 백 이사는 사면초가에 몰린 것처럼 옴짝달싹할 수 없는 심정이라며 자신이 그동안 죽을 둥 살 둥 열심히 일해온 것까지도 후회한다고 말했다.

─────────────────────────────

─────────────────────────────

주어진 상황과
나의 반응을 분리하라

· 장은지

　　"우리 사장님은 회사를 내 몸처럼 생각하세요", "우리 상무님처럼 회사를 진심으로 걱정하고 열심히 하시는 분은 없을 겁니다"라는 말을 듣는 리더들을 종종 만나게 됩니다. 저는 이런 이야기를 들으면 내심 걱정이 앞섭니다. 그런 리더들은 회사와 일에 너무나 진심인 나머지 자신의 삶 전체를 온전히 일로 채우려고 하기 때문입니다. 이런 분들일수록 회사 일이 자신의 통제가 불가능한 상황에 놓였을 때 견디기 힘들어하는 경우가 많습니다. 백 이사가 '청천벽력'이라고 할 만큼 팀원들의 경쟁사 이직에 커다란 충격을 받은 것처럼 말입니다.

　　팀원들이 떠나가면 리더로서 힘든 것은 사실입니다. 자신의 모든 것을 바쳐 희생하고 있는데 그런 마음을 몰라주는 것이 야속하기도 하고, 또 리더로서 자신의 능력에 대해 회의감이 들기도 하니까요. 하지만 백 이사처럼 '사면초가에 몰린 것처럼 옴짝달싹할 수 없는 심정'을 느끼며 퇴사까지 고민하는 것은 아무래도 과잉반응으로 여겨집니다. 어떤 상황에 대해 과잉반응하는 경우를 잘 살펴보면 과거의 경험이나 신념 같은 것들이 현재의 판단에 영향을 미치고 있을 때가 많습니다. 그래서 현재 상황을 객관적으로 판단하지 못하고 문제를 크게 부풀리거나 왜곡해서 보게 됩니다.

이런 경우에는 먼저 상황과 반응을 분리해야 합니다. 즉 문제 상황과 그 상황에 대한 자신의 감정적 반응을 분리해서 따로따로 객관적 바라보기를 할 수 있어야 합니다. 그런 다음 자신의 감정적 반응이 어떤 관점에서 비롯되었는지, 그 관점이 객관적으로 타당한지 검증해봐야 합니다. 그래야 흔들렸던 멘탈을 바로 잡고 심리적 통제권을 가질 수 있습니다.

상황을 인식하는 심리적 패턴 확인하기

믿었던 팀원들이 떠나는 것은 리더로서 매우 힘든 경험이지만, 그렇다고 해서 하늘이 무너지듯 비장하게 받아들여야 할 일일까요. 평생직장이라는 개념이 사라진 지 오래입니다. 상사와 부하 간의 충성계약은 진작에 구시대 유물이 되었고, 이제 조직 구성원에게 충성심을 기대해서도 안 되는 시대가 되었습니다. 팀원들의 이직은 지극히 자연스러운 현상으로 받아들여야지 무턱대고 리더 개인의 잘못이나 책임으로 돌려서는 안 됩니다.

백 이사가 힘들고 고통스러운 이유에는 팀원의 이직을 본인의 잘못으로 생각하는 탓도 컸습니다. 조금만 거리를 두고 냉철하게 판단을 해보면 리더 개인의 잘못으로 돌릴 일이 아니라는 것을 알 수 있을 텐데, 왜 그러한 판단을 하지 못하는 걸까요. 그것은 스스로 심리적 통제권을 갖지 못했기 때문입니다. '내가 왜 이러는지 나도 모르겠어'라고 말하는 사람이 있는데, 바로 자기 멘탈을 통제할 수 없다는 의미입니다. 심리적 통제권을 갖지 못한 사람은 특정 상황만 되면 평정심을 잃고 멘탈이 흔들려버립니다.

심리적 통제권을 가지려면 자신이 어떤 상황에서 반복적으로 과잉반응을 하는지 파악해야 합니다. 자신이 늘 비슷한 상황에서 과잉반응을 하고 멘탈 붕괴가 온다면 바로 그 상황에 자신의 심리적 패턴에 대한 비밀이 감춰져 있을 겁니다. 그 상황을 해석하고 받아들이는 내면의 프레임, 즉 관점을 확인해보면 쉽게 문제를 인지하고 해결책을 찾을 수도 있습니다.

백 이사의 경우에는 누군가 자신을 떠나는 것을 '거절'로 받아들이는 프레임을 갖고 있었습니다. 그래서 팀원들의 이직뿐만 아니라 친구나 지인들과의 이별도 늘 '거절'로 받아들였다고 하더군요. 거절당하는 것 역시 사랑받고 싶고 인정받고 싶은 욕구가 좌절되는 것이므로 힘들고 고통스러울 수밖에 없습니다. 그래서 분노와 자기

파괴 등의 과도한 부정적 감응을 표출하게 되는 것이겠고요.

왜곡된 감정을 불러내는 프레임의 작용

그렇다면 백 이사는 왜 그러한 프레임과 심리적 패턴을 지니게 되었을까요? 우리 두뇌 작용에서 실마리를 찾아볼 수 있습니다. 인간의 두뇌는 한꺼번에 처리할 수 있는 정보가 과다하면 이를 선택적으로 필터링해서 사용하는데, 이를 '선택적 지각'이라고 합니다. 어떤 복잡한 상황에 놓였을 때 원하지 않는 정보를 걸러내고 단순화하기 위해 사용하는 것이 바로 '프레임'인데, 이 프레임은 대개 과거의 기억이나 경험 등이 축적되어 만들어집니다.

프레임을 통해 정보를 단순화하는 두뇌 작용은 우리에게 도움을 주기도 합니다. 여러 동작을 동시에 해야 하는 자동차 운전을 자연스럽게 할 수 있는 것도, 여러 번 갔던 익숙한 길을 갈 때는 의식하지 않아도 발이 이끄는 대로 갈 수 있는 것도 모두 그러한 두뇌 작용 덕분입니다.

프레임은 '관점'이라고 할 수도 있고 '사고의 틀'이라고도 할 수 있습니다. 이 프레임이 생각과 감정을 지배하게 되면 사실에 대한 잘못된 해석이나 현실과 다른 왜곡을 불러일으키고 부정적이고 불필요한 감정적 반응을 하게 합니다.

제가 아는 지인 중에 명문대를 졸업했지만 안정적인 직장을 갖지 못한 채 수차례 직업을 바꾼 사람이 있었습니다. 그분은 인생에서 그럴듯한 결과만 중요할 뿐 과정을 인내해야 한다는 사실을 이해하지 못했는데 이런 사고 패턴은 '남들에게 대단해 보이는' 일이나 '자신이 특별하게 보이는' 일을 해야만 성공한 것이라는 프레임 때문이었습니다. 잘못된 프레임이 사고를 지배하여 현실을 제대로 바라보지 못하게 만든 것이지요. 백 이사가 팀원들이 이직하는 상황을 지나치게 심각하게 받아들여 절망한 것 역시 주변 사람들이 떠나가는 상황을 자신에 대한 거절로 받아들이는 잘못된 프레임이 작동한 결과였습니다.

주어진 상황과 감정적 반응을 분리하는 연습

심리적 통제권을 가진다는 것은 프레임에 생각과 감정을 지배당함으로써 비슷한 심리적 패턴이 반복되는 것을 허용하지 않는 것을 의미합니다. 프레임이 부정적으로 작동하는 것을 막고 심리적 통제권을 가지려면 먼저 '상황과 반응을 분리하는 연습'부터 해야 합니다. 연습은 크게 세 단계로 이루어집니다.

● 상황과 반응 분리 연습 1: 분리
어떠한 일이 발생했는지 다시 정리한 다음 발생한 사실과 그에 대한 나의 '판단'을 분리하는 것입니다. 나의 판단이나 해석을 접어두고 객관적으로 확실한 사실만 남겨두는 겁니다. 이때 자신의 관점이 아닌 제삼자의 관찰자 관점에서 상황을 서술해보는 것이 도움이 됩니다. '다른 사람은 이렇게 볼 수 있겠구나'라는 관점 이동을 통해서 나의 판단과 감정을 분리해낼 수 있습니다.

● 상황과 반응 분리 연습 2: 검증

내가 그렇게 판단할 만한 명확한 근거가 있는지, 나의 판단에 반하는 다른 근거는 없는지 생각해보는 것입니다. 이때 주변 사람들과의 대화를 통해서 자신이 생각지 못했던 근거들을 찾을 수도 있습니다.

● 상황과 반응 분리 연습 3: 허용

두 번째 단계에서 검증한 다른 근거를 바탕으로 상황을 좀 더 넓게 바라볼 수 있는 다른 해석을 허용하는 것입니다. 가령 백 이사의 경우라면 팀원들이 떠난 것이 리더인 자신을 싫어하고 실망했기 때문이라고 생각하는 대신 조직 내부의 다른 문제나 혹은 그들 자신의 문제로 인한 것이라고 해석해보는 것입니다.

분리가 안 될 때는 단절도 방법이다

이렇게 단계별로 상황과 감정을 분리하는 연습을 하더라도 상황을 다르게 바라보는 것이 어려울 수 있습니다. 제가 컨설팅을 위해 수많은 리더를 만나며 깨달은 것 역시 다른 사람의 눈에는 명백하게 보이는 반복적인 반응 패턴이 정작 자신의 눈에는 잘 보이지 않는 경우가 많더라는 것입니다.

만일 자신의 반응 패턴을 인지하지 못해 비슷한 문제 상황이 반복된다면 일단 그 상황에서 벗어나는 '단절'도 방법이 될 수 있습니다. 가령 산책이나 운동과 같이 상황을 잠시 잊어버리고 비장한 감정 상태에서 벗어날 수 있는 자신만의 '리추얼'을 적용해보는 것입니다. 리추얼은 매일 의식처럼 반복되는 행위를 뜻합니다. 미국의 유명 작가인 메이슨 커리^{Mason Currey}의 《리추얼》이라는 책에서는 "일상의 방해로부터 나를 지키는 유용한 도구이자 삶의 에너지를 불어넣는 반복적 행위"라고 설명하고 있습니다.

감사하게도 우리의 뇌는 단절의 순간에도 무의식 속에서 그 문제를 계속 처리하고 있다고 합니다. 따라서 자신만의 리추얼을 통해 비장함에서 잠시 벗어났다가 다시 문제로 돌아왔을 때, 우리는 훨씬 더 창의적이고 홀가분하게 문제 해결에 임할 수 있는 심리적 상태를 갖게 됩니다. 머릿속이 복잡할 때 샤워를 하고 나면 새로운 아이디어가 샘솟는 것 같은 기분을 느끼는 것도 같은 원리라고 할 수 있겠습니다.

나치 강제수용소를 체험한 유대인 정신 의학자 빅터 프랭클^{Viktor Frankl} 박사는 《죽음의 수용소에서》라는 책에서 이렇게 말했습니다. "자극과 반응 사이에는 공간이 있다. 그 공간에는 우리가 선택

할 수 있는 힘이 있다. 그 선택이 우리의 성장과 행복에 직접 관련
이 있다." 이 말에 담긴 의미는 어떤 지옥 같은 상황에서도 우리는
스스로 어떻게 반응할지 선택할 수 있고, 그 선택에 자신의 성장과
행복이 달려 있다는 것입니다. 이는 성장하는 리더에게도 금과옥
조와 같은 조언입니다. 어떤 난관이나 정체에 부딪혔을 때 내면의
프레임에 휘둘리지 않는 힘, 즉 심리적 통제권을 갖고 관조하는 태
도를 유지할 수 있는 리더만이 계속 성장할 수 있습니다.

내면의 프레임에 휘둘리지 않는 심리적 통제권을 가져라

심리적 통제권을 갖고 관조하는 태도로 상황을 바라보면 비로소
'관점전환'을 할 수 있습니다. 관점전환이란 자신이 처한 상황과 세
상을 바라보는 그림을 긍정적으로 바꾸어 바라보는 것을 의미합니
다. 기존의 부정적 프레임을 버리고 새로운 관점을 가짐으로써 우리
는 자신의 한계를 극복하고 새로운 도전으로 나아갈 수 있습니다.

우리는 매일 크고 작은 불편하고 까다로운 상황을 접하게 됩니
다. 그러한 상황 대부분은 자신이 통제하기 어려운 여러 조건이 결
합해 일어나는 것이고요. 빅터 프랭클 박사가 지적했듯이, 우리가
스스로 통제할 수 있는 것은 그러한 상황에 대한 자신의 반응입니
다. 자신의 반응을 어떻게 선택하고 통제하느냐에 따라 우리의 삶
은 크게 달라집니다. 코로나19와 같은 위기 상황에서도 어떤 사람

은 불안에 사로잡혀 히스테리 같은 반응을 일삼지만, 또 어떤 사람은 당장 할 수 있고 해야 하는 일을 하며 차분하게 일상을 살아내는 것처럼 말이지요.

리더는 매 순간 많은 선택과 결정을 하게 됩니다. 특히 문제가 발생한 상황에서 리더가 어떤 선택과 결정을 하느냐는 리더 자신뿐만 아니라 조직 전체에 큰 영향을 미치게 됩니다. 그때그때의 문제 상황에 맞게 올바른 의사결정을 하려면 심리적 통제권을 갖고 관점전환을 할 수 있는 능력이 필요합니다. 이는 어떤 위기 상황에서도 조직을 안정적으로 이끌어야 하는 리더에게, 자기인식과 내적 수용을 거쳐 한 단계 더 성장하고자 하는 리더에게 꼭 필요한 능력이기도 합니다.

마음에도
거리두기가 필요하다

· 윤대현

     자기인식과 내적수용이 잘 되었더라도 어떤 문제에 부딪혀 성장이 정체될 수 있습니다. 백 이사의 경우 코로나19 위기를 성공적으로 극복하는 단계였고 '이제 조금만 더 가면 된다'고 생각하며 목표지점을 향해 열심히 달려가는 중이었습니다. 그런데 팀원들의 경쟁사 이직에 발목이 붙잡혔습니다. 화도 나고 억울하기도 하고 자책감까지 들어 몸도 마음도 병이 날 만큼 힘든 상황일 겁니다. 그렇다고 해서 퇴사를 결정한다면 일시적인 회피는 될 수 있겠지만, 나중에라도 백 이사는 비슷한 상황에서 똑같은 문제에 걸려 넘어지게 될 것입니다.

  사람들은 대개 '매번 똑같은 지점에서 걸려 넘어지는' 심리적 패턴을 갖고 있습니다. 바로 내면에서 작동하고 있는 마음의 프레임 때문이지요. 프레임을 객관적으로 바라보기 위해서는 한 발짝 물러나 자기 마음을 바라보는 연습이 필요합니다. 이는 자기 자신을 인식하고 수용하는 단계와도 연동되어 있습니다. 자신의 마음에 매번 똑같은 지점에서 걸려 넘어지도록 만드는 프레임이 있다는 것을 인식하고 수용해야 프레임을 긍정적으로 전환할 수 있습니다. 자기인식과 내적수용 그리고 관점전환은 독립된 과정이 아닌 서로 긴밀하게 맞물려 돌아가는 프로세스인 셈입니다.

프레임을 인식하고 수용해야 관점전환을 할 수 있다

앞서 언급했듯이, 어렸을 때의 안 좋았던 기억이나 부정적인 생각이 프레임에 스며들면 객관적으로 사소해 보이는 상황에서조차 격렬한 감정 반응이 일어날 수 있습니다. 긍정적 경험이 쌓이면 이런 반응이 줄어들 것 같지만 꼭 그렇지는 않습니다. 의식적으로 관점을 전환하려는 노력을 기울이지 않으면 과거의 프레임이 계속 작동하기 때문입니다.

리더들이 흔히 갖는 부정적 프레임 중에 '가면증후군imposter syndrome'이란 것이 있습니다. 영어 'imposter'는 '사기꾼'을 가리킵니다. 즉 가면증후군은 '자신의 성공을 본인의 능력이나 노력이 아닌 운으로 여기면서 지금껏 주변 사람들을 속여왔다고 불안해하는 심리'

를 말합니다. 가면을 쓰고 있지 않은데도 가면을 쓰고 있다며 괴로워하는 것이지요. 이러한 프레임이 내면에 자리를 잡으면 열심히 노력해서 이룬 성과 앞에서도 가면에 가려진 자신의 본모습을 들킬까 두려워합니다. 다른 사람이 보기에는 정말 별것 아닌 상황에서조차 '저 사람이 나를 싫어하는 걸까'라며 불안해하기도 합니다.

제가 만났던 어떤 분은 부장일 때까지도 '발표의 신'이었는데 임원으로 승진하고 나서는 발표하려고 사람들 앞에 서면 너무 심한 불안감이 올라온다며 고충을 털어놓았습니다. 하루는 자신이 발표하는 중간에 회사 대표님이 아무 말 없이 심각한 표정으로 자리를 뜨더랍니다. 그 순간 '내가 뭘 잘못해서 그러시나'라는 생각이 들며 온몸이 덜덜 떨릴 정도로 불안감이 몰려와 발표를 제대로 마치지도 못했다고 합니다. 나중에 알고 보니 대표님이 자리를 뜬 것은 급히 연락을 취해야 할 일이 생각나서였습니다. 당시 회의실에 있던 사람들 대다수가 대표님이 자리를 떴는지 신경도 쓰지 않았던 터라 발표자가 갑자기 불안해하는 이유를 이해하기 어려웠고, 이후 프로젝트 진행은 엉망이 되었다고 합니다.

사실 가면증후군도 일종의 방어기제입니다. 타인에게 큰 기대와 인정을 받으면서도 실패를 과도하게 두려워하는 사람이 있는데, 이 두려움을 피하고 싶어서 미리 자기 자신에 대한 기대 수준을 낮추려고 하는 것이지요. 즉 실패에 대한 두려움이 가면증후군이라는 프레임을 만들어낸 것이라고 볼 수 있습니다. 가면증후군에서 벗어나는 방법은 자신이 방어기제로 그러한 심리를 이용하고 있다는 점을 인식하고 수용하는 것입니다. 다른 부정적 프레임들도 마찬가지입니다. 내면에 어떤 프레임이 작동하고 있는지 확인하고 그것을 받아들여야 그 프레임에서 벗어나 새로운 관점으로 이동할 수 있습니다.

마음을 이완해 상황과 심리적 거리 만들기

내면의 프레임을 스스로 자각하기 어려운 이유는 그것이 주로 자신도 알지 못하는 무의식의 차원에서 작동되기 때문입니다. 착한 아이 콤플렉스나 완벽주의자의 강박관념 등도 무의식 차원에서 작동되는 부정적 프레임이 될 수 있습니다. 가면증후군을 가진 사람 역시 누군가의 도움으로 그것을 깨닫기 전에는 반복되는 심리적 패턴을 멈추기가 어려워 몸도 마음도 몹시 지쳐갑니다. 프레임의 작동으로 극도의 스트레스를 받는 상황이 되풀이되면 백 이사처럼 대상포진으로 병원에 입원하거나 공황장애와 같은 고통을 겪을 수 있습니다.

걱정과 두려움이 지속되면 인지와 행동에도 문제가 일어납니다. 머릿속이 하얘지는 듯한 느낌에 사로잡히고 집중력이 떨어져 평소에 하지 않던 실수를 하게 되지요. 이럴 때는 스스로 마음에 응급처치를 해야 합니다. 즉 앞에서 언급한 것처럼 스트레스 자극과 반응 사이에 심리적 거리를 만들어야 합니다. 이 거리가 확보되어야 내면의 프레임을 객관적으로 바라볼 수 있습니다. 이것을 달리 말해 '심리적 통제권'이라고 할 수도 있겠지요.

응급처치 요령은 여러 가지가 있는데 핵심은 '마음을 이완하는 것'입니다. 불안한 마음이 올라올 때 '불안해하지 말자'라며 마음을 애써 조정하려고 하면 오히려 저항을 불러일으킬 수 있습니다. 불안을 찍어 누르기보다는 '충분히 불안할 수 있어'라고 받아들이면서 마음을 이완하는 것이 필요합니다. 마음이 긴장되었을 때 적극적으로 풀어줄 수 있는 자신만의 방법을 평소에 훈련해 놓으면 많은 도움이 됩니다. 복식호흡, 명상, 요가도 효과적인 이완 요법입니다.

스테레오타입과 고정관념 인식하기

과거에 비해 새로운 기회를 찾아 이직하는 것이 그렇게 특이한 일이 아닌 세상이 되었습니다. 팀원들의 새로운 도전을 진심으로 기뻐하긴 어렵더라도 그러한 도전을 자신에 대한 거절이나 배신으로 생각할 필요는 없을 듯합니다. 앞에서의 진단처럼 백 이사는 과거의 부정적 경험으로 인해 거절에 대한 트라우마를 가졌을 수도 있겠습니다. 그런 경우에도 과도하게 부정적으로 반응하는 패턴이 나타날 수 있습니다.

한편으로는 젊은 세대와의 관계에서 과거지향적인 프레임을 가졌을 수 있겠다는 생각이 듭니다. 현대 사회에서는 같은 세대라 해도 삶의 방식이나 성격 등에서 개인적인 차이가 매우 크게 나타납니다. 그런데 기성세대들은 젊은 세대를 특정한 '스테레오타입 stereotype'●으로 규정함으로써 세대 간의 차이를 부각하고 불통을 야기하곤 합니다. 코로나19 위기를 극복하는 과정에서 백 이사 본인뿐만 아니라 팀원들도 많은 애를 썼을 겁니다. 백 이사는 그것이 당연하다고 생각하면서도 개인주의 성향의 젊은 팀원들이 반발하지 않을까 내심 신경이 쓰였을 테고요. 그러다가 이직을 한다고 하자 '역시나 젊은 사람들은 자기 편한 것만 생각하는군'이라고 생각했을 가능성이 큽니다. 그것을 리더인 자신에 대한 배신으로 받아들였고, 그래서 불안과 분노가 극도로 치달았겠지요.

우리는 생각보다 많은 편견과 고정관념을 갖고 살아갑니다. 스스로 어떤 편견과 고정관념을 가졌는지 인식하지도 못한 채 말입니다. 고정관념은 마음에 딱 달라붙어서 좀처럼 떨어지려 하지 않기 때문에 감정적 반응도 크게 일으킵니다. 사람마다 '나는 다른 건 다 참아도 이건 정말 못 참아'라는 것이 있는데요, 이때 '이건 참을 수 없는 거야'라는 생각이 고정관념에 근거하고 있는 경우가 많습니다.

● 스테레오타입의 사전적 정의는 '어떤 특정한 대상이나 집단에 대하여 많은 사람이 공통적으로 가지는 비교적 고정된 견해와 사고'이다. 심리학에서는 생각, 감정, 행동 등이 융통성 없이 경직되고 정형화한 것을 가리킨다. 영어에서 어떤 단어 앞에 'stereo-'가 붙으면 '굳은', '고체의'라는 뜻으로 해석된다. 대개 뚜렷한 근거가 없고 감정적인 판단에 의존하는 경우가 많다는 이유로 '편견'이나 '고정관념'으로 받아들여지기도 한다.

대인관계에서 적절한 마음의 속도와 거리 유지하기

리더가 흔히 부딪히는 문제 중 하나가 '관계'의 문제입니다. 백 이사의 문제도 크게 보면 같은 범주에 속합니다. 이러한 관계의 문제에서도 해결의 실마리는 대개 '관점의 전환'에서 찾을 수 있습니다. 자신이 특정 대상에 대한 스테레오타입, 고정관념 때문에 왜곡된 감정적 반응을 했다는 것을 인식하면 그때부터 관점전환이 일어날 수 있습니다.

문제는 어떤 관계에서 한 번 고정관념이 형성되면 이것을 인식하거나 바꾸는 것이 매우 어렵다는 것입니다. 그래서 저는 사람과의 관계에서 늘 적정한 마음의 속도와 거리를 유지하는 것이 중요하다고 생각합니다. 연인이나 부부 중에는 늘 똑같은 문제로 싸우고 서로에게 상처를 주는 사람들이 있습니다. 이들은 자신이 상대에 대한 고정관념을 갖고 있어서 늘 똑같은 문제로 싸운다는 점을 인식하지 못합니다. 그래서 차라리 서로 떨어져 지내면서 각자 냉정하게 생각해볼 시간을 갖자고 말하곤 합니다. 물론 이렇게 물리적 거리를 두면 마음에도 공간이 생길 수 있으므로 문제를 인식하고 해결할 좋은 방법이긴 합니다.

하지만 더 좋은 것은 문제가 생기기 전에 마음의 속도와 거리를 유지하는 겁니다. 우리는 너무 간절하게 무언가를 바라거나 집착할 때 심리적 유연성을 잃어버리기 쉽습니다. 마음의 속도도 마라톤처럼 강약조절이 필요합니다. 속도 조절에 실패하면 예상치 못한 충격 앞에서 내적인 에너지를 소진하고 방향성을 잃어버릴 수 있습니다. 백 이사도 평소 팀원들과의 관계에서 적정한 마음의 속도와 거리를 유지했더라면 문제가 생겼을 때 훨씬 더 유연하게 대처해서 심리적 타격도 줄일 수 있었을지도 모릅니다.

백 이사는 자신이 '아끼고 신뢰하던' 팀원들과의 관계를 돌아보며 스스로 마음을 통제할 수 없을 만큼 격렬한 감정 반응이 일어난 이유에 대해 생각해볼 필요가 있습니다. 어떤 스테레오타입을 갖고 있진 않았는지, 지나치게 신뢰하거나 의존하면서 마음의 거리를 유지하지 못한 것은 아닌지 곰곰이 되돌아보십시오. 필요하다면 팀원들과 함께 허심탄회하게 대화할 자리를 마련하는 것도 좋습니다. 이런 자리에서 나온 어떤 한 마디가 자신의 관점에 문제가 있음을 깨닫는 계기가 되어주기도 합니다. 아주 커다란 논에 물을 댈 때도 농부는 아주 작은 물꼬를 만드는 것에서 시작합니다. 내적 프레임으로 문제 상황에 직면한 리더 역시 그렇게 작은 물꼬를 트는 것부터 시작하면 됩니다.

CASE 5 솔루션

- 특정 상황에 과잉반응한다면 내면에 작동하는 마음의 프레임 때문이다.

- 문제 상황이 발생했을 때 감정적으로 반응하지 않고 상황과 반응을 분리하는 것이 중요하다.

- 분리가 어렵다면 산책, 운동과 같은 '리추얼'을 실천하는 것이 도움이 된다.

- 작은 일에도 흔들리지 않는 리더들은 스스로 멘탈을 통제할 수 있는 '심리적 통제권'이 있기 때문이다.

- 관계에 있어 적정한 마음의 속도와 거리를 유지할 필요가 있다.

6장

잘못을 인정해도
변화가 어려운 이유

사고의 틀 바꾸기

CASE 6 국내 굴지의 중견기업에서 해외사업을 총괄하고 ──────── 있는 이 상무는 도전적인 목표 설정과 주도면밀한 과업 관리로 탁월한 성과를 창출하여 그 역량을 인정받는 리더이다. 그런데 리더십 다면평가에서는 언제나 최악에 가까운 부정적인 피드백을 받는데, 그 이유로는 대개 부정적인 커뮤니케이션 방식과 독재적인 스타일이 지적되었다. 그는 직원들의 작은 실수도 그냥 넘기는 법이 없고 괜한 꼬투리를 잡아 공개적인 자리에서 비난을 해대거나 모욕적인 언사를 퍼붓는 것도 서슴지 않았다. 회의에서 자신과 의견이 대립하는 사람이 있으면 언성을 높이며 논쟁을 벌였고, 상대의 항복을 받아내기 전에는 회의를 끝내지 않을 만큼 고압적인 자세로 일관했다. 자신과 경쟁 관계에 있는 다른 임원들을 뒤에서 헐뜯거나 무시하는 발언을 하는 모습도 자주 목격되었다.

이 상무는 자신의 리더십에 대한 부정적 피드백이 수년간 반복되었다는 것을 잘 알고 있었다. 그래서 나름대로 이런저런 노력을 해보았지만 아무런 변화가 없어서 스스로 답답해 미칠 지경이라고 말했다. 부드럽고 긍정적인 말투를 사용하려고 결심했다가도 막상 일을 제대로 하지 못하는 팀원이나 형편없는 보고서를 마주하면 자신도 모르게 평정심을 잃는다는 것이었다.

───────────────────────────────

그는 왜 문제를 알면서도
변화하지 못하는가

· 장은지

　　이 상무가 자신의 문제를 잘 알고 개선하고자 하는 노력도 하지만 아무런 변화가 없는 것은 왜일까요. 스스로 인정받고자 하는 욕구는 크지만 다른 사람의 인정욕구는 무시하는 리더, 자신이 탁월하고 완벽하므로 함께 일하는 사람들이 자신에게 맞춰야 한다고 강조하는 리더, 이런 리더 대다수는 주변의 평가가 어떤지 알고 있지만 자신이 유능해서 생기는 문제라서 어쩔 수가 없다고 핑계를 댑니다. 성과를 올리려다 보면 상처받는 사람도 생기게 마련이라고 합리화를 하기도 하고요.

　저는 이 상무가 스스로 언급했던 것처럼 "자신도 모르게 평정심을 잃는" 순간에 그의 마음속에서 어떤 프레임이 작동했을까에 주목했습니다. 우리가 심리적 통제권을 잃고 무너지는 경우는 대개 부정적 프레임이 작동했을 때이니까요. 제가 그와 어느 정도 신뢰감을 바탕으로 라포를 형성했을 때 결정적인 실마리가 담긴 이야기를 들을 수 있었습니다. 그는 교육열이 높았던 아버지의 기대에 부응하지 못하고 대학입시에서 기대 이하의 성적을 받았다고 합니다. 그래도 남들이 부러워하는 명문대에 진학했지만 아버지의 실망은 여전했다고 하고요. 함께 어울리던 친구들이 모두 서울대에 진학한 것도 그의 열등감을 부추기는 요인이 되었습니다. 그때 느꼈던 패배감과 열등감에 대해서 단 한 번도 입 밖으로 꺼내본 적이 없던 그는 자신의 이야기를 들려주며 눈물을 보였습니다.

스키마 유형이 보여주는 리더들의 속마음

퍼포먼스 코칭을 할 때 저는 스키마schema● 라고 하는 심리도식을 활용해 사전 진단을 진행합니다. 스키마는 자신의 양육 환경과 성장 배경에서 그렇게 사고하도록 길러지고 훈련받은 결과, 패턴으로 굳어진 '사고의 틀'입니다. 스키마는 생의 초기에 형성되며 전 생애에 걸쳐 정교해지면서 발전합니다. 다만 과거 경험에 따라 스키마

● 스키마는 정보를 파악하고 생각을 빠르게 처리하기 위해 가지는 인식의 틀을 가리키며 '심리도식'이라고 부르기도 한다. 스키마는 현실이나 경험을 개인이 이해하고 파악하는 패턴을 형성하며, 그런 점에서 정신의학적 관점에서 '프레임'을 가리키는 용어라고도 할 수 있다.

의 일부는 부적응적인 성향을 띨 수 있습니다. 가령 어린 시절 사랑과 보살핌을 받지 못하거나 어른들로부터 상처받았던 사람은 "세상은 힘든 곳이다"라거나 "사람들을 믿을 수 없다"라는 스키마를 발달시킬 수 있습니다. 반대로 과잉보호 속에서 지나치게 좋은 것만 누리며 어린 시절을 보낸 사람은 "나는 특별한 사람이다. 나는 모든 일이 내 마음대로 되어야 한다"라는 특권의식을 스키마로 형성하기도 합니다.

퍼포먼스 코칭에서는 주로 부적응적인 스키마를 자세히 들여다봅니다. 리더들이 현실 세계를 해석하고 사람들과 관계를 맺을 때 반응하는 감정 패턴을 이해하는 데 필요한 결정적인 힌트를 던져주는 것은 바로 부적응적 스키마들이기 때문입니다. 국내 기업의 임원들을 대상으로 한 스키마 진단결과를 분석해보니 가장 많이 나타나는 부적응적 스키마 유형은 자기희생, 승인 및 인정추구, 정서적 억제, 엄격한 기준 및 과잉비판, 특권의식 등이었습니다(더 자세한 사항은 부록 342~343쪽을 참고하시기 바랍니다).

부적응적인 스키마가 과도한 수준에 있는 리더들의 공통점은 내적 에너지와 감정 소모가 크다는 것입니다. 그들은 목표로 했던 성공을 거두고 나서도 여전히 행복하지 않은 삶을 살아갑니다. 스키마는 '양날의 검'과 같습니다. 리더들은 자신이 가진 스키마 덕분에 성공하지만, 한편으로는 그로 인해 극심한 감정적 소모를 경험하며 내적 에너지를 탕진하게 됩니다. 그 결과 본인의 부정적인 에너지를 함께 일하는 동료와 팀원들에게 투사할 위험이 매우 높습니다. 가령 '엄격한 기준 및 과잉비판'이라는 스키마를 가진 리더들은 자기 자신뿐 아니라 동료와 팀원들에게도 지나치게 높은 기준을 들이대며 마이크로매니징micromanaging●을 할 가능성이 커지는 것입니다.

리더들은 스키마 진단을 통해 과거의 충족되지 못한 욕구가 자신의 심리적 도식을 만들어냈다는 점을 이해하고 스스로 살펴보는 기회를 얻습니다. 부적응적 스키마가 현재의 삶에서 잘못된 반응과 선택을 하도록 만드는 근본적인 원인이 된다는 점도 이해하며, 부적응적 스키마를 강화하는 사고·감정·행동을 확인해봅니다. 그리고 이를 통해 부적응적 스키마를 성장과 행복의 토대가 되는 순기능적인 관점으로 재조정할 수 있게 됩니다.

우리 마음에는 닿기 어려운 심층지대가 있다

스키마 진단을 통해서 대부분의 심리적 반응 패턴을 확인할 수 있지만, 그 패턴이 형성된 뿌리까지 명확하게 나타나지 않는 경우도 많습니다. 그 뿌리는 자신의 무의식에 감춰진 욕구, 동기, 의도

● 마이크로매니징이란 상사가 부하직원에게 세세한 내용까지 지시하는 관리 방식을 가리킨다. 마이크로매니징은 주로 역량이 탁월하고 부지런한 리더들에게서 나타나는데, 막상 팀원들은 이러한 리더들을 같이 일하고 싶지 않은 최악의 상사로 꼽는다. 마이크로매니징을 하는 리더들은 디테일을 잘 챙겨야 일을 잘하는 것이라는 신념을 갖고 있으며, 다른 사람들도 그래야 한다고 강요하는 경향이 있다.

등을 통해 확인할 수 있는데, 이는 결국 각자 자신의 마음을 들여다보는 연습을 통해 찾아내야 합니다.

'승인 및 인정추구'의 부적응적 스키마를 지닌 이 상무 역시 퍼포먼스 코칭을 통해 자기 마음의 깊숙한 곳을 들여다보는 연습을 했습니다. 그 결과 자신의 욕구와 동기가 내면의 엄청난 열등감을 극복하려는 데에 집중되어 있다는 점을 깨닫게 되었습니다. 그동안 열등감을 안으로 숨기고 자신이 얼마나 똑똑한 사람인지를 증명하느라 모든 내적 에너지를 쏟아부으며 살아왔다는 것도 알게 되었습니다.

이 상무는 자신의 부정적 말과 행동에 문제가 있다는 것을 알았지만 여전히 그것을 멈추는 것이 어렵다고 했습니다. 본인에게 열등감에서 비롯된 강한 인정추구 욕구가 있으며 그 욕구를 다른 사람에게 투사하고 있다는 점을 알아차린 후에도 그는 여전히 어떻게 해야 할지 잘 모르겠다고 말했지요. 그가 극적인 변화를 할 수 있었던 것은 그 욕구의 뿌리에 '아버지가 실망하면 어쩌지. 아버지가 나를 인정해주지 않으면 어쩌지'라는 두려움이 있다는 것을 알고 난 이후였습니다. 그 두려움은 마음속 아주 깊은 곳에 감춰져 있어서 스스로 발견하기가 어려웠던 것입니다.

우리 마음에는 마치 빙산처럼 쉽게 가닿기 어려운 심층지대가 존재합니다. 심층지대의 위쪽에는 자신의 의도, 신념, 가치관 등이 존재하고, 그 아래에는 자신이 깨닫지 못한 욕구와 그 욕구가 충족되지 못한 데 대한 무의식적 두려움이 존재하고 있습니다. 우리가 일상에서 알아차리는 마음은 사실 '빙산의 일각'에 불과한 것이지요.

무의식에 감춰진 두려움 대면하기

정신의학자였던 카를 융Carl G. Jung은 "무의식을 의식화하지 않으면, 무의식이 우리 삶의 방향을 결정하게 되는데, 우리는 바로 이런 것을 두고 운명이라고 부른다"라고 말했습니다. 진정한 변화를 위해서는 무의식이라는 심층지대까지 내려가서 그 두려움을 대면할 수 있어야 합니다. 그것이 '무의식의 의식화'입니다. 무의식을 의식화하면 어떤 일이 일어날까요. 무의식으로 인해 만들어진 부적응적 스키마를 긍정적으로 전환할 수 있습니다. 이 상무가 무의식에 감춰진 두려움을 대면했을 때 극적인 변화가 일어난 것처럼 말입니다.

우리는 어떤 문제가 있을 때 겉으로 드러나는 말과 행동부터 고치거나 억누르려고 하는데, 그러한 말과 행동이 무의식에서 발현된 것이라면 그렇게 쉽게 고쳐지거나 통제되지 않습니다. 많은 리더들이 분노조절에 실패하곤 뒤돌아서서 후회하며 마음속으로 '다음엔 정말 그러지 말아야지'라고 다짐해도 결국 소용이 없는 것도 이 때문입니다. 무의식이 반영된 심리적 프레임인 스키마를 재조정하고 진정한 변화를 꾀하기 위해서는 분노 아래에 깊숙이 자리 잡은 욕구와 그 욕구의 뿌리에 있는 두려움을 알아차리는 것부터 시작해야 합니다.

자기 자신과 화해하고 문제를 다르게 바라보기

이 상무의 '승인 및 인정추구' 욕구는 사람들에게 자신의 우월함을 증명하고자 하는 투쟁으로 이어졌습니다. 그는 팀원들에게 "하고 싶은 말 있으면 말씀들 해보세요"라고 하면서도 속으로는 '당신이 무슨 말을 하든 나는 공격할 준비가 돼 있어'라는 생각을 하고 있었습니다. 퍼포먼스 코칭을 하며 이 상무는 동료와 팀원들의 도움을 받아 문제 행동들을 하나하나 확인했고, 그 문제 행동들 기저에 어떤 두려움이 있는지도 이해했습니다. 이 상무의 무의식에 있던 두려움은 성장하면서 '내가 성공하지 못하면 어떡하지. 다른 사람들에게 뒤처지면 어쩌지'라는 또 다른 두려움을 낳았는데, 그의 문제 행동들은 대부분 이 두려움에서 비롯되고 있었습니다.

그다음 한 일은 부정적 감정과 문제 행동들이 나타날 때마다 스키마의 작동을 알아차리고 멈추는 연습을 하는 것이었습니다. 그는 '아, 내가 지금 또 인정욕구를 투사하고 있구나', '내가 유능하다는 것을 저들이 확실히 알도록 해줘야겠다는 마음이 올라오고 있구나', '내가 지금 또 인정받지 못하면 어쩌나 하는 두려움 때문에 이런 말을 하고 있구나'라는 것을 알아차리면서 두려움과 분노와 같은 부정적 감정들을 흘려보내고 '일단 멈춤'을 하기 위해 노력했습니다.

그렇게 부정적 감정을 흘려보내고 문제 행동을 멈추자 상황이 다르게 보이기 시작했습니다. 팀원들이 능력을 발휘할 수 있도록 도와줘도 그들이 자신을 무시하지 않을 것이라는 점, 고함 지르고 윽박지르지 않아도 얼마든지 사람들을 설득할 수 있는 능력이 자신에게 있다는 점을 깨닫게 되었던 겁니다. 그리고 이미 충분히 잘하고 있는데도 자기 자신을 벼랑 끝으로 내몰며 살아온 것에 자기 연민의 마음을 느꼈습니다.

물론 스키마와 같은 내적 프레임은 오랜 시간에 걸쳐 형성된 것이라서 하루아침에 긍정적으로 재조정되거나 전환되지는 않습니다. 하지만 자신의 스키마를 이해하고 두려움을 대면하는 어려운 고비를 넘기고 나면 감정을 흘려보내고 행동을 멈추는 연습을 통해서 누구나 상황을 다르게 바라보는 '관점전환'을 경험할 수 있습니다. 그리고 관점전환을 통해서 자기 자신과 화해하고 더 나은 리더로 성장할 기회를 얻을 수 있습니다.

부정적 프레임에서
벗어나는 방법

• 윤대현

대한신경정신의학회의 2015년 조사에 따르면 우리나라 성인의 52퍼센트가 분노조절에 어려움을 겪는다고 합니다. 치료가 필요한 수준의 심각한 상태는 아니더라도 최근 들어 분노조절이 어렵다며 찾아오는 분들이 꽤 많습니다. 모두 자기 마음을 잘 모르겠고 통제도 잘되지 않아 힘들다고 말합니다. 반응과 패턴도 비슷합니다. 별것 아닌 일에도 순간적으로 이성을 잃고 심하게 화를 내서 상대방에게 상처를 주지요. 그러고 나면 금세 폭풍 후회를 하고 자책감에 빠집니다. 분노를 폭발하고 후회하고 자책하는 패턴이 반복되는 겁니다.

사실 분노는 위협적인 대상으로부터 자신을 지키려는 감정 반응인 경우가 많습니다. 매일 고함을 지르고 서류를 집어 던지는 공격적인 분들이 있는데, 그런 분들도 마음속에는 두려움과 억울함이 자리를 잡고 있습니다. 두려움을 드러내면 상대로부터 역공을 받을 테니까 그런 마음을 감춘 채 분노라는 감정을 이용해 상대를 공격하는 것뿐입니다. 때로는 타인과 상관없이 자신의 욕구가 좌절되는 것이 두려워서 분노라는 감정을 이용하기도 합니다. 장은지 대표님이 분석하신 것처럼 이 상무도 자신의 인정욕구가 좌절되는 것이 두려워서 분노라는 감정을 이용한 측면이 있지요.

부정적 감정을 만들어내는 인지적 오류들

우리는 자기 마음을 이렇게 왜곡해서 쓰기도 합니다. 두렵다면서 분노하고, 사랑받고 싶은데 비난을 하고, 외로울 뿐인데 쇼핑 중독에 빠지고……. 우리가 마음을 왜곡해서 부정적 감정을 만들어내는 이유는 더 큰 부정적 감정에 대처하기 위해서입니다. 즉 두려움이라는 감정에 대처하기 위해 분노를 만들어내고, 사랑받지 못하는 괴로움에 대처하기 위해 비난과 미움을 만들어내는 것이지요.

마음을 왜곡해서 쓰는 것을 전문용어로는 '인지왜곡cognitive distortion' 이라고 합니다. 어떤 상황이나 현실을 제대로 인지하지 못하거나 그 의미를 왜곡해서 받아들이는 것이 인지왜곡입니다. 마음이 왜곡되어 있으면 주관적 해석과 객관적 사실을 혼동해 여러 가지

'인지적 오류'가 일어납니다. 인지적 오류는 무언가 특별한 문제가 있는 사람에게만 해당하는 것이 아닙니다. 우리 마음은 끌리는 한 부분이 있으면 서로 다른 점이 많은데도 하나라고 일반화합니다(과잉 일반화). 자신이 보고 싶은 것만 선택적으로 보면서 전체의 의미를 해석하기도 하고요(선택적 추상화). 어떤 사건의 의미를 지나치게 부풀리거나 축소하기도 하지요(극대화 및 극소화). 이 세상에는 나를 좋아하거나 싫어하는 사람만 있을 것이라고 지나치게 이분법적인 생각으로 몰아가기도 합니다(흑백논리). 이러한 것 모두 인지적 오류에 속합니다.

인지왜곡은 사고의 틀, 즉 프레임이 되어 우리의 생각과 감정이 부정적으로 흐르게 만듭니다. 인지왜곡이 부정적 프레임으로 작동한다는 것을 깨달으면 이것을 긍정적으로 전환해야 하는데, 그것이 쉽지가 않습니다. 이유는 인지왜곡의 심리도 스키마처럼 무의식의 차원에까지 깊이 뿌리를 내리고 있는 경우가 많기 때문입니다. 우울증의 중요한 심리 요인 중 하나도 바로 인지왜곡입니다. 우울한 사람은 인지왜곡으로 인해 자신이 처한 상황을 실제보다 더 부정적이고 어둡게 바라보는 경향이 있습니다.

사실충실성에 근거한 적절한 긍정성

이 상무는 인정욕구가 좌절되는 것에 대한 두려움이라는 감정에 대처하기 위해 분노를 만들어내는 전형적인 인지왜곡 패턴을 보이고 있습니다. 그리고 어떤 명확한 증거가 없음에도 주관적 판단에 따라 성급히 결론을 내리는 인지적 오류에 빠져 있을 가능성도 커 보입니다. 임의적 추론을 하는 사람들의 특성은 어떤 상황에 대해 충분한 근거도 없이 최악의 시나리오를 먼저 떠올리며 분명히 그렇게 될 것이라고 결론을 내려버리는 겁니다. 팀원은 그저 의견을 말하는 것인데도 리더인 자신을 공격하는 것으로 받아들이고, 경쟁 관계에 있던 동료가 승진하면 조직 내부에 뭔가 문제가 있는 것으로 오해하는 식이지요.

인지왜곡은 부정적 감정을 만들어낼 뿐만 아니라 현실 세계와 사건들을 있는 그대로 보는 사실충실성factfulness•을 떨어뜨리기도 합니다. 인지왜곡이 심각한 수준에 이르면 온 세상을 한 가지 색으로만 보이게 만드는 선글라스를 낀 상태가 됩니다. 모든 상황을 자신의 주관적인 판단에 끼워 맞추고 그것이 진실이라고 믿어버리는 상태에 빠지는 겁니다.

이 상무가 경쟁 관계에 있는 동료들이나 유능한 부하직원들에게 공격적이고 예민하게 굴었던 이유는 '저 사람은 나를 싫어하는 것이 분명해'라고 믿으면서 '그러니 저 사람이 나를 거절하기 전에 내가 먼저 무시해야 해'라고 생각했기 때문이 아닐까요.

• 사실충실성은 한스 로슬링Hans Rosling이 《팩트풀니스》라는 책에 처음 소개한 말로 '올바른 사실에 근거해 세계를 바라보고 이해하는 태도와 관점'을 의미한다. 한스 로슬링은 책에서 여러 가지 사례를 통해 우리가 세상을 바라보는 관점에 많은 오류와 한계가 있음을 지적하며 세계를 바라보고 이해하는 올바른 관점을 가질 것을 조언하고 있다.

인지왜곡만큼 우리 삶에 큰 영향을 미치는 심리 요인은 없는 것 같습니다. 사실충실성에 근거한 적절한 긍정성을 가진 사람은 매사에 긍정적으로 해석하고 결정을 내리니 주변에 좋은 사람이 많아지고 위기가 와도 지치지 않고 도전합니다. 하지만 마음이 심각하게 왜곡된 사람은 사실충실성이 떨어져 삶의 중요한 선택과 결정을 부정적인 방향으로 해버리고, 사람들과의 관계도 적대적으로 만들어버리며, 내적 에너지를 쉽게 소진해버려 지속가능한 성장을 하기 어렵습니다.

우리 삶에는 '사실충실성에 근거한 적절한 긍정성'이 필요합니다. 특히 조직에서 어렵고 중요한 역할을 감당하고 있는 리더들에게는 더더욱 중요합니다. 이것이 마음을 왜곡해서 쓰게 하는 심리적 프레임을 확인해서 긍정적으로 전환해야 하는 이유입니다.

건강한 피드백 환경을 구축하는 인적 네트워크

의사이자 보건통계학자였던 한스 로슬링은 "나와 다른 그들의 생각을 오히려 세상을 이해하는 훌륭한 자원으로 생각하라"고 말했습니다. 저 역시 자신의 인지왜곡을 긍정적으로 전환하기 위해서는 타인의 생각과 의견을 적극적으로 받아들여야 한다는 점을 강조하고 싶습니다.

자기인식과 내적수용 단계에서와 마찬가지로 '관점전환' 단계에서도 건강한 피드백을 해주는 인적 네트워크가 매우 중요합니다. 부정적 감정을 흘려보내고 문제 행동을 멈추는 연습을 하는 것도 매우 중요합니다만, 여기에 주변 사람들의 진심 어린 직언이 더해져야 관점전환이 더 빨리 이루어질 수 있습니다.

리더들 가운데 건강한 피드백을 받을 인적 네트워크를 제대로 형성하지 못한 경우를 많이 봅니다. 가장 흔히 보는 사례는 문제 행동을 한 뒤에 '환심사기ingratiation'●를 하는 것입니다. 강압적이고 난폭한 말과 행동을 한 뒤에 구성원들에게 찾아가 환심을 사기 위한 행동을 하는 것이지요. 구성원들은 자신의 문제가 아니고 괜히 얼굴 붉히기도 싫으니 '대충 받아주자'고 생각하게 되면서 리더를 향한 건강한 피드백을 줄 수 없게 됩니다. 그러면 리더의 문제 행동이 수정되기는커녕 오히려 더 강화되는 악순환이 발생하면서 리더 자신과 구성원들을 비롯해 조직 전체에 엄청난 피해를 주게 됩니다.

문제 행동을 했다는 것을 인지했다면 진심 어린 사과를 하고 피드백을 받아들여 행동을 개선하기 위해 노력을 해야 합니다. 그런데 문제 행동을 하는 리더의 대다수는 그렇게 하지 않습니다. 대신 구성원들에게 자신의 이미지가 얼마나 손상되었는지, 그 손상

● 환심사기는 미국 사회학자인 에드워드 존스Edward E. Jones가 1964년에 출간한《환심사기 Ingratiation: A Social Psychological Analysis》라는 책에서 사용한 말이다. 에드워드 존스는 "사람들은 의식적으로든 무의식적으로든 자신이 원하는 이미지를 만들기 위해 전략적으로 자신을 드러낸다"라고 전제하며 '환심사기'를 전략적인 자기표현의 방식으로 제시했다. 그는 '환심사기'의 유형을 무조건 칭찬해주기, 무조건 맞장구쳐주기, 자신의 약점을 숨기고 강점만 떠벌리기의 세 가지로 구분했다.

된 이미지를 어떤 전략적 행동으로 어떻게 회복시킬 것인가에 집중합니다. 평소 엄격한 윤리적 코드를 내세우며 자신의 사회적 이미지에 과도하게 집중하는 리더들일수록 이런 경향이 두드러집니다.

좋은 리더가 되고자 한다면 평소 진심 어린 직언을 해주는 사람들의 말을 수용하는 훈련을 해야 합니다. 더불어 자기 행동의 동기가 이미지 관리를 위한 가짜 선의는 아닌지 살피는 성찰의 시간도 필요합니다. 자신의 심리적 패턴을 확인하고 무의식과 대면하는 연습 역시 먼저 건강한 피드백이 수시로 들어올 수 있는 환경을 만들어놓은 다음에 하는 것이 좋습니다. 사람들과 건강하게 긍정적인 상호작용을 하면 따뜻한 에너지가 만들어집니다. 이 에너지를 자신의 심리적 프레임을 재조정하는 데에 쓰면 훨씬 효과적으로 관점전환이 일어날 수 있습니다.

CASE 6 솔루션

- 자신의 우월함을 증명하려는 고압적인 태도는 '인정받지 못할 수도 있다'라는 두려움이 '과도한 승인 및 인정추구'로 이어진 결과다.

- 자신의 인정욕구를 자각하고 두려움과 분노 등 부정적인 감정을 흘려보내야 한다.

- 인정욕구가 좌절되는 상황이 두려워 이를 분노로 표출하는 것은 전형적인 인지왜곡 패턴이다.

- 사실충실성에 근거한 적절한 긍정성으로 인지왜곡을 극복하고 현실을 객관적으로 받아들여야 한다.

- 리더가 문제 행동을 했다면 팀원의 환심을 사기보다 개선을 위한 노력을 보여야 한다.

7장

작은 실수라도 하면
무너질 것 같다

완벽주의에서 벗어나기

CASE 7 ────── 작년에 재무팀장에서 경영지원본부장으로 승진한 설 본부장은 완벽주의자로 유명하다. 사내 게시판에 올리는 공고문 하나까지 자신의 기준에 미치지 못한다 싶으면 다시 쓰라고 말할 정도이다. 보고서를 비롯해 각종 서류에서 틀린 숫자나 글자가 발견되면 고치라고 하는 대신 본인이 직접 수정을 해버리기도 한다. 이렇게 매사에 실수를 잡아내기 위해 집중하다 보니 늘 신경이 날카로워져 있다.

재무팀장 시절부터 꼼꼼하고 실수를 하지 않는 것으로 정평이 나 있었고 덕분에 본부장으로 승진도 했지만, 임원이 된 이후에도 작고 사소한 일까지 직접 챙기는 설 본부장에게 모두 불만이 많다. 대표이사도 "그런 일은 팀장들에게 맡기고 자네는 중요한 의사결정을 내리는 데 집중하게. 사람이 섬세한 것도 좋지만 그렇게 결단력이 없으면 어떡하나"라고 핀잔 섞인 조언을 해줬을 정도이다.

설 본부장은 자신의 완벽주의 성향을 스스로 잘 알고 있으며, 그것이 리더십에 어떤 영향을 미치는지도 이해하고 있었다. 임원이 되면서 굵직한 의사결정을 해야 하는 일들이 많은데, 그럴 때마다 뭔가 문제가 없는지 몇 번이고 좌고우면하다 보니 타이밍을 놓쳐서 일을 그르칠 때가 있다며 고민을 털어놓았다.

──────────────────────────

탁월한 리더가
완벽한 리더는 아니다

· 장은지

사람마다 완벽주의를 추구하게 된 원인은 조금씩 다를 수 있지만, 가장 큰 원인으로는 '불안'을 꼽을 수 있습니다. 많은 사람이 '타인을 만족시키지 못하면 내게 큰일이 일어날 수 있다'라는 생각으로 인해 과도한 불안을 느끼며, 이 불안한 감정을 방어하는 차원에서 완벽주의를 추구하게 됩니다. 이러한 불안은 대개 성장 과정에서 가정, 학교, 조직 등의 외부로부터 지나치게 높은 수준의 성과를 강요받거나 과도한 경쟁에 휘말렸던 경험을 한 사람들에게서 나타납니다. 사랑받고 싶은 욕구가 충족되지 못한 채 성장한 사람들 역시 과도한 인정욕구의 결과로 완벽주의를 추구하기도 합니다. 이들은 타인의 기대에 부응하지 못하면 '버림받을지도 모른다'라는 심리도식을 지니고 있으며, 이로 인해 자기 자신에게 매우 높고 엄격한 기준을 적용하게 됩니다.

설 본부장의 신경이 늘 날카로운 것에도 불안 심리의 영향이 있습니다. '작은 실수라도 하면 타인을 만족시키지 못할 것이고 그러면 버림받고 완전히 무너질 거야'라는 심리도식이 작동되고 있으니 자신도 모르게 불안한 상태에 놓이는 것이지요. 사소한 일에서조차 이런 불안을 느끼니 중요한 의사결정을 해야 하는 상황에서는 얼마나 긴장하면서 스트레스를 받을지 짐작이 됩니다. 설 본부장이 불안 심리를 통제하고 완벽주의의 한계에서 벗어나기 위해서는 앞에서 제시했던 '무의식의 의식화' 방법이 도움이 될 것입니다. 그 밖에 완벽주의가 리더의 성장에 어떤 악영향을 미치는지 이해하고, 리더십을 한 단계 성장시키고 확장할 방안을 모색하는 것도 필요합니다.

완벽주의 성향이 리더십에 미치는 악영향

완벽주의 성향은 커리어나 업무 능력에서 '양날의 검'으로 작용합니다. 완벽주의에는 분명 긍정적인 측면이 있습니다. 자기 자신에게 높은 기준을 적용해 끊임없이 노력함으로써 탁월한 성과를 이루어냅니다. 본인의 업무와 타인의 업무까지 완벽하게 통제하려고 하므로 위기 상황 대처에도 뛰어납니다. 동시에 완벽주의에는 그늘도 존재합니다. '완벽한 기준과 과도한 비난'이라는 심리도식을 가진 사람들이 그런 것처럼, 완벽주의를 추구하는 사람들은 과도한 압박감과 조급함을 느끼며 내적 에너지를 소진하는 바람에 쉽게 번아웃에 이릅니다. 자신에 대한 과도한 비난으로 인해 성취감을 잘 느끼지 못하고 자존감을 스스로 갉아먹기도 합니다. 다른 사람과의 관계에서 좀처럼 만족을 느끼지 못하는 경우도 많습니다.

완벽주의자가 리더의 위치에 올라갔을 때 나타나는 문제점은 좀 더 극명합니다. 완벽주의 성향이 리더십에 미치는 악영향은 대개 세 가지로 나타납니다.

● 완벽주의 부작용 1: 팀원에게 과도한 업무 부여

자기 자신뿐 아니라 팀원들에게도 높은 기준을 적용하면서 '바다 끓이기'*같은 지나치게 많은 범위나 높은 강도의 업무를 맡기거나, 우선순위 없이 모든 일을 잘해야 한다고 강요합니다. 이러한 리더와 일하는 팀원들은 아픕니다. 몸도 아프고 마음도 아픕니다. 완벽주의 리더는 아픈 것도 용납하지 않죠. 나가떨어지는 것밖에는 답이 없습니다.

● 바다 끓이기는 불가능한 일을 불필요하게 벌여 해결하려고 하는 접근방식을 뜻하는 관용구이다. 실제로 바다를 끓이는 것은 바닷물이 너무 많아서 불가능하다는 점에서 비롯된 말이다. 바다를 끓이지 않으려면 주어진 자원 내에서 명확한 가이드라인과 우선순위를 정해 일해야 한다.

● 완벽주의 부작용 2: 의사결정 지연

모든 것을 완벽하게 파악한 뒤에야 움직이려는 성향으로 인해 신속하게 의사결정을 내리지 못합니다. 팀원들은 타사의 핵심성공요인Key Success Factors을 분석한 보고서를 수십 건 작성해서 올리지만 리더는 계속 다른 요인을 더 검토해보아야 한다고 하거나 말을 바꿉니다. 급기야 팀원들의 에너지도 자존감도 바닥을 치게 되지요. 그럼에도 리더는 계속해서 의사결정을 미루다가 결국에는 타이밍을 놓쳐 일을 그르치고 맙니다.

● 완벽주의 부작용 3: 실패를 회피하는 수동적 조직문화

자기 자신뿐 아니라 다른 사람의 실패에 대해서도 지나치게 가혹한 태도를 보입니다. 지나간 실패들까지 반복해서 언급하고 질책하며 몰아붙입니다. 그 결과 조직에 문제가 발생했을 때 능동적으로 대처하기보다는 수동적으로 회피하려는 분위기가 형성됩니다. 웬만한 일에는 몸을 사리는 것이 습관이 된 사람들이 주변에 늘어갑니다.

완벽보다는 빠른 실행과 반복이 중요한 시대

과거의 조직문화에서는 완벽주의 리더가 높은 점수를 받기도 했습니다. 과거 제조업 기반의 산업화 시대에는 생산공정과 업무 프

로세스를 개선해서 속도를 높이고 낭비와 실패를 줄이는 운영 고도화operation excellence를 통해서 경쟁사와의 차별화를 꾀했습니다. 운영 고도화 관련 업무에서는 디테일을 잘 챙기는 완벽주의 태도가 매우 중요한 능력으로 간주되었기 때문입니다.

그런데 광범위한 디지털 전환digital transformation과 더불어 4차 산업혁명 시대가 도래한 오늘날에는 디테일을 잘 챙기는 것보다 빠른 변화에 유연하게 적응하고 창의적으로 문제를 해결하는 능력이 더 중요해졌습니다. 과거에는 '분석·계획 수립·대응'의 프로세스로 일했다면, 이제는 '기회 포착·빠른 시도·실험과 실패의 반복을 통한 진화'의 방식으로 일하는 시대가 되었습니다. 오늘날 경영환경을 잘 표현해주는 단어가 뷰카VUCA●인데, 이 뷰카의 상황에서는 정확한 데이터 분석이나 치밀한 계획 수립으로 시간을 지연시키기보다 일단 프로토타입을 시장에 내놓고 결과에 따라 다시 적응하고 발전시켜가는 방식으로 일해야 합니다.

오늘날 달라진 경영환경에서는 매사를 완벽히 처리하려는 업무 태도가 오히려 조직 혁신을 저해하고 개인의 성장까지도 가로막는 요소로 작용합니다. 따라서 설 본부장은 자신의 완벽주의 프레임을 성장에 도움이 되는 방향으로 전환해야 합니다. '작은 실수라도 하면 무너질 것 같다'라는 두려움을 마주하고, 그 두려움이 실제로

● 뷰카는 변동성Volatility, 불확실성Uncertainty, 복잡함Complexity, 모호성Ambiguity의 영어 첫머리를 따서 만들어진 말로, 세계정세 및 경영환경의 불확실성과 리스크를 표현하는 데 주로 사용된다.

는 발생하지 않을 일에 대한 과도한 염려일 뿐이라는 점을 이해하고 받아들여야 합니다. '완벽'이란 것이 자기 관념으로만 존재하는 것을 깨닫고 '어떤 실수나 실패도 해서는 안 된다'라는 기준을 스스로 내려놓아야 합니다.

완벽한 계획을 세워서 일하려고 하면 일을 시작하기도 전에 계획의 무게에 압도당하고 맙니다. 기술 발전이 고도화될수록 혼자만의 지식과 능력으로 문제를 해결하기 어렵게 되며, 따라서 사람들의 협력을 얻어내는 것이 더욱 중요해집니다. 그렇기 때문에 우선은 신속하게 의사결정을 해서 발을 내디뎌보고 사람들과 협력하면서 성공 가능성을 높여가는 과정이 필요합니다. 다만 심리적 프레임은 오랜 시간에 걸쳐 만들어진 것이기 때문에 단번에 전환이 이루어지지 않습니다. 조급하게 생각하면 불안 심리가 가중됩니다. 일의 우선순위를 정하고 원칙을 세워서 지금 당장 할 수 있는 작은 것들부터 실행에 옮겨보시기 바랍니다.

계속 성장하는 리더의 조건

설 본부장은 완벽주의 업무 태도와 리더십 덕분에 재무팀장으로서 탁월한 역량을 발휘했으리라 짐작됩니다. 하지만 리더로서 역할이 바뀌었기 때문에 새로운 업무 역량과 더불어 리더십의 확장이 필요합니다. 재무팀장으로 일할 때는 꼼꼼하고 치밀한 성향이

리더의 성장 3단계

강점이었겠지만, 지금은 그 강점이 오히려 독이 될 수 있습니다. 사실 많은 리더들이 과거의 성공 방식에 머무름으로써 더 성장하지 못한 채 정체되곤 합니다.

리더들은 세 단계를 거쳐서 성장합니다. 처음에는 스스로 자신의 성장을 이끌고lead-self, 다음에는 다른 사람들의 성장을 도우며 lead-others, 마지막으로는 핵심 사업 분야와 조직의 발전을 주도하게 lead-business&organization 됩니다. 첫 번째는 자신에게 주어진 일을 잘 완수하고 핵심역량을 개발하는 데에 집중하는 단계이고, 두 번째는 다른 사람의 잠재력을 끌어내 성과를 올리도록 하고 이를 통해 자신의 성과를 만들어내는 단계입니다. 세 번째는 자신의 핵심역량 분야를 넘어서서 조직 전체의 비전을 제시하고 합리적 의사결정을 할 수 있는 단계입니다.

모든 리더는 이 세 단계를 성공적으로 밟으며 나아가야 계속 성장할 수 있습니다. 그런데 많은 리더가 다음 단계로 올라서야 하는 시점에 '성공의 함정'에 빠져버리곤 합니다. 선행 단계에서의 성공 경험에 갇혀서 그다음 단계에서 요구하는 새로운 리더십으로 전환하지 못하는 것입니다. 그 누구보다 치열하게 일하는 것 같은데 막상 더 성장하는 단계로 나아가지 못하고 스스로 한계에 갇혀버리는 이유는 무엇일까요.

설 본부장이 리더로서 한 단계 더 올라서려면 지금까지 자신의 강점이었던 꼼꼼하고 치밀한 성향을 계속 고집해서는 안 됩니다. 과감하게 기존의 무기를 버리고 새로운 무기를 획득하기 위한 도전에 나서야 합니다. 지금의 성장에 필요한 역량이 무엇일지 고민해보는 한편, 구성원들에게 비전을 제시하고 합리적인 의사결정을 하는 리더십의 단계로 나아가야 합니다. 나무만 보면서 앞으로 가는 리더는 결국 길을 잃게 됩니다. 나무를 보면서 숲 전체를 조망할 수 있는 관점을 가져야 더 큰 리더로 성장할 수 있습니다.

성공과 완벽주의는
관계가 없다

· 윤대현

설 본부장뿐 아니라 자신의 완벽주의 성향 때문에 힘들다고 호소하는 리더들이 생각보다 많습니다. 일을 완벽하게 처리하려다 보니 진행이 더디고 스트레스를 많이 받는다는 것이죠. 세심한 부분까지 챙기는 업무 습관이 개인적인 삶에도 이어져 몸의 작은 반응에도 깜짝 놀라는 건강염려증이 생겼다는 분들도 있습니다.

완벽주의는 '열심히 하겠다'라는 마음 상태이기도 해서 반드시 부정적인 측면만 있는 것은 아닙니다. 완벽을 추구하게 만드는 인정욕구 역시 우리 삶을 지속하게 해주는 소중한 에너지원이기도 합니다. 다만 완벽주의 성향의 사람들은 생존과 성공의 에너지가 늘 과열 상태에 있어서 쉽게 번아웃이 찾아옵니다. 에너지를 잘못된 방향으로 분출해서 자기 자신과 타인 모두를 불편하게 만들기도 하고요.

완벽주의를 긍정적인 에너지로 사용하려면 마음의 튜닝이 필요합니다. 우선은 자기 마음과 관계를 잘 맺어야 합니다. 자기 마음의 성향을 존중해주면서 서로를 북돋는 긍정적인 관계를 맺는 것이지요. 완벽주의자들은 대개 '나는 모든 사람에게 사랑받고 인정받아야 한다'라는 신념을 갖는데, 이러한 비합리적인 신념을 자각하고 단호하게 돌아서야 합니다. 자신이 열심히 일하는 이유가 타인에게 인정받기 위해서가 아니라 계속 성장하는 삶을 위한 것이라고 관점을 바꾸는 순간 완벽주의를 긍정적 에너지로 쓸 수 있게 됩니다.

비합리적 신념을 바탕으로 하는 완벽주의

요즘은 '완벽주의'라고 하면 '피곤하다'라는 단어가 먼저 연상되지만, 고대의 철학자들은 완벽주의를 '영적·정신적·신체적 상태를 적절한 상태로 유지하기 위한 지속적인 의지와 노력'으로 정의하기도 했습니다. 본래의 완벽주의는 '최상의 삶을 위한 자세'로 이해되었던 것이지요. 이러한 완벽주의는 피곤한 것이 아니라 우리의 삶을 건강하게 해줍니다. 문제는 완벽주의가 '비합리적 신념'을 바탕으로 했을 때입니다.

합리적 정서행동치료^{REBT}를 개발한 인지심리학자 앨버트 엘리스$^{Albert Ellis}$는 인간이 합리적 신념과 비합리적 신념을 동시에 지닌 존재라고 설명했습니다. 그중에서 비합리적 신념은 비현실적이고 극단적이며 경직되어 있어서 어떤 상황이든 자기패배적으로 받아들이게 만듭니다. 완벽주의자들이 갖는 비합리적 신념에는 '내가 원하는 대로 일이 되지 않는 것은 큰 실패다', '나는 모든 사람에게 사랑받고 인정받아야 한다', '완벽한 능력이 있고 성공해야만 가치 있는 인간이다'라는 것들이 있습니다. 이러한 왜곡된 신념을 바탕으로 하는 완벽주의는 자기비판과 자기미움이라는 부정적 정서를 만들어내서 내적 에너지를 소진하고 번아웃 증후군을 일으킵니다.

우리는 누군가 힘들어할 때 "너무 마음 쓰지 마"라고 이야기하곤 합니다. '마음을 쓴다'는 부정적 정서로 인해 내적 에너지를 소모한다는 것입니다. 마음을 쓰지 말라는 것은 '괜히 속 끓이지 말고 긍정적으로 생각하라'는 뜻입니다. 그리고 보면 우리는 이미 '긍정적인 생각을 하면 에너지가 충전되지만, 부정적인 생각을 하면 에너지가 고갈된다'라는 것을 잘 알고 있는 듯합니다.

불필요하게 마음을 쓰도록 만드는 완벽주의에서 벗어나려면 관점의 전환이 필요합니다. 즉 비합리적 신념이 차지했던 마음에 '인정받지 못해도, 일이 뜻대로 되지 않아도, 완벽한 능력이 없어도 괜찮다'라는 신념을 다시 채워 넣어야 합니다. 우리가 겪는 삶의 문제들에 완벽한 해결책 따위는 존재하지 않습니다. 그러니 우리는 완벽할 필요가 없고 완벽할 수도 없습니다. 이것이 완벽주의자들이 가져야 할 합리적인 신념입니다.

성공과 완벽주의는 상관관계가 없다

2019년 영국의 앤드류 힐Andrew Hill과 토머스 커런Thomas Curran은 1989년부터 2016년까지 미국, 캐나다, 영국의 대학생 4만여 명을 대상으로 조사한 연구 결과를 발표했습니다. 이 연구 결과에 따르면, 최근 30년간 젊은 청년들 사이에서 완벽주의가 증가했다고 합니다. '자기 자신에게 높은 기준을 설정하고 과도하게 비판하는' 경향이 10퍼센트 증가했고, '타인에게 높은 기준을 적용하면서 비판하는' 경향은 16퍼센트 늘어났으며, '나에 대한 타인들의 평가 기준이 지나치게 높아서 완벽을 보여야만 인정을 받고 안도할 수 있다'라고 생각하는 청년들도 33퍼센트나 증가했다고 합니다.

연구보고서는 젊은 세대의 대학생들이 완벽주의가 필요하다고 느끼는 이유가 '성공에 대한 사회적 압력을 충족시키기 위해서' 그리고 '사회적으로 연결된 가치와 안전함을 느끼기 위해서'라고 설명했습니다. 그러면서 '그들이 좋은 교육을 받아야 한다, 가장 높은 점수를 받아야 한다, 돈을 많이 벌어야 한다, 매우 성공적인 경력을 쌓아야 한다'라는 지나치게 높은 목표를 설정하는 경향이 있다고 지적했습니다.

그런데 젊은 세대의 이러한 생각과 달리 완벽주의는 공부를 잘하고, 돈을 벌고, 성공적인 경력을 쌓는 것과 아무런 상관관계가 성립하지 않습니다. 2018년 미국의 《응용심리학 저널Journal of Applied Psychology》에 발표된 '조직 내에서의 완벽주의에 대한 메타 분석' 결과에서도 완벽주의와 업무 성과와의 관계는 매우 '모호'한 것으로 나타났습니다. 적당한 불안과 스트레스는 시험에서 좋은 성적을 얻고 업무 성과를 높이는 데에 도움이 되겠지만, 불안과 스트레스가 과도해지면 오히려 뇌의 인지기능이 떨어져 노력한 만큼 결과가 나오지 않을 수 있습니다. 설 본부장이 그런 것처럼 과도한 완벽주의 성향은 '실수하면 어쩌지'라는 불안감을 일으키고 이로 인해 불필요한 반복 업무만 하다가 정작 중요한 일을 그르치는 결과를 낳습니다.

완벽주의자들은 '이렇게 하면 성공할 수 있겠지'라는 긍정적 생각보다 '이렇게 해서 실패하면 어쩌지'라는 부정적 사고를 먼저 하면서 두려움에 빠집니다. 이러한 두려움은 리더의 성장에 아무런 도움이 되지 않습니다. 실패가 너무 두려운 나머지 새로운 것을 배우거나 새로운 일에 도전하지 않으려고 하거든요. 이러한 완벽주의는 자기 성장에도 걸림돌이 되지만 조직 혁신이 요구되는 국면에서도 커다란 장애가 됩니다. 조직 혁신에 앞장서야 할 리더가 두려움 때문에 망설이는 모습을 보인다면 이는 정말 낭패스러운 상황이 아닐 수 없죠.

설 본부장처럼 완벽주의가 업무 수행과 리더십 발휘에 오히려 장애가 되고 있음을 자각했음에도 문제 행동을 그만두기 어렵다면 자신이 '성공하려면 완벽해야 하고, 완벽주의는 안전한 것이다'라는 신념을 갖고 있지 않은지 자문해볼 필요가 있습니다. 만일 그런 신념을 갖고 있다면 완벽주의가 성과나 성공과는 아무런 상관관계가 없다는 점을 이해하고 그러한 신념의 고리를 끊어내야 합니다.

완벽주의자를 위한 마음관리 기술

'저 사람 완벽주의자구나'라고 판단하는 가장 일반적인 근거는 '높은 목표 추구와 실패 회피'입니다. 그런 사람들에게 무조건 '눈높이를 낮춰라', '실패를 즐겨라'라고 강요하는 것은 바람직하지 않을뿐더러 오히려 저항이 생길 수 있습니다. 사람에 따라서 다르게 적용되겠지만, 다음의 몇 가지 '마음관리' 기술이 완벽주의로 인한 마음의 문제를 개선하는 데에 도움이 될 것입니다.

● 첫째, '완벽'이 아닌 '중요함'에 목표를 둔다

타이밍을 놓치면 안 되는 중요한 프로젝트를 할 때는 완벽하지 않으면 안 된다는 불안감을 버리고 일단 기일 안에 완수하는 데에 초점을 두어야 합니다. 이때 '체크리스트'를 활용하는 것이 도움이 됩니다. 구체적인 행동 목표와 시간을 촘촘히 설정해 일을 진행하자는 것이죠. 체크리스트에는 행동들의 우선순위를 반영하되 이 또한 빈틈없이 만들어야 한다는 생각은 버리세요. 이렇게 하면 자연스럽게 시간 압박을 느끼기 때문에 빠르게 의사결정을 내리는

데 도움이 되고, 오타 교정 같은 지엽적인 일에 몰두하다가 데드라인을 넘겨버리지 않도록 하는 데에도 큰 도움이 됩니다.

● 둘째, '완벽'의 기준을 상황에 맞게 조정한다

완벽의 기준을 자기 주관에 두지 말고 그때그때의 상황과 여건에 따라 융통성 있게 조정해보는 연습을 하는 것입니다. 완벽의 기준은 사람과 상황에 따라서 달라집니다. 어떤 때는 데드라인을 지키는 것이, 또 어떤 때는 참여자들의 만족도가 높은 것이 '완벽'의 기준이 될 수 있습니다. 그렇기 때문에 자신만의 기준으로 일을 잘못된 방향으로 끌고 가지 않으려면 그때그때의 객관적인 기준에 대해 고민해야 합니다. 완벽주의자들은 완벽한 무결점의 결과물을 만들어내려고 하지만 이는 비현실적인 목표입니다. 자기 기준에는 80퍼센트라도 객관적으로는 '성공'이라고 판단할 수 있습니다. 그러니 객관적 상황에 따라 자기 기준을 조정할 수 있어야 합니다.

● 셋째, 부정적인 생각의 되새김질을 멈춰야 한다

해결책에 도달하지 못한 채 끊임없이 머릿속에서 맴도는 부정적인 생각의 되새김질, 즉 과도한 '반추^{rumination}'의 순환을 끊는 것입니다. 과도한 반추는 현재의 문제를 해결하고 미래에 발생할 일들을 대처하는 것에 초점을 맞추는 자기 성찰이 아니라 과거에 일어난 부정적 사건에 상실감과 자기연민을 느끼는 것이기 때문에 자신감 저하, 불안, 우울증의 원인이 되곤 합니다. 반추를 줄이기 위해선 자신이 어떤 상황에서 반추가 강해지거나 혹은 줄어드는지 파악해야 합니다. 그리고 반추가 강해질 때는 생각의 고리를 끊는 활동을 하는 것이 도움이 됩니다. 책상 정리나 연락처 업데이트처럼 머리를 많이 쓰지 않아도 되는 단순 업무도 좋고 그 밖에 자신에게 맞는 활동을 찾아보길 바랍니다.

반추하면서 떠오르는 생각들을 '옳은 정보'로 받아들이지 않는 노력도 필요합니다. 과도한 반추는 비합리적 완벽주의 신념이 내놓는 평가입니다. 평가의 틀이 왜곡되어 있으니 평가 내용이 도움이 될 리 없습니다. 과거에 실수한 일이 떠오를 때면 객관적으로 좋은 평가를 받았던 기록을 찾아서 확인해보는 것도 도움이 됩니다. 자신이 실수한 적도 있었지만 좋은 평가를 받았던 적이 더 많았다는 객관적 사실을 확인하는 겁니다.

설 본부장은 완벽을 추구하는 태도의 긍정적 측면을 무시하지는 말되 완벽주의를 떠받치는 비합리적 신념들이 자신의 성장을 가로막는 장애물로 작용할 수 있다는 점에 대해 분명히 인식해야 합니다. 그리고 지금 소개한 세 가지 방법을 포함해 자기 스스로 마음을 튜닝하고 관점을 전환할 방법을 찾아서 지속적으로 노력해야 합니다. 비합리적 신념을 버리고 관점을 전환할 수 있다면 완벽주의 성향이 더 이상 걸림돌이 아닌 긍정적 에너지 자원이 되어 줄 것입니다.

CASE 7 솔루션

- 완벽주의는 타인을 만족시키지 못하면 안 된다는 불안감에서 기인한다.

- 완벽주의는 탁월한 성과로 이어지기도 하지만 리더가 되었을 때는 마이크로매니징, 의사결정 지연 등 부정적인 리더십으로 변질될 수 있다.

- 오늘날의 경영환경에서는 완벽주의보다 유연한 대처능력, 창의적인 문제해결력을 키우는 것이 더 중요하다.

- 완벽이 아닌 중요함에 목표를 두고 객관적 상황에 따라 스스로 성공의 기준을 조정할 수 있어야 한다.

- 부정적 사건에 대한 반복적인 생각을 멈추고, 객관적으로 좋은 평가를 받았던 사실을 확인해 에너지를 얻는다.

체크리스트

관점전환

　이번 단계에서 알아본 관점전환은 무의식중에 자신을 지배하고 있는 사고 패턴을 파악하여 이를 이해하고 심리적 통제권을 갖는 것이 목적이다. 아래 표를 통해 나는 얼마나 관점전환을 잘하는 리더인지 스스로 점검해보자.

평가항목	체크
문제 상황이 발생했을 때 상황과 나의 감정을 분리할 수 있다.	☐
평소 복식호흡, 명상 등 긴장된 마음을 이완하는 훈련을 한다.	☐
나는 나의 반응이 민감해지는 특정한 상황을 알고 있다.	☐
사건이나 상황을 최대한 객관적으로 바라보려고 노력한다.	☐
문제 행동을 한 뒤 팀원들의 환심을 사기보다 개선의 의지를 보여준다.	☐
모든 일을 완벽하게 처리할 수 없다는 사실을 인지한다.	☐
매사에 비장하기보다는 유머와 여유를 가지려고 노력한다.	☐

0개~2개: 자신의 무의식적 사고 패턴을 파악해야 하는 단계
3개~5개: 관점전환을 위해 노력하는 리더
6개 이상: 심리적 통제권을 가진 상위 10% 리더

● 문제를 다르게 바라보기 위한 '관점전환'이 어느 정도 진행되면 이제는 변화를 위한 행동에 나서야 합니다. 하지만 변화는 곧 여러 가지 갈등과 한계에 부딪히게 됩니다. 성공적인 커리어를 쌓아온 리더라도 새로운 변화와 도전이 필요한 상황에서 뜻하지 않은 한계에 부딪힐 수 있습니다.

리더의 성장 네 번째 단계 '한계극복game change'에서는 내면을 끊임없이 긍정적인 에너지로 채우려는 노력, 포기하지 않고 꾸준히 밀어붙이는 끈기와 인내심도 필요합니다. 어떤 한계에 부딪힐지 알 수 없지만, 그 한계를 극복하고 앞으로 계속 나아가야 하는 것이 리더들에게 주어진 중요한 과제입니다.

STEP 4

한계극복

8장

새로운 도전은
누구나 두렵다

● 일단 시도하기

CASE 8 국내 자동차부품 제조사에서 기술부문 총책임
———— 을 맡은 오 상무는 그동안 한눈 한 번 팔지 않
고 30년 가까이 근속하며 성실하게 일해왔다. 현장에 까다로운
문제가 생기면 언제나 해결사로 나서는 탁월한 기술자이면서, 모
든 부하직원을 살뜰히 챙기고 이끌어주는 최고의 선배이기도 했
다. 별문제 없이 차근차근 성장 단계를 밟아오던 오 상무는 최근
큰 고민에 빠졌다. 자율주행 자동차의 부상으로 자동차부품 시
장이 큰 폭으로 개편됨에 따라 회사에서 혁신TF팀을 꾸리고 대
대적인 체질 개선에 나섰는데, CEO가 이 혁신TF팀을 오 상무
에게 맡아보라고 했기 때문이다.

오 상무는 그동안 핵심역량과 대인관계 측면에서는 좋은 평가
를 받았지만, 혁신성과 위기대처 항목에서는 늘 낮은 점수를 받
아왔다. CEO도 변화와 도전을 두려워하는 오 상무의 성향을 잘
알고 있었기에 이번 기회에 그런 성향을 극복하고 전략형 리더로
거듭날 수 있는지 테스트해보려는 심산인 것 같았다. 오 상무는
지금까지 쌓아온 성과와 좋은 이미지가 한꺼번에 무너질까 두려
운 한편 CEO와의 갈등도 견디기 어렵다며 진퇴양난의 고충을
털어놓았다.

_____

_____

강점을 살리되
취약성을 인정하라

· 장은지

오 상무는 현장에 문제가 생기면 주말까지 반납하며 직접 방문해서 직원들의 고충을 듣고 문제를 해결하는 모습을 보여 신망이 두터운 리더였습니다. 하지만 빠르게 변화하는 시장에서 늘 도전과 혁신을 부르짖는 CEO는 오 상무의 그릇이 너무 작아서 큰일에는 쓰기 어렵겠다고 판단했을 겁니다. 오직 회사만 생각하며 열심히 일해온 오 상무는 그러한 자신의 노력을 알아주지 않는 CEO가 원망스러울 수밖에 없겠지요.

오 상무의 사례는 현장 중심의 리더들이 변화 과정에 흔히 겪는 한계와 도전을 잘 보여주고 있습니다. 앞서 이야기한 것처럼 리더의 강점은 특정 상황에서 오히려 함정이 되거나 취약성으로 드러나기도 합니다. 가령 오 상무의 꾸준한 성실성, 강한 책임감, 원만한 대인관계는 강력한 혁신이 요구되는 상황에서는 안일한 목표설정, 마이크로매니징, 파벌 형성, 갈등 회피 등의 부정적인 특성으로 발현될 수 있습니다.

오 상무가 현재 단계에서 맞닥뜨린 한계를 극복하고 계속 성장하기 위해서는 스스로 변신을 꾀하고 리더십을 확장하기 위해 노력해야 합니다. CEO와의 갈등도 회피하기만 해서는 안 됩니다. 일단 혁신TF팀을 맡아 이끌면서 필요한 도움을 구하고 지지를 요청해야 합니다. CEO가 바라는 건 오 상무가 해보지 않던 일에도 과감하게 도전하는 모습을 보는 것일 수 있습니다. 그다음 혁신의 결과는 오 상무 혼자가 아니라 구성원들의 역량을 모아 만들어갈 수 있을 테니까요.

도전에 대한 압박으로 나타나는 리더십의 역기능

리더십에는 겉으로 드러난 순기능 못지않게 숨겨진 역기능도 많습니다. 디테일을 잘 챙기는 리더십은 업무 완성도를 높인다는 측면에서는 순기능이지만, 마이크로매니징을 해서 팀원들의 일할 의욕을 떨어트리는 측면에서는 역기능이지요. 이러한 역기능은 리더의 성향이나 경험에 따라서, 맡겨진 과업의 특성에 따라서, 조직 내외부의 환경 변화에 따라서 다르게 나타납니다. 오 상무처럼 변화와 도전에 대한 압박으로 과도한 스트레스를 받을 때도 평소 잘 드러나지 않던 역기능적 행동이 두드러질 수 있습니다. 역기능적 행동은 탁월한 리더십 역량을 지닌 리더들이 기대만큼 지속적으로 성장하지 못한 채 중도에 탈락하게 만드는 원인이 됩니다.

리더십의 역기능은 모든 리더십 강점에 자연스럽게 따라다니는 그늘이자 그림자와 같은 것이며, 이를 '리더십 디레일먼트^{leadership derailment}'라고 합니다. 디레일먼트는 '탈선', '탈락'을 의미하는 단어입니다. 퍼포먼스 코칭에서는 리더십 디레일먼트를 함께 진단해서 리더십이 실패할 가능성을 최소화하기 위한 방안을 모색합니다(리더십 디레일먼트에 대한 자세한 내용은 부록 344쪽을 참고하시기 바랍니다).

오 상무의 리더십 디레일먼트 진단평가 결과를 봤을 때 현장에서 관찰했던 그의 행동들과 일치하는 부분이 많았습니다. 이미 과도한 스트레스로 인해 역기능적 행동들이 강화되고 있음을 확인할 수 있었습니다. 오 상무는 현장 및 데이터 중심으로 사고하는 경향이 높기 때문에 스트레스 상황에서는 현실에 안주하고 시야가 좁아지며 방어적 행동을 할 가능성이 컸습니다. 본인이 충분히 이해하고 능동적으로 나서서 하는 일이 아닌 경우에는 의도적으로 의사결정을 지연할 가능성도 큰 편이었습니다.

이렇게 리더십의 그림자가 나타나기 시작하면 리더 스스로 상황을 타개할 실마리를 얻는 것이 매우 어렵습니다. 그림자를 만들지 않으려다 원래의 강점조차 손상될 수 있기 때문입니다. 이런 상황에서 주변의 도움과 상사의 신임은 커다란 심리적 자산이 됩니다.

오 상무의 경우에는 이러한 심리적 자산을 먼저 확보하는 것이 급선무였습니다.

다른 사람의 도움을 받을 줄 아는 리더가 성장한다

오 상무는 먼저 자신의 기질과 강점 그리고 리더십 디레일먼트 진단 결과를 찬찬히 살펴보았습니다. 그리고 진단 결과가 현재 자신의 모습을 반영하고 있음을 받아들이고 수용하는 단계를 거쳤습니다. 자신과 CEO가 각기 다른 프레임으로 상황을 판단하고 있다는 점도 깨닫게 되었습니다. 그다음 오 상무에게 전한 첫 번째 조언은 '도움을 구하라'는 것입니다. 놀랍게도 많은 리더가 모든 문제를 자기 힘으로 스스로 해결해야 하며, 자신의 고충을 다른 사람에게 털어놓는 것은 약점을 드러내는 것이라는 고정관념에 갇혀 있습니다. 특히 오랫동안 최선의 노력을 하며 승승장구해온 리더라면 그러한 경향이 더 높습니다.

그러한 고정관념에 갇히면 상황이 악화될수록 다른 사람에게 도움을 요청하기가 더더욱 어려워집니다. 도움을 요청하는 것을 자신의 무능이나 약점으로 혹은 경쟁에서 패배한 것으로 받아들이기 때문입니다. 이러한 성향을 지닌 리더는 더 높은 단계로 올라갈수록 효과적으로 리더십을 발휘하기가 어렵습니다. 리더십이 확장될수록 다른 사람의 도움을 잘 끌어내는 것이 매우 중요하기 때문입니다.

오 상무는 혁신TF팀에 타 부서의 유능한 전략가를 영입해서 도움을 받기로 했습니다. 상상력이 풍부하고 혁신적인 과제를 좋아하는 성향의 팀원들도 보강을 했습니다. 본래 자신의 강점이었던 용병술을 잘 활용한 것이지요. 리더가 자신의 부족한 점을 솔직하게 인정하고 더 공부하겠다는 자세로 임하자 팀원들도 더 능동적으로 움직이며 일했습니다. 오 상무는 자신의 강점이 역기능적으로 발현될 수 있다는 점을 인식하고, 리더도 다른 사람의 도움을 받을 수 있다고 관점을 전환하면서 '한계극복'을 위한 성장 단계로 한 발 더 내디딜 수 있었습니다.

일과 관계없는 잡담이 일을 수월하게 만든다

CEO는 오 상무에게 직접 대놓고 말은 안 했지만 내심 '일개 팀원도 아니고 상무씩이나 되는 사람이 성실하게만 해서야 어디 밥값을 한다고 할 수 있겠어'라는 생각을 하고 있었습니다. 하지만 내색을 하지 않아도 오 상무는 CEO의 그런 생각을 눈치채고 있었기 때문에 얼굴을 마주치는 것만으로도 스트레스가 될 지경이었습니다. 그러니 꼭 필요한 상황이 아니면 가능한 CEO와 대면하는 기회를 피하려고 했겠지요.

하지만 저는 갈등을 풀기 위해서는 의도적으로 더 자주 소통해야 한다고 조언했습니다. 성공한 리더들은 누가 시키지 않아도 열심히 일하는 것은 물론이고 굳이 본인의 노고와 희생을 떠벌리지 않아도 주변에서 알아줄 것이라고 믿는 경향이 있습니다. 그러면서도 한편으로는 자신의 헌신을 알아주지 않는 동료나 상사에게 섭섭함을 느끼는데, 이를 겉으로 드러내지 않으려 내적 에너지를 많이 쓰기도 합니다. 오 상무는 자신이 바로 이러한 경우에 속한다는 점을 인식하고 상대가 알아주기를 기다리기보다 먼저 다가가서 소통해보기로 했습니다. 공식 보고나 회의 자리가 아니더라도 자주 기회를 만들어 CEO에게 조언을 구하고, 가벼운 일상 등을 공유하는 메시지를 주고받으면서 CEO와 친밀한 유대감이라는 심리적 자산을 만들어보기로 한 것입니다.

리더의 위치에 오르면 캐주얼한 소통을 나누는 데에 부담을 느끼기도 하는데, 이런 관점 역시 리더의 성장에 도움이 되지 않습니다. 반드시 일에 국한되지 않더라도 다양하고 가벼운 주제의 대화를 나누는 것은 나와 다른 성향과 관점을 지닌 상대방을 이해할 수 있는 토대를 만들어주고, 두려움 없이 도움과 지지를 요청할 수 있는 관계를 만들어주기도 합니다.

현재 상황을 타개하기 위한 변화가 필요한 리더, 도전적인 과제로 인해 심리적 압박을 받는 리더라면 눈앞의 한계를 반드시 혼자 힘으로 극복하지 않아도 된다는 점을 기억하기 바랍니다. 사실 리더의 자리에 있을수록 모든 문제를 혼자서 해결하려 해서는 안 됩니다. 리더에게 주어진 과제는 조직 차원에서도 중요한 과제일 가능성이 크므로 다른 구성원들의 역량을 모아서 해결하는 것이 훨씬 현명한 선택입니다. 그러니 스스로 감당하기 힘든 도전으로 여겨질지라도 다른 사람들의 도움을 받아 함께 해결해가겠다는 마음으로 받아들이시기 바랍니다. 또한 조직 안팎의 사람들과 캐주얼하게 소통하고 교류하면서 다양한 관점을 배울 통로를 열어두십시오. 이런 여유와 유연성이 다음 단계의 성장으로 향하는 문을 여는 데에 큰 도움이 될 것입니다.

새로운 성공 경험이
쌓이면 관점이 바뀐다

· 윤대현

모든 변화가 어렵고 불편한 것은 맞습니다. 그런데 성격과 관련된 행동일수록 변화가 어렵습니다. 성격의 정의 자체가 '변하지 않는 고유한 나의 반응 패턴'이기 때문입니다. 쉽게 변할 수 있는 행동이라면 성격과 별 상관이 없는 것이라는 의미이기도 합니다.

오 상무가 전략적 사고 및 혁신성이 요구되는 일에 대해 두려워하는 행동 패턴을 보이는 것도 안전지향적인 성격과 연관되었을 가능성이 큽니다. 그동안 안전지향적인 성격 덕분에 성공한 경험이 누적되면서 그러한 행동 패턴은 더욱 강화되었을 겁니다. 성격과 관련된 행동을 바꿔야 하는 상황이 되면 사람의 심리는 자연스럽

게 '저항'의 스위치를 켭니다. 오 상무도 머릿속으로는 변화의 필요
성을 인지했겠지만, 심리적으로는 강력하게 저항할 수밖에 없었을
겁니다. 그러한 오 상무가 결국 도전을 받아들이고 한계를 극복한
것은 성격이 바뀌었기 때문일까요? 아닙니다. 관점을 전환하여 성
격을 튜닝했기 때문에 똑같은 도전도 다르게 받아들일 수 있었던
것입니다.

성격을 바꾸긴 어려워도 튜닝은 가능하다

한 여성 내담자의 실제 사례입니다. 그분의 하소연은 남편이 식
사할 때 음식물을 힘주어 꼭꼭 씹으며 소리를 내는데 이 소리가
너무 거슬려서 노이로제가 걸릴 지경이라는 것이었습니다. 더구나
결혼한 지 10년이 넘었는데 남편이 여태껏 그 버릇을 고치지 않은
것은 아내인 자신을 사랑하지 않아서라며 속상해했습니다. 사랑
하는 아내가 싫어한다면 얼마든지 고칠 수 있는 문제 아니냐고 생
각할 수 있지만 그렇지가 않습니다. 음식물을 소리 나게 씹는 이유
가 남편의 완벽주의 성격 때문이기도 하니까요. 남편은 지나치게
힘이 들어가는 저작 습관을 고치기 위해서는 완벽주의 성향을 바
꿔야 한다는 점을 몰랐을 뿐이고, 아내를 사랑하느냐의 여부와는
아무런 관련이 없던 것이지요.

이처럼 성격과 관련된 행동을 바꾸는 것은 매우 어려운데, 그 이

유는 성격 자체가 잘 바뀌지 않기 때문입니다. 성격을 바꾸지는 못해도 '튜닝'은 할 수 있습니다. 꼼꼼하고 섬세한 성격을 느슨하고 무심한 성격으로 바꾸기는 어렵습니다. 하지만 꼼꼼하고 섬세하게 일하는 이유가 '누군가에게 인정받고 버림받지 않기 위해서'라는 관점을 가질 때와 '내가 행복하게 성장하기 위해서'라는 관점을 가질 때의 반응 패턴은 서로 다를 수 있습니다. 전자일 때는 어떤 일이 실패하는 것을 참지 못해 분노의 감정이 일어나지만, 후자일 때는 결과 못지않게 과정도 중요하다는 점을 이해하면서 수용적인 태도를 보이게 됩니다.

오 상무도 현장에서 핵심역량을 발휘하는 현장형 리더로서 많은 성공 경험을 했던 터라 갑자기 전략형으로 변화하기는 쉽지 않았을 겁니다. 현장 중심으로 움직이는 사람들은 책상에 앉아서 일하는 사람들이 편하게 일한다는 오해를 하고, 전략 중심으로 생각하고 판단하는 사람들은 현장 업무를 단순 업무로 판단하는 오해를 합니다. 자신이 경험해보지 않은 일에 대한 이러한 오해도 변화에 대한 거부감을 부추겼을 것이라 봅니다.

일단 시도하기로 성공 경험 쌓기

자신이 어떤 한계에 부딪혔다고 생각되면 '일단 시도하기'를 통해 극복하는 것이 중요합니다. 오 상무는 변화가 두렵지만 일단 혁신TF팀을 맡기로 했고, 대신 사람들의 도움과 지지를 통해서 자신의 부족한 점을 보완하기로 했습니다. 이 과정에서 변화가 위험한 것만은 아니라는 점을 깨달으면서 안정지향적인 성격이 고집불통의 반응으로 나타나지 않도록 튜닝할 수 있었습니다. 사람들의 도움과 지지를 받아들임으로써 자기 관점을 확대할 수 있었고 안정지향적인 성향이 갖는 단기적이고 좁은 시야를 벗어날 수 있었습니다.

'일단 시도하기'는 새로운 성공 경험을 통해 다른 관점이 내 성격 안에 자리 잡도록 해준다는 점에서 매우 효과적인 한계극복 방법입니다. '관점을 전환해서 성공한 경험'에 대한 기억이 쌓이면 상황에 대한 반응과 행동을 바꿀 수 있습니다. 일례로 극단적인 완벽주의 성향을 지녔던 사람이라도 '일을 완벽하게 하지 않아도 다른 사람의 인정과 사랑이 여전하다'라는 경험을 수차례 반복하게 되면 '모든 사람에게 인정받지 않아도 괜찮다'라는 관점을 성격 안에 안착시키게 되고, 그러면 이후에는 훨씬 유연하게 상황을 받아들이게 됩니다.

한계를 극복하는 거의 유일한 방법은 행동을 바꾸는 것입니다. 행동을 바꾸기 위해서는 일단 기존의 행동을 멈추고 과감하게 새로운 행동을 해보는 수밖에 없습니다. 자전거 타기를 배우려면 실제로 자전거를 타면서 페달을 밟아보고 누군가 잡아주지 않아도 넘어지지 않는다는 경험을 쌓아야 하는 것처럼 새로운 변화와 도전을 위해서는 용기를 가지고 일단 시도해보는 것이 가장 중요합니다.

불편한 관계일수록 만남을 구조화하라

CEO와의 관계에 대해서는 좀 더 구체적인 조언을 해드릴 수 있을 것 같습니다. 지금은 자기 홍보가 중요한 시대입니다. '묵묵히 일하면 언젠가는 알아주겠지'라고 생각한다면 결국 피해를 보는 것은 오 상무일 겁니다. 불편해도 CEO를 자주 만나면서 대화를 나누는 것이 좋습니다. 꼭 필요한 보고나 회의 자리가 아니면 막상 만나도 무슨 말을 해야 할지 난감할 수 있습니다. 그렇다면 만남을 '구조화'하면 됩니다. 불편하고 어려운 관계일수록 만남을 일정 시간에 정기적으로 가지는 형식으로 구조화하는 것이 필요합니다. 만남이 구조화되면 상대방도 나와의 만남을 편안하게 받아들일 수 있습니다.

상대가 좀 불편한 사람이어도 좋은 관계를 유지하는 데에 별 어려움을 느끼지 않는 사람도 있습니다. 이런 사람에게는 만남을 구조화하는 것이 더 이상하게 여겨질 수 있습니다. 하지만 사람마다 아킬레스건이 다른 법입니다. 안정지향적인 성향의 사람에게는 불편한 사람을 만나는 것 자체가 도전이 될 수 있기 때문에 심리적 안전장치가 필요합니다. 그 안전장치가 바로 만남을 구조화하는 것입니다.

자전거를 배우려면 일단 페달을 밟아봐야 하는 것처럼 갈등 관계에 있는 불편한 사람과 화해하려면 일단 만나야 합니다. 만나지 않고는 아무런 변화도 일어나지 않습니다. 여기에도 용기가 필요하다는 점을 잘 압니다. 하지만 회피가 능사는 아니죠. 회피로 일관하게 되면 갈등이 심화되고 상대에게 부정적 이미지만 계속해서 심어주게 됩니다. 이것은 조직생활에서 커다란 손해이고 나중에는 예기치 못한 리스크로 돌아올 수도 있습니다.

단계적인 목표 설정으로 자아효능감 높이기

처음 자전거 타기를 배우는 순간을 떠올려볼까요. 대부분 누군가 뒤에서 잡아주며 자전거 타기를 배우게 되는데요, 기우뚱거리며 앞으로 갈 때는 "절대 손을 놓으면 안 돼!"라고 조바심치며 겁을 내지요. 어느새 혼자 힘으로 페달을 밟고 잘 나아가다가도 뒤에 사람이 없다는 것을 깨닫는 순간 균형을 잃고 쓰러집니다. 일단 자전거 페달을 밟기 시작했더라도 자전거 타기를 배우려면 누군가 붙잡아주지 않아도 균형을 잡을 수 있다는 자신감을 가져야 합니다. 이것을 달리 말해 '자아효능감'이라고 합니다. 자아효능감은 '내가 어떤 일을 잘 해낼 수 있다고 믿는 마음의 힘'입니다. 자아효능감은 변화에 필요한 용기를 북돋고 도전을 위한 동기부여를 해줍니다.

자아효능감을 높이는 데 있어 관건이 되는 것이 '성공 경험'입니다. 흔히 목표는 높고 도전적일수록 좋은 것으로 생각합니다. 하지만 지나치게 도전적이고 높은 목표를 잡으면 그만큼 실패할 가능성도 커집니다. 너무 높은 목표는 실패로 이어질 가능성이 크기 때문에 다시 도전할 의지를 앗아갑니다. 목표에 압도되어 아예 시작하지 못하는 경우도 생깁니다. 한계를 극복하고 변화에 성공하려면 일단 시도하기를 통해서 성공 경험을 쌓는 것이 중요하다고 이야기했습니다. 따라서 처음부터 목표를 높게 설정하는 것보다는 성공 경험을 쌓는 것에 초점을 맞추고 적정한 수준의 목표를 세우는 것이 좋습니다. 성공 경험이 어느 정도 쌓이면 자아효능감이 높아져 도전을 받아들이기 쉬운 심리 상태가 되는데 이때 목표를 재조정해도 됩니다.

그런 점에서 오 상무가 유능한 전략가를 영입한 것은 매우 좋은 전략입니다. 처음에는 다른 사람의 도움을 받으며 성공 가능성을 높이고, 성공 경험이 쌓여서 자아효능감이 높아지면 그때 좀 더 도전적인 변화를 시도하면 됩니다. 한 번도 도움닫기를 해보지 않는 사람에게는 3단짜리 뜀틀도 너무 높아 보입니다. 그런데 일단 3단짜리 뜀틀 뛰기에 성공하고 나면 4단에 도전할 수 있게 되고, 차츰 단수를 올리며 도전 목표를 높여갈 수 있습니다. 변화를 통해 한계를 극복하고 계속 성장하려면 이렇게 단계적인 도전을 통해서 자아효능감을 높이는 것이 매우 중요합니다.

다른 사람들에게 칭찬과 지지를 받는 것도 자아효능감을 높이는 데에 매우 도움이 됩니다. 특히 조직에서 긴밀한 관계에 있는 상사나 부하직원에게 지지를 받을 수 있다면 이는 든든한 심리적 자산이 되지요. CEO와 갈등 관계를 해소하고 지지를 받을 수 있다면 이는 오 상무의 자아효능감을 높이는 데 큰 도움이 될 겁니다. 자아효능감은 자기 자신을 신뢰함으로써 나오는 힘입니다. 다른 사람의 칭찬과 지지를 기꺼이 받아들일 수 있으려면 먼저 스스로 자기 자신을 응원할 수 있어야 합니다. 단계적인 목표 설정으로 성공 경험을 쌓는 한편 마음을 열고 주변의 지지와 칭찬을 흔쾌히 받아들이기 바랍니다.

CASE 8 솔루션

- 과도한 스트레스 상황에서 리더가 역기능적 행동을 보이는 것을 '리더십 디레일먼트'라고 한다.

- 리더는 새로운 도전에 대한 압박을 받을 때 현실 안주, 갈등 회피 등의 역기능적 행동이 나타날 수 있다.

- 리더십 디레일먼트에 빠졌을 때 주변의 도움과 상사의 신임이 큰 심리적 자산이 된다.

- 리더가 한계에 부딪혔을 때 '일단 시도하기'로 새로운 성공 경험을 쌓는 것이 중요하다.

- 불편하고 어려운 관계일수록 만남을 '구조화'하여 친밀감을 쌓아 나가야 한다.

9장

성과를 내는 것보다
사람이 어렵다

● 관계 갈등 극복하기

CASE 9 글로벌 컨설팅사 출신에 아직 30대인 신 상무는
────── 업계에서 화제가 될 만큼 파격적인 조건으로 지금의 회사에 영입되었다. 전략기획부문을 이끄는 신 상무는 명석한 분석력과 과감한 추진력으로 대표의 두터운 신임을 받았다. 그런데 회사를 옮긴 지 1년이 지났는데도 그는 다른 임원들과는 좀처럼 어울리지 못하고 있었다.

핵심을 빠르게 파악해서 정확한 해결책을 내놓는 일에는 탁월한 능력을 보였지만, 다른 부서들의 협력을 끌어내고 설득하는 일에서는 실력 발휘를 하지 못했다. 그러다 보니 추진하는 프로젝트들마다 다른 사람들의 반대나 미지근한 반응에 부딪혀 표류하기 일쑤였다.

신 상무는 은근하게 자신을 따돌리며 애송이 취급하는 임원들의 태도에 갈수록 울화가 치밀었다. 이렇게 가다가는 대표의 신임마저 잃을 수도 있다는 생각에 조바심이 나고 불안감도 커졌다. 임원들과 회식 자리를 만들어 캐주얼한 소통으로 친근감을 표시해봤지만 자기 혼자 겉도는 분위기는 여전했고 갈등을 해결할 실마리는 좀처럼 찾기 어려웠다.

사람의 마음을
먼저 얻어야 하는 이유

· 장은지

다양한 경로를 거쳐 리더의 위치에 오르는 분들을 지켜보며 '너무 빨리 성공에 이른 리더는 그만큼 큰 벽에 부딪히기도 한다'라는 점을 여실히 느낄 때가 있습니다. 어쩌면 신 상무도 지금 그러한 과정에 있는 것인지도 모릅니다. 이른바 '소년급제'● 를 한 리더들 가운데 '관계' 문제를 어려워하며 "일은 누구보다 자신 있는데 사람들을 내 편으로 만드는 것이 너무 어렵다"라고 하

● 소년급제는 '성인이 되기 전 이른 나이에 과거시험에 급제한 것'을 가리킨다. 예로부터 소년등과일불행少年登科─不幸이라고 해서 '소년급제한 사람들은 불행하다'라는 말이 있었다. 젊어서 성공한 사람은 자기가 거둔 성공이 얼마나 값진 것인지 모르고 끝도 없이 더 큰 성공을 욕심내며 만족을 모르고 살아가게 된다는 의미가 담겨 있는 말이다. 오늘날에도 이른 나이에 중요한 리더의 위치에 오른 것을 '소년급제'했다고 표현하는데, 주로 그 위험성과 부작용을 지적할 때 이렇게 표현한다.

는 분들이 많습니다. 리더는 자신의 일만 잘해서는 안 되고 다른 사람을 도와서 성과를 내게 하는 것이 중요한데, 이런 부분에서 어려움을 겪는 것이지요.

이른 나이에 성공한 리더들은 실패와 좌절을 거듭하는 사람들의 마음을 잘 이해하지 못하는데, 이 때문에 사람들과 상호 호혜적인 관계를 맺는 데 어려움을 겪기도 합니다. 또는 자신의 능력을 과신하면서 다른 사람의 도움을 받거나 협력하는 일을 소홀히 하기도 합니다. 사람과의 관계 문제도 결국에는 자신의 문제점을 정확하게 인식하는 데서 출발해야 합니다. 실질적인 원인이 조직 내 파벌문화와 같은 다른 것에 있다고 하더라도 결국 그 문제를 극복해야 하는 것은 신 상무 자신입니다. 지금 겪는 어려움을 길게 끌고 갈 것인지 이른 시일 내에 해결할 것인지는 오직 자기 자신에게 달려 있다는 점을 먼저 받아들이는 것이 필요합니다.

새로운 조직에 적응할 때 가장 중요한 것

남들보다 10년 정도 앞서 승진하고 특별 영입된 사람에게 높은 기대와 관심뿐 아니라 따가운 시선과 질시도 쏟아지는 것은 자연스러운 일입니다. 임원 대부분이 본인보다 연배가 높을 것이고, 부하직원 중에도 나이가 더 많은 사람들이 있을 겁니다. 물론 우리나라에서도 연공서열 문화가 빠르게 사라지는 추세이지만, 자신보다 나이 어린 상사를 아무렇지 않게 대할 수 있는 사람이 많지 않은 것도 사실이지요.

신 상무의 강점은 매우 명확합니다. 외부에서 왔기 때문에 아직 복잡한 이해관계에 얽히지 않았고 따라서 조직 내부의 문제에 감춰진 핵심을 명확하고 간결하게 짚어낼 수 있습니다. 글로벌 컨설팅사에서 쌓은 경력을 바탕으로 조직 내외부의 환경을 고려해 가장 합리적이고 논리적인 방식으로 문제를 풀어갈 수 있는 역량도 누구보다 뛰어납니다.

문제는 신 상무가 아무리 훌륭한 전략을 수립하고 솔루션을 찾아냈다 하더라도 그 전략과 솔루션을 실행에 옮겨서 결과로 가져올 사람들이 없다면 결국 신 상무의 역량은 빛을 발하지 못한 채 묻혀버릴 수 있다는 것입니다. 이것이 새로운 조직에서 성과를 내고자 하는 리더에게 사람의 마음을 얻는 것이 가장 중요한 이유입니다.

자신을 증명해야 한다는 조급함을 버려라

신 상무도 이러한 사실을 누구보다 잘 알기에 다른 임원들과 어떻게든 좋은 관계를 만들어보려는 노력을 기울였을 겁니다. 하지만 회식 자리에서 술잔을 기울이며 관계를 쌓는 것만으로는 '소년급제'한 신 상무가 부딪힌 한계를 극복하기가 쉽지 않을 겁니다.

신 상무가 현재 맞닥뜨린 관계 갈등을 현명하게 극복하기 위해서는 우선 '일을 바라보는 태도'를 바꿀 필요가 있습니다. 지금 신 상무는 일을 '조직에서 함께하는 사람들이 만들어내는 결과'가 아 니라 '개인의 존재가치를 증명하기 위한 수단'으로 바라보고 있을 가능성이 큽니다. 이는 외부에서 영입되어 회사로부터 높은 기대 를 받는 리더들이 흔히 범하는 실수이기도 합니다. 최대한 이른 시 일 내에 자신의 능력을 증명하고 인정받아야 한다는 다급함 때문 에 '멀리 보며 함께 가는' 법을 고민할 여유가 없는 것이지요.

지금 신 상무에게는 사람의 마음을 얻기 위해 무엇을 해야 할지 고민하는 것이 무엇보다 중요하고 우선적인 과제입니다. 가끔 비슷 한 상황에서 사람과 조직에 대해서는 아무런 고민조차 하지 않고 빠르게 결과물을 만들어내기 위한 보고서부터 쓰려는 분들이 있는 데, 이런 경우 리더로서 자질이나 성장 잠재력이 부족하고, 리더십 이 충분히 훈련되지 않은 상태라고 할 수 있습니다.

부풀려진 자아의 리더가 경계해야 할 것

최근 들어 커리어에서 퀀텀 점프quantum jump●를 한 리더들이 '부풀 려진 자아'의 문제를 겪는 사례를 심심찮게 접하곤 합니다. 자신의

● 퀀텀 점프는 어떤 일이 연속적으로 조금씩 발전하는 것이 아니라 단기간에 비약적으로 발전 하는 것을 가리킨다. 원래는 물리학 용어로 양자 세계에서 양자가 어떤 단계에서 다음 단계 로 갈 때 계단의 차이만큼 뛰어오르는 현상을 뜻한다.

객관적인 능력을 직시하지 못하고 실제보다 훨씬 더 뛰어나다고 생각하는 심리 상태를 '부풀려진 자아'라고 합니다. 자신은 특별한 존재이며 언제나 좋은 대접을 받을 자격이 있다고 생각하는 나르시시즘과도 비슷합니다. 차근차근 실력을 쌓고 점진적으로 리더십을 확장해야 외형과 내면 모두 안정적인 리더로 성장하는 법인데, 실패와 좌절을 극복해본 경험 없이 갑작스럽게 대단한 위치와 영향력을 획득하는 경우 자신도 모르게 '부풀려진 자아'를 가질 수 있습니다.

부풀려진 자아의 리더들이 갖는 문제는 자신의 약점이 드러나는 것을 감추느라 주변 사람들을 괴롭히고 문제가 생기면 남의 탓으로 돌려버린다는 것입니다. 어떤 리더는 자신이 하기 어려운 일을 부하직원들에게 미루면서 한편으론 이를 들키지 않으려고 부하직원이 수치심이나 모욕감을 느끼도록 만드는 방식을 택하기도 합니다. 유명한 심리학자인 마크 리리Mark Leary와 제프 맥도널드Geoff Macdonald는 "낮은 자존감을 가진 사람은 본인을 괴롭히고 말지만 부풀려지고 불안한 자존감을 가진 사람들은 주변 사람들을 괴롭히기 때문에 더 위험하다"라고 지적하기도 했습니다.

신 상무의 경우 '부풀려진 자아'까지 가진 않았더라도 자신의 실력에 대해 과신하면서 다른 사람들을 과소평가하는 모습은 확실히 보이는 것 같습니다. 자신의 실력과 존재를 과시하고 증명하기 위해서 두꺼운 갑옷으로 자신을 보호하려 했을 테고, 이는 부서장들과 다른 팀원들에게 가까이 다가가지 못하는 요인으로 작용했을 겁니다. 신 상무는 사람들이 자신을 질투해서 텃세를 부린다고 생각했겠지만, 사람들은 함께하는 동료들과의 파트너십을 무시하는 신 상무의 태도가 미덥지 않았겠지요.

본인은 자신의 약점과 속마음을 잘 숨기고 있다고 생각하겠지만, 사람들은 앞뒤가 다른 리더의 모습을 단번에 알아차리고 진정성이 없다고 판단합니다. 따라서 신뢰하지도 않고 권위를 인정해주지도 않게 됩니다. 이런 리더가 조직에서 성장하고 성과를 창출하기는 어렵겠지요. 리더의 자기 과시적인 태도는 결국 조직문화와 조직 전체의 성과에도 악영향을 끼치게 됩니다. 신 상무가 대표의 신임을 잃지 않으려면 역시 사람들에게 진정성 있는 태도로 다가가려는 노력부터 해야 합니다. 조직 구성원들의 신뢰와 권위를 회복하지 못하면 어떤 성과도 만들어낼 수 없을 테니까요.

겸허한 소통으로 호혜적 협력 끌어내기

신 상무처럼 전문지식과 핵심역량 수준은 너무나 훌륭한데 리더십 훈련을 충분히 하지 못한 채 리더의 역할을 부여받는 바람에 어려움을 겪는 사례는 생각보다 매우 많습니다. 빨리 성공했다는 것은 그만큼 리더로서 훈련받은 시간이 충분하지 않았다는 의미도 되므로, 그럴수록 소통 역량을 개발하고 리더십을 확대하려는 노력을 더 많이 기울여야 할 것입니다. 신 상무와 같은 상황에 놓인 리더들에게 다음 세 가지 조언을 드리고자 합니다.

● 첫째, 소통할 때 이질감이나 우월감을 드러내서는 안 됩니다.

아무리 논리적으로 옳은 이야기라 하더라도 전달하는 방식에 따라 상대에게는 반감을 사는 의견이 될 수 있습니다. 특히 조직에서 기존에 추진해온 일들을 비난하거나 깎아내리는 말투는 삼가야 합니다. 문제점을 지적할 때는 충분한 객관적 근거를 갖고 대안을 제시하며 겸허한 태도로 소통에 임해야 합니다.

● 둘째, 호혜성을 바탕에 두고 협력해야 합니다.

적대감을 보이는 상대를 돌려세우는 가장 좋은 방법은 '동등한 입장에서 서로 이득이 되는 상황'을 제시하는 것입니다. 새로운 솔루션을 제시할 때에도 논리적 당위성보다는 사람들이 얻는 이점에 대한 설득이 우선되어야 공감과 참여를 끌어낼 수 있습니다. 이때 자기 과시적인 태도는 금물이지만, 그렇다고 자신을 지나치게 낮추거나 희생하는 것도 바람직하지 않습니다.

● 셋째, 조직 내 스폰서를 찾아야 합니다.

조직 내에 당신을 지지해주고 따뜻한 직언을 해줄 스폰서를 찾아야 합니다. 스폰서에게 도움을 요청할 때는 자신의 미숙한 점과 고민되는 지점을 솔직하게 털어놓아야 합니다. 한 번도 한계에 부딪히지 않고 승승장구하는 리더는 없습니다. 스폰서 역시 비슷한 도전에 직면했던 시절이 있었을 테고, 그렇기에 당신의 고충에 충분히 공감하며 실질적이면서 핵심이 되는 조언을 해줄 수 있습니다. 신 상무 같은 경우 다른 임원들과 좀 더 긴밀하게 연결될 수 있도록 중재자 역할에 대한 도움을 구할 수도 있겠지요.

경쟁과 협업이 복잡하게 얽힌 조직 내 역학관계에서 사람의 마음을 얻는 것은 결코 쉬운 일이 아닙니다. 하지만 겸허한 소통으로 호혜주의적 협력을 추진하다 보면 주변에 사람들이 하나둘 늘어나고, 여기에 스폰서의 지원과 영향력이 더해지면 차츰 조직에 뿌리를 내릴 기반을 갖출 수 있을 겁니다.

신 상무에게 전하는 마지막 조언은 '조직에서 함께하는 사람들'의 소중함을 잘 인식하고 진정성 있게 대해야 한다는 것입니다. 똑똑한 리더들일수록 임기응변으로 상황을 모면하려다 자기기만이라는 함정에 자주 빠집니다. 하지만 의도적이고 계산적인 접근을 알아보지 못할 만큼 멍청한 사람은 절대 많지 않습니다. "사람을 얻는 자가 천하를 얻는다"라는 말이 있지요. 그만큼 사람을 얻는 일이 어렵다는 의미이며, 또한 사람의 마음을 얻는 사람이 성공할 수 있다는 의미이기도 합니다. 때로는 가장 멀게 느껴지는 길이 가장 빠르게 목표지점에 닿을 수 있는 길이라는 것을 잘 기억하시길 바랍니다.

부드러운 소통법으로
마음을 움직여라

· 윤대현

　　조직생활을 하다 보면 이런저런 갈등을 겪게 마련입
니다. 그중에서도 사람으로 인한 갈등은 참 어렵죠. 어떤 노력을 해
야 할지 모르겠고, 아무리 노력해도 안 되는 것 같고요. 그런 문제
가 '관계 갈등' 문제인 것 같습니다. 그런데 신 상무의 사례에서 비
교적 다행스러운 것은 갈등이 일어난 상황이 분명하고, 해결해야
할 문제가 명확하다는 점입니다. 이 모든 상황의 중심에는 사실 '소
통'의 문제가 있지요. 이 책을 읽는 분들 중에 소통을 단순히 대화
를 나누는 것으로 생각하는 분은 안 계시겠죠. 생각과 감정을 나
누며 상대방을 설득하고 행동의 변화까지 끌어내는 것까지가 모두
소통의 과정입니다.

신 상무처럼 유능하고 젊은 리더들은 능력주의 중심으로 사고하고 행동하기 쉽습니다. 실력만 있으면 경험이나 나이는 문제가 되지 않는다고 생각하는 거죠. 성과만 잘 만들면 사람들 사이에 오가는 평판쯤이야 별거 아니라고 생각하기도 하고요. 요즘처럼 변화가 빠른 시대에는 이렇게 유연하고 개방적인 태도가 필요하기도 합니다. 하지만 오해하지 말아야 할 사실이 있습니다. 조직에서 일하는 이상 혼자서 만들어낼 수 있는 성과는 없다는 것입니다. 조직에서 만들어내는 모든 성과는 구성원들의 보이지 않는 협력을 바탕으로 하고 있으며, 협력의 기반이 되는 것이 바로 소통 역량입니다. 능력주의 리더들이 명심해야 할 것은 사람들과 제대로 소통하고 협력하는 것이야말로 조직에서 요구하는 가장 중요한 능력이라는 점입니다.

메타포를 활용한 부드러운 설득력

생각보다 많은 리더가 소통 역량의 부족으로 방지턱을 넘지 못하고 덜커덕 성장을 멈춰버립니다. 그만큼 소통이 중요하다는 의미겠지요. 그렇다면 지금 신 상무에게 필요한 소통 역량은 어떤 것일까요. 글로벌 컨설팅사 출신으로, 현재는 전략기획부문을 이끄는 신 상무는 목표와 계획을 먼저 세우고 이를 객관적 논거로써 설득하려는 논리적 소통을 주로 하고 있습니다. 어떤 상황에서는 논리적 소통이 매우 유효하지만, 문제는 논리적 소통이 앞에서 설명한 직면적 소통으로 흐를 가능성이 크다는 점입니다. 직면적 소통은 당위와 권위를 앞세워 명령하는 듯한 느낌을 주기 때문에 반발을 사기 쉽습니다. 더구나 이른 나이에 리더의 위치에 오른 신 상무를 방어적인 태도로 대하고 있는 사람들에게는 직면적 소통이 더 큰 부작용을 불러올 수 있겠지요.

직면적 소통에 강한 신 상무에게는 메타포^{metaphor}를 활용한 설득법이 매우 효과적일 수 있습니다.《사이언티픽 아메리칸^{Scientific American}》에 소개되었던 연구 결과인데요, 실험 대상자를 두 그룹으로 나누어 한 그룹에는 '범죄는 짐승'이라는 구절이 있는 글을 읽게 했고, 다른 그룹에는 '범죄는 바이러스'라는 구절이 있는 글을 읽게 했습니다. 이후 조사에서 '범죄는 짐승'이라는 글을 읽은 사람은 범죄자에게 '처벌'을 내릴 가능성이 큰 것으로 나타났고, 반면에 '범죄는 바이러스'라는 글을 읽는 사람은 범죄자에게 '치료'를 처방할 가능성이 큰 것으로 나타났습니다.

이러한 연구 결과가 말해주는 것은 메타포를 잘 사용하면 상대방에게 단순한 정보 전달을 넘어 그 정보에 대해 어떻게 생각해야 하는지까지 전달할 수 있다는 점입니다. 만일 신 상무가 "현재 우리 조직의 급선무는 파벌문화로 인한 부서 간 사일로^{silo●}를 제거하는 것입니다"라고 말하면 사람들 반응이 어떨까요. 자신들을 향한

● 사일로는 외부와의 소통은 담을 쌓은 채 협력하지 않고 내부 이익만 추구하는 '부서 이기주의 현상'을 뜻한다. 본래 단단한 벽을 두르고 남들이 접근하지 못하게 만든 곡식 창고라는 뜻이다.

비난이라고 생각해서 저항감이 생길 겁니다. 하지만 "현재 우리 조직에는 각 부서가 신호를 주고받을 대역폭이 필요합니다"라고 말한다면 어떨까요. 와이파이가 잘 터지듯 부서 간 소통과 협력도 잘되는 그런 모습을 상상하게 될 겁니다. 그러면서 자연스럽게 신 상무의 이야기에 귀를 기울이며 대안을 생각해볼 수 있겠지요.

상대방을 어떻게든 설득해야겠다는 마음으로 밀어붙이는 소통은 오히려 관계를 망치기 쉽습니다. 논리와 전략은 좋은 무기이지만 너무 날카로울 수 있으니 메타포로 보완을 해주는 것이 좋습니다. 특히 아직 조직에 적응하는 단계에 있는 리더에게는 메타포를 활용해 부드럽게 심리를 파고드는 설득 전략이 필요합니다. 더 나아가서는 상대방의 이야기에 귀를 기울이고 배우려는 마음으로 다가가는 자세도 필요합니다. 이런 소통 방식이 속도가 느리다고 생각할 수 있지만 그렇지 않습니다. 존중을 담아 배우려는 자세는 상대로부터 협력을 끌어내 오히려 소통을 더 빨리 진전시킬 수 있습니다.

유머를 곁들인 소통이 관계를 원만하게 한다

'유머'를 흔히 삶의 윤활유라고 하는데, 매우 효과적인 소통의 기술 중 하나이기도 합니다. 그런데 유머를 구사할 때는 전략이 필요합니다. 한 회사 임원이 회식이나 미팅에서 아재개그를 하면 하도 빵빵 터져서 내심 '개그맨이 될걸' 하고 후회했다지요. 그래서 가족 모임에서도 자신 있게 아재개그를 했는데 "아빠, 설마 회사에서도 이런 농담하시는 건 아니죠?"라는 말을 들었다고 합니다. 팀원들이 예의 차원에서 반응해준 것을 착각해서 그렇게 된 건데, 유머를 구사할 때는 분위기를 잘 살펴서 적정 수준을 잘 지키는 것이 중요합니다. 아무 때나 아재개그 뻥뻥 날리면 안 된다는 뜻입니다.

유머의 공식은 상식을 위반하는 반전으로 뜻밖의 놀라움과 유쾌함을 주는 것에 있습니다. 그렇다 보니 웃음을 주려다가 자칫 특정 대상을 비하하거나 왜곡해서 상처를 줄 수 있지요. 특히 젊은 세대에서 유행하는 신조어들의 경우 기성세대와는 다른 의미로 쓰이는 경우가 많습니다. 심지어 언론에서도 이런 신조어를 잘못 사용했다가 대중의 뭇매를 맞곤 하지요.

유머는 특히 방어적인 심리를 가진 사람과 대화할 때 매우 유용합니다. 유쾌하게 웃다 보면 경계 태세가 느슨해지게 마련이니까요. 다만 유머 역시 신중하게 고민해서 사용해야지 아무렇게나 해서는 안 된다는 점을 염두에 두기 바랍니다. 유머의 전문가인 개그맨들도 엄청 연구하고 기획해서 시도해도 실패를 하거든요.

유머에 자신이 없다면 다른 사람 이야기에 잘 웃어주는 것도 방법입니다. 무슨 이야기를 하든 진지하고 근엄한 표정을 짓는 사람에게는 말을 걸고 싶지 않은 게 사람 마음입니다. 상대가 하는 이야기에 잘 웃어주고 호응해주는 것만으로도 분위기가 한결 유쾌해집니다. 굳은 땅에서는 싹을 틔우기 어렵잖아요. 땅을 좀 부드럽게 만들어줘야 소통의 싹을 잘 틔우고 자라게 할 수 있지요. 웃음은 그렇게 땅을 부드럽게 만드는 역할을 합니다.

위기를 성장의 기회로 만드는 마음의 스위치

타인에게 호감을 사고 싶은 욕구는 우리가 가진 기본적인 욕구 중 하나입니다. 따라서 사람들에게 받아들여지지 않고 소외되고 밀려난다는 느낌을 받으면 마음이 힘들 수밖에 없습니다. 그런 점에서 신 상무가 부닥친 현재 상황은 어떤 '위기'라고도 볼 수 있겠는데요, 하지만 너무 걱정하지 마십시오. 위기를 잘 극복하고 대처하면 오히려 전화위복의 기회로 삼을 수도 있습니다. 이를 '위기후 성장post-crisis growth'●이라 부르기도 합니다. 갈등과 한계가 좌절을 주기도 하지만 역으로 성장의 기회가 될 수도 있다는 것이지요.

관계로 인한 갈등을 겪는 상황에서 마음이 불편하고 미래가 걱정될 수도 있지만, 한편으로는 자기 자신을 돌아보며 무언가 배우고 변화를 꾀할 수 있는 성장의 기회로 삼아보십시오. 이렇게 마음먹는 순간 많은 것이 달라집니다. 다른 사람을 존중하고 공감하게 되면서 인간관계의 소중함을 깨닫게 되고 주어진 상황에 감사하는 마음도 갖게 됩니다. 그리고 현재의 위기를 넘어 미래의 새로운

● 정신의학에서 '위기후 성장'보다 '외상후 성장post-traumatic growth'이라는 용어를 많이 쓰지만 '외상'은 병적인 측면이 강해 비즈니스 심리 분야에서는 외상을 위기라는 단어로 대체하여 주로 사용한다.

가능성을 보는 눈도 더 커집니다.

갈등과 한계를 넘어 위기후 성장에 이르기 위해서는 마음의 에너지가 필요합니다. 너무 지쳐서 긍정성이 고갈된 상태에서는 위기후 성장 스위치를 켜는 것이 어렵거든요. 휴대전화 배터리가 방전되었을 때 에너지원과 연결해줘야 하는 것처럼 우리 마음도 에너지와 연결을 하는 충전 활동을 해야 회복이 됩니다. 마음이 좋아하는 대표적인 에너지원은 '사람'입니다. 주변에서 따뜻하고 긍정적인 에너지를 가진 사람을 찾아 대화를 나눠보세요. 상대방의 마음이 나의 지친 마음에 연결되면서 긍정 에너지가 충전되는 것을 느낄 수 있을 겁니다. 현재 신 상무와 같은 상황에서는 조직 내에 그런 사람이 단 한 명이라도 있으면 좋겠지요. '사람' 때문에 마음이 힘들 때조차 그 마음을 치유해줄 수 있는 것은 '사람'입니다.

CASE 9 솔루션

- 새로운 조직에 적응할 때는 성과를 증명하기보다 사람의 마음을 얻는 것이 우선이다.

- 조직에서 일하는 이상 혼자 만들어낼 수 있는 성과는 없다.

- 기존 구성원들에게 이질감이나 우월감을 드러내기보다 호혜성을 바탕으로 상호 이득이 되는 상황을 제시해야 한다.

- 조직 내에 고민을 솔직하게 털어놓을 수 있는 스폰서를 찾는 것이 좋다.

- 직면적 소통보다 '메타포'를 활용하거나 유머를 통해 표현을 순화하는 것이 효과적이다.

한계극복

새로운 변화와 도전은 여러 갈등과 한계에 부딪히기 마련이다. 그러나 리더는
긍정적인 에너지와 인내심을 가지고 한계를 극복하고 나아가야 하는 존재다. 아
래 표를 통해 나는 얼마나 한계극복을 잘하는 리더인지 스스로 점검해보자.

평가항목	체크
문제가 생겼을 때 기꺼이 도움을 청할 수 있다.	☐
내가 어려운 상황에 있을 때 가족이나 친구에게 조언을 구하고 위로를 받는다.	☐
나의 한계를 시험하는 일은 회피하지 않고 일단 도전한다.	☐
혼자 만드는 성과는 없다고 생각한다.	☐
성과보다 사람의 마음을 얻는 것이 중요하다.	☐
조직 내 인간관계에서 상호 이득이 되는 상황을 제시할 수 있다.	☐
일하며 소통할 때 상징이나 비유, 유머를 자주 활용하는 편이다.	☐

0개~2개: 자신의 취약성을 인정하고 관계에 집중해야 하는 단계
3개~5개: 갈등과 한계에 부딪히며 성장 중인 리더
6개 이상: 자신의 한계를 극복한 상위 10% 리더

갈등과 한계를 넘어 위기후 성장에
이르기 위해서는 마음의 에너지가 필요합니다.
마음이 좋아하는 대표적인 에너지원은 '사람'입니다.
'사람' 때문에 마음이 힘들 때조차
그 마음을 치유해줄 수 있는 것은 '사람'입니다.

●   리더의 성장을 위한 다섯 번째 '회복탄력성resilience' 단계는 실패에서 빠르게 회복하고 빠져나오기 위한 마음 훈련 단계입니다. 최선의 노력을 다해 한계를 극복했더라도 실패는 언제든 일어날 수 있습니다. 단 한 번의 실패 없이 순탄한 길만 걸어가는 리더란 존재하지 않습니다. 과거의 실패를 어떻게 해석해서 무엇을 배우는가, 실패에 어떻게 대응하고 탄력적으로 회복하느냐가 현재와 미래의 리더십 크기를 결정한다고 해도 과언이 아닙니다. 부디 회복탄력성의 단계를 잘 통과해 한 걸음 더 나아가는 리더로 성장하길 바랍니다.

STEP 5

회복탄력성

10장

진정한 리더는
실패에서 배운다

패배감 극복하기

CASE 10   국내 식품 분야 중견기업의 마케팅총괄본부에
——————— 서 기획파트를 책임지고 있는 심 파트장은 코로
나19로 해외 판로가 막히면서 찾아온 위기를 해결하느라 동분서
주하고 있다. 여기에 회사에서 사활을 걸고 있는 신제품 출시를
앞두고 마케팅 전략을 수립하느라 몇 개월째 과로에 시달리고
있는 중이다.

밤낮없이 일에만 매달리는데도 해외 판로가 막히면서 급감한 매
출을 만회하는 건 쉽지 않았다. 회의 때마다 실무책임자인 심 파
트장을 향한 온갖 압박성 발언들이 쏟아졌다. 시장 상황이야 어
떻든 무조건 해내라는 식이었다. 스트레스가 심해서 그런지 신제
품 마케팅 전략이 생각처럼 잘 나오지 않는 것도 문제였다.

CEO는 심 파트장의 상사인 마케팅총괄본부장에게 대책을 내놓
으라고 다그쳤는데, 실상은 심 파트장의 무능을 질책하는 듯해
서 초조감에 패배감까지 더해졌다. 게다가 한 본부 내의 다른 파
트장이 임원으로 승진해 다른 본부로 가면서 심 파트장의 패배
감은 더욱 깊어졌다. 심 파트장은 "이대로 가다간 거의 퇴출당할
분위기예요. 불안감에 잠도 제대로 자지 못할 지경이지만, 도저
히 출구를 찾지 못하겠어요"라고 말하며 깊은 한숨을 내쉬었다.

———————————————————————

———————————————————————

성장마인드셋을 갖추면
회복탄력성이 상승한다

• 장은지

지금 심 파트장은 일이 뜻대로 되지 않는 것보다 조직에서 인정받지 못하는 상황이 견디기 힘들 겁니다. 열심히 노력하고 있는데 알아주지 않는 것 같고, 경쟁에서 뒤처지는 것 같고, 시장 상황이 뒷받침되지 않는 여건이 억울하기도 할 겁니다. 이렇게 내적 스트레스가 극심해지면 자신감을 잃고 무기력해지기 쉬우며 정상적인 역량 발휘나 리더십 작동이 어려울 수 있습니다. 심 파트장 스스로 "스트레스가 심해서 그런지 신제품 마케팅 전략도 생각처럼 잘 나오지 않는 것 같다"라고 말했는데, 실제로 과도한 스트레스는 업무 능력을 떨어뜨리는 주요 요인으로 작동합니다.

첫 번째 '자기인식' 단계에서 말씀드렸다시피, 어떤 난관에 부딪혔을 때 주변 상황과 사람들에게 책임을 돌리기보다 '내 안에서 원인을 찾기 위해 노력하는 리더가 지속가능한 성장을 할 수 있습니다. 코로나19 팬데믹처럼 강력한 외부 요인이 있을 때는 자신의 리더십 문제에 대해서 점검해볼 생각조차 하지 못할 수 있습니다. 외부 요인이 마치 불가항력처럼 느껴져 심각한 무기력감에 빠질 수도 있고요. 무기력감에 빠지면 관점전환을 해서 위기 국면을 돌파하기 어렵고, 결국에는 무능하다는 외부 평가에 직면하게 됩니다. 코로나19가 위기를 불러온 이유일 수 있겠지만, 그렇더라도 현재 패배감에 빠진 상황을 극복하려면 외적 요인이 아니라 자신의 마음가짐에서 출발해야 합니다.

실패에 대응하는 두 가지 태도, 성장마인드셋 vs. 고정마인드셋

우리는 어떤 위기를 실패로 받아들일 수도 있지만, 무언가를 배울 기회로 삼을 수도 있습니다. 스탠퍼드대학교 심리학과 캐럴 드웩Carol S. Dweck 교수는 "무엇을 믿느냐가 무엇을 성취하느냐를 결정한다"라고 말하기도 했지요. 더 나아가 "나의 능력은 얼마든지 발전시킬 수 있다. 나는 더 성장할 것이다"라는 믿음, 즉 성장마인드셋growth mindset이 실패와 위기를 극복하는 힘이라고 강조했습니다. 그리고 인간의 능력은 태어날 때부터 정해져 있다는 고정마인드셋fixed mindset을 지닌 사람은 실패를 자기 능력의 한계로 받아들여 아

	고정마인드셋	성장마인드셋
기본 전제	재능과 능력은 정해져 있다.	자질은 성장할 수 있다.
욕구	남들에게 똑똑해보이고 싶다.	더 많이 배우고 싶다.
따라서…		
도전 앞에서	도전을 피한다.	도전을 받아들인다.
역경 앞에서	쉽게 포기한다.	맞서 싸운다.
노력에 대해서	하찮게 여긴다.	완성을 위한 도구로 여긴다.
그 결과…		
	현재 수준에 정체되고 잠재력을 발휘하지 못한다.	잠재력을 발휘해 최고의 성과를 낸다.

고정마인드셋 vs. 성장마인드셋

예 극복하려는 시도조차 하지 않게 된다고 설명했습니다.

　고정마인드셋을 지닌 사람은 실패에 민감해서 자신이 이미 갖추고 있는 역량을 증명할 수 있는 일만 택하고 도전을 피하는 경향을 보입니다. 반면에 성장마인드셋을 지닌 사람은 실패에 크게 신경 쓰지 않기 때문에 새로운 도전을 자신의 능력을 발전시킬 기회로 여기지요. 고정마인드셋을 지닌 사람은 부정적인 피드백을 무시하거나 회피하지만, 성장마인드셋을 지닌 사람은 부정적인 피드백이나 비판으로부터 무엇이든 배우려는 자세를 취합니다. 고정마인드셋을 지닌 사람은 타인의 성공에 위협을 느끼지만, 성장마인드셋을 지닌 사람은 타인의 성공에서 교훈을 얻어 자기 성장을 위한 자양분으로 사용합니다.

노력의 대가는 반드시 성장으로 돌아온다

고정마인드셋을 지닌 리더들은 실패가 그 사람의 부족한 능력을 그대로 드러내는 치명적인 증거라고 생각하는 경향이 있습니다. 제가 코칭하며 만나온 리더들 중에 고정마인드셋을 지닌 분들이 무척 많은데요, 이분들의 특징은 출신학교나 직장 이력만으로 어떤 사람의 능력을 재단한다는 것입니다. 같은 대학을 나왔어도, 같은 직장을 다녔어도 사람마다 다른 성장 단계를 거치기 때문에 어느 시점에서 보면 능력의 크기가 서로 달라져 있는데도 말이지요. 일류 대학을 나오지 못한 것을 실패이자 오점으로 간주하기도 합니다. 학력 콤플렉스를 갖게 되어 재력이나 인맥 등 겉으로 드러나는 화려한 성공 이미지에 집착하게 되기도 하고요.

심 파트장이 동료의 승진을 자신의 실패로 받아들여 패배감을 느끼는 것도 비슷한 맥락으로 볼 수 있습니다. 물론 똑같은 지점에서 출발했다고 생각한 동료가 어느새 저만치 앞서간 것을 발견하면 의기소침해질 수는 있습니다. 하지만 현재의 격차가 미래에도 그대로 유지된다는 보장은 없습니다. 지금부터 어떻게 하느냐에 따라 두 사람의 성장곡선은 얼마든지 달라질 수 있으니까요. 목표지점에 도달하기 전까지는 조금 뒤처졌다고 해서 패배로 받아들일 필요가 없다는 의미입니다.

중요한 것은 승진한 동료를 보며 자신이 어떤 부분을 더 노력해야 하는지 교훈을 얻는 것입니다. 그리고 노력의 대가는 반드시 성장으로 돌아온다는 것을 믿어야 합니다. 무능한 사람들이나 열심히 노력하며 사는 것이라고 치부하는 대신 노력을 성장을 위한 도구와 원동력으로 삼아야 합니다.

피드백에 담긴 정보를 왜곡 없이 받아들이기

고정마인드셋을 지닌 리더의 또 다른 특징은 외부 자극이나 피드백을 매우 개인적으로 받아들인다는 것입니다. 일이 잘되지 않거나 삐걱거리면 모멸감을 느끼며 자신에 대한 도전, 시비로 받아들이고 대응하려는 분들입니다. 가령 부하직원이 올린 보고서가 잘못된 것 같으면 "나를 얼마나 우습게 보길래 이따위로 정리해서 가져왔어!"라고 호통을 칩니다. 보고서에 실수가 있을 수도 있고 의견이 다를 수도 있는데, 이를 리더인 자신을 무시하는 것으로 확대해석해서 받아들이는 것이죠. 이런 확대해석의 심리적 배경에는 타인의 인정을 지나치게 중시하고 의존하는 마음이 있습니다. 고정마인드셋을 지닌 사람에게는 능력 있는 사람으로 보이는 것이 중요하기 때문입니다.

심 파트장도 경영진의 실적 압박이나 CEO의 호통을 업무상의 피드백으로 받아들이기보다 자신의 무능을 지적하는 것으로 받아들이기 때문에 심리적으로 매우 힘든 상황입니다. 그렇게 되면 피드백에 담긴 정확한 정보와 메시지를 놓칠 수 있습니다. 피드백을 통해 리더로서 어떤 점을 보완해야 하는지, 문제 해결에 실패하는 이유가 무엇인지 등을 객관적으로 성찰할 수 있어야 하는데, 그러려면 피드백에 담긴 정보와 메시지를 왜곡 없이 받아들일 수 있어야 합니다.

타인의 인정은 스스로 통제하기 어려운 외부적인 요인입니다. 자신이 통제할 수 없는 것에 매달린다면 쓸데없이 에너지를 소진시킬 뿐입니다. 통제할 수 있는 것에 집중하는 편이 훨씬 생산적이지요. 자신이 통제할 수 있고 엄청난 에너지원이기도 한 것이 바로 자신의 마음입니다. 자기 마음의 에너지를 잘 다룰 수 있는 사람은 그 누구보다 강력한 무기를 가진 것이나 마찬가지입니다. 캐럴 드웩 교수의 "무엇을 믿느냐가 무엇을 성취하느냐를 결정한다"라는 말에 담긴 의미도 바로 이것입니다.

마음의 에너지 방향을 바꿔주는 회복탄력성

똑같은 실패 상황에서도 어떤 사람은 패배감을 느끼며 스트레스에 발이 묶이지만, 어떤 사람은 실패에서 정보를 얻고 교훈을 배워서 다음 단계로 나아가는 성장 동력을 만들어냅니다. 이렇게 실패와 위기를 긍정적이고 생산적인 방향으로 극복하는 심리적 능력을 '회복탄력성'이라고 합니다. 실패에서 문제 해결을 위한 정보를 얻고 교훈을 배우려는 성장마인드셋을 지닌 사람일수록 높은 회복탄력성을 지닙니다.

　회복탄력성은 특정 사람이 가지는 특별한 능력이 아닙니다. 우리 모두가 가지고 있는 심리적 면역력과 같은 것입니다. 마음이 지닌 탄력성 덕분에 우리는 좌절감이나 패배감을 진취적인 도전의식이나 성장에 대한 의지로 바꾸어갈 수 있습니다. 적절한 노력과 훈련을 통해 얼마든지 마음의 에너지 방향을 바꿀 수 있다는 것이지요.

　심 파트장도 '나에게는 실패하더라도 계속 더 성장할 능력이 있다'라는 긍정적인 믿음을 가진다면 성과 저조로 인해 부정적 평가를 받는 현재 상황을 다음 단계로 나아가기 위한 과정으로 받아들일 수 있습니다. 그러면 낙담하는 마음, 억울한 마음으로 스트레스를 받는 대신 '내가 지금 무엇을 해야 하지'라는 생각에 집중할 수 있겠지요. 과도한 스트레스에서 벗어나는 것만으로도 내면의 힘이 회복되고 주어진 상황을 통제할 힘이 생길 겁니다.

과도한 자기비판은
독이 된다

· 윤대현

패배감에 빠져 있는 리더들에게 제가 자주 하는 말
이 "우리 삶의 알고리즘에는 뚜렷한 굴곡이 내재되어 있다"는 것입
니다. 심 파트장처럼 과로 상태가 될 만큼 최선을 다한다 해도 언
제 어디서든 위기와 실패가 찾아올 수 있다는 의미이지요. 누구
나 실패하고 좌절감을 느낄 수 있습니다. 다만 내면에 긍정적 에
너지가 없으면 다시 바닥을 딛고 뛰어오를 수가 없습니다. 실패와
위기 상황에서는 대개 자신을 책망하는 마음, 주변의 부정적 인식에
대한 서러움, 그리고 미래에 대한 불안감이 마음의 공간을 차지해버
리지요. 이렇게 되면 이미 내 안에 있던 긍정성과 마음의 연결이 끊
어지고 에너지도 공급할 수 없게 됩니다.

지금 심 파트장에게 시급한 것은 마음에 긍정적 에너지를 공급하는 것입니다. 저는 우선 잠을 잘 자야 한다고 조언하고 싶습니다. 불면은 실패와 위기 상황에 나타나는 대표적 스트레스 현상입니다. 스트레스 자극에 뇌와 마음이 반응하고 있어 밤에도 각성 상태가 유지되면서 수면 스위치가 켜지지 못하는 것입니다. 수면의 질이 나빠지면 인지기능이 떨어지고 무엇보다 스트레스 자극에 대한 부정적 반응도 더 커져 긍정적 에너지의 충전을 방해하게 됩니다(불면증 극복과 관련된 내용은 부록 345쪽을 참고하시기 바랍니다).

과도한 자기감찰이 패배감을 키운다

스트레스 상황에서 불면을 겪는 분들의 특징 중 하나는 자기 마음을 들여다보는 자기감찰self-monitoring이 과도하다는 것입니다. 우리 마음에는 자신의 욕구, 감정, 생각, 행동에 대해 감찰하는 기능이 있는데, 달리 말하면 자기 자신과 끊임없이 '내적 대화'를 하는 것입니다. 적절한 자기감찰은 필요하지만 과도하면 긍정적인 내적 에너시를 회복하는 작용을 방해합니다. 가령 잠자리에 들어 '회의에서 대표가 그렇게 말한 건 내가 무능하다는 의미일 거야'라든가, '내가 승진에서 밀린 건 윗사람들한테 찍혔다는 의미겠지'라는 생각에 빠져든다면 과도한 자기감찰을 하고 있다는 증거입니다.

마음을 감찰한다는 것은 자기 마음 안에 기준이 존재한다는 뜻이기도 한데, 이 기준이 삶의 전반에 지대한 영향을 미칩니다. 예를 들어, 회의 시간에 상사로부터 "다른 사람도 이야기하게 조용히 해달라"는 꾸지람을 들었을 때도 각자의 기준에 따라 감찰 결과가 달라집니다. 상사의 말이 권위의식에서 나왔다고 평가하는 사람은 '상사로부터 무시당했다'라는 감찰 결과가 나옵니다. 그래서 어떻게든 맞서려고 한다거나 뒷담화를 하며 분노를 표출할 수도 있습니다. 그런데 상사의 꾸지람을 비판이나 비난으로 간주하는 기준을 가졌다면 '상사에게 내 약점이 노출되었다'라는 감찰을 하게 됩니다. 그 결과 약점이 드러난 데 대한 수치심, 상사가 자신을 싫어할 것이라는 생각에서 오는 우울감과 더불어 회의 시간에도 가능한 말을 하지 않는 행동 변화가 이루어집니다.

심리적 거리두기로 마음의 균형 잡기

마음을 감찰할 때는 주변의 평가를 적절한 정보로 받아들이기 위한 균형 잡힌 기준이 필요합니다. 자기감찰이 오히려 자신을 불편하게 만들고 부정적으로 흐른다면 한 발짝 뒤로 물러서서 내적 감찰 기준을 점검해보는 '심리적 거리두기' 능력이 필요합니다. 정신의학에서는 '거리두기detachment'를 '마음의 자유'로 설명하기도 합니다. 이러한 거리두기를 통해서 우리 마음은 더 성숙해지고 자유로워지며 실패를 극복할 힘을 얻게 됩니다.

심리적 거리두기를 할 때는 한발 물러서서 내 감정과 생각을 바라보는 '메타뷰' 훈련이 도움이 됩니다. 메타뷰로 자기 자신을 관조하는 기술과 용기를 갖게 되면 자신의 강점과 단점을 있는 그대로 수용할 수 있습니다. 이는 스스로 내적 기준의 균형을 잡는 데에 도움이 됩니다. 타인과의 소통에서도 방어적인 벽을 낮추고 좀 더 공감하는 소통이 가능해집니다.

심 파트장의 경우 '이대로 무너질지도 모르겠다'라고 감찰하는 것은 부정적이긴 해도 정상적인 반응입니다. 하지만 이러한 자기감찰이 수개월 지속된다면 다시 긍정성을 회복하는 것이 대단히 어려워질 수 있습니다. 따라서 자신이 과도한 자기감찰로 부정적 감정을 만들어내고 있지 않은지 점검해보고 심리적 거리두기를 시도해야 합니다. 그래야 긍정적 에너지를 확보할 수 있습니다.

긍정성을 회복하는 '행동적 항우울제' 처방하기

우리는 생각만으로 행복해질 수 없습니다. 긍정적 에너지를 확보해야겠다고 생각했으면 여기에 필요한 반응과 행동이 따라야 합니다. 마음을 긍정성으로 채우는 행동을 '행동적 항우울제antidepressant activity'라고 표현합니다. 우리의 몸과 마음은 연결되어 있기에 몸에 활력이 생기면 마음도 건강해집니다. 행동적 항우울제는 긍정적 에너지를 회복하는 데 도움을 줄 뿐만 아니라 자존감을 높이고 마음이 쉽게 약해지지 않도록 하는 역할도 합니다.

때로는 행동을 통해서 생각과 마음에 변화를 줄 수도 있습니다. 휴일에 웬 등산이냐며 짜증스러운 마음으로 나갔다가 의외로 지친 마음이 재충전된 경험이 있지 않나요. 이를 우울증 치료에 적용한 것을 행동활성화^{behavioral activation}라고 합니다. 행동을 활성화해 지친 마음을 재충전한다는 개념입니다.

과도한 스트레스로 인해 생각이 자꾸 막히고 일이 잘 안 될 때는 '행동적 항우울제'를 스스로 처방해야 합니다. 밤새며 야근하고 과로한다고 해서 문제가 해결되는 것이 결코 아닙니다. 오히려 잘못된 의사결정을 내릴 확률이 더 커지기도 합니다. 이럴 때는 과감하게 책상 앞을 벗어나 마음을 충전하는 것이 효과적입니다. 평소 마음관리에 관심이 없던 사람이라면 자신이 무엇을 해야 행복해지는지 잘 모를 수 있습니다. 이런 사람들에게는 자신의 '행동적 항우울제' 목록을 작성해보는 것이 도움이 됩니다. 아침에 일어나 어제를 떠올리며 어떤 행동을 했을 때 우울한 감정이 들었고, 반대로 어떤 행동을 했을 때 기분이 좋아졌는지 적어보는 겁니다.

우리 마음 깊은 곳에는 긍정의 강이 유유히 흐르고 있는데 우울과 무기력감 같은 부정적 녀석들이 강하게 덮치면 강과 연결된 파이프라인이 막혀 긍정성을 삶으로 흡수하기가 어려워집니다. 가만히 있으면 막혔던 파이프라인은 다시 뚫리지 않습니다. 그래서 긍정적 에너지의 흐름이 막혔을 때 뚫어줄 수 있는 '행동적 항우울제'를 개발하는 것이 필요합니다.

현재에 집중하며 내면과 연결하기

제가 추천하는 행동적 항우울제는 '멍때리며 걷기'로 보편적인 방법이면서 접근하기 쉬운 활동입니다. 멍때리기는 달리 말해 '뇌가 자극에 반응하지 않고 쉬도록 해주는 것'인데요, 목적은 외부와의 연결을 잠시 끊고 내면과 연결되기 위한 것입니다. 과거를 후회하는 데에도 미래를 걱정하는 데에도 마음을 쓰지 않고 오직 지금 여기에서 걷고 있는 자신에게 집중하는 겁니다.

현재에 집중하며 내면과 연결되면 마음이 소탈해집니다. 지나치게 높거나 낮은 내적 감찰 기준이 균형을 잡는 것인데요, 균형 잡힌 내면의 기준을 갖게 되면 공감력과 창조적 사고력이 강화되고 이는 긍정성으로 이어집니다. 심 파트장에게는 하루에 단 10분이라도 시간을 내어 '멍때리며 걷기'를 권합니다. 다른 방법을 찾아도 좋습니다. 핵심은 패배감이 차지한 마음의 공간을 다시 긍정성으로 채우는 것입니다.

긍정성을 회복하기 위한 마음의 근육을 '회복탄력성'이라고 합니다. 마음의 근육을 키우기 위해서도 몸의 활력을 채워주는 '행동적 항우울제'가 좋은 처방이 될 수 있습니다. 다만 몸의 근육을 단련하려면 지속적인 운동이 필요하듯이, 마음의 근육을 단련하기 위해서도 일상에서 편안하게 실천할 수 있는 '항우울적' 활동을 꾸준히 이어가는 것이 중요합니다.

- 과도한 스트레스는 업무 능력을 떨어뜨리는 주요 요인이다.

- 나는 얼마든지 성장할 수 있다는 성장마인드셋이 필요하다.

- 누구나 실패할 수 있지만 긍정적 에너지가 없으면 패배감을 극복하기 어렵다.

- 긍정성을 회복하기 위한 마음의 근력을 '회복탄력성'이라고 한다.

- 과도한 자기감찰은 지양하고, 즉각적으로 행복감을 주는 행동 목록을 작성하는 것이 도움이 된다.

11장

한 번의 거절로
마음이 위축되었을 때

거절을 극복하는 법

CASE 11 유 대표는 홈서비스 O2O 플랫폼을 운영하는 —————— 젊은 스타트업의 CEO이다. 회사를 설립한 지 1년 만에 웹사이트 개설을 마치고 앱 론칭을 준비 중이며, 이미 시드 투자가 소진되어 다음 단계의 시리즈 A 투자가 필요한 상황이다. 스타트업 CEO들이 흔히 그렇듯이 유 대표 역시 수많은 투자유치 미팅을 다니며 거절을 당하고 있다. 회사 설립 전에도 이미 경험한 일이지만 역시나 거절당하는 일은 적응이 안 된다. 특히 지난 미팅은 유독 힘들었다. 아이템 검증이 덜 된 것 같다, 사용자 확보를 어떻게 하겠다는 건지 모르겠다, 사업계획서를 보니 숫자 개념이 없는 것 같다, 이런 사업을 하기에 대표의 경험이나 역량이 너무 부족한 것 같다 등등 거침없이 쏟아지는 무차별 공격에 입도 제대로 떼지 못한 채 자리에서 일어나야 했다.

한번 지독하게 거절을 당하고 나니 심리적으로 위축되어 코너에 몰린 듯한 기분이 들었고, 그래서인지 다음 투자자 미팅에서는 설명도 제대로 하지 못한 채 식은땀만 흘리다 나왔다. 이제는 미팅 시작 전부터 '이번에도 또 거절이겠지'라는 생각에 온몸의 기운이 빠져버릴 정도이다. 투자유치 미팅은 다른 사람에게 미룰 수도 없는 일인지라 유 대표는 더욱 난감하고 막막한 상태이다.

현명한 리더는
거절에서 배운다

· 장은지

조직 내외부에서 협력을 끌어내고 늘 새로운 시도를 해야 하는 리더는 자주 거절의 순간을 맞이합니다. 깊이 고민해온 아이디어에 대해 피드백을 받을 때, 새로운 협력 파트너를 찾거나 제안할 때, 시장 개척을 위해 신규 거래처를 발굴할 때, 자금을 빌리거나 투자유치를 할 때 리더는 언제라도 거절당할 가능성을 염두에 두고 도전하게 됩니다.

더구나 스타트업을 키워가는 일은 그 자체로서 커다란 도전입니다. 모든 스타트업이 새로운 아이디어를 제안하고, 거절당하고, 다시 제안해서 사람과 자본을 연결하는 일을 몇 번이고 반복하게 됩니다. 스타트업 대표에게 거절은 숙명과도 같습니다. 물론 그렇다

하더라도 거절당하는 일이 익숙해진다거나 유쾌할 수는 없습니다. 유 대표도 그렇듯이 거절은 누구에게나 힘들고 피하고 싶은 일이지요.

하지만 실패에서 교훈을 배워야 하듯이 현명한 리더는 거절에서도 배울 점을 찾을 수 있어야 합니다. 상대가 거절한 이유와 피드백을 잘 분석하면 다음 도전의 성공 가능성을 높일 수 있는 유용한 조언을 얻어낼 수 있습니다.

리더에게는 위기 상황을 잘 극복하고 해결하는 회복탄력성도 중요하지만, 거절당하더라도 움츠러들지 않고 다음 발걸음을 내디딜 수 있는 심리적 회복탄력성을 지니는 것도 매우 중요합니다.

거절을 하나의 '의견'으로 받아들이기

거절이 심리적으로 큰 파장을 불러오는 이유는 대개 거절을 '관계의 단절'로 받아들이기 때문입니다. 상대는 제안을 거절했을 뿐인데 거절을 당하는 입장에서는 자신의 존재가 부정당한 것처럼 느껴져 고통을 느끼는 것이지요. 거절을 관계의 단절이나 존재의 부정으로 받아들이는 사람들은 '거절 민감도'가 매우 높은데, 이러한 사람들은 거절당하는 것뿐만 아니라 거절하는 것도 힘들어하는 경우가 많습니다.

유 대표가 투자자의 질문을 '무차별 공격'으로 받아들이고 힘들어하는 것은 그 질문을 객관적인 피드백으로 받아들이기보다 자신의 감정이나 인격에 대한 거절로 받아들였기 때문일 겁니다. 이러한 상황이 반복되면 자신감과 자기효능감이 떨어져 심리적으로 더욱 위축될 수밖에 없습니다. 그렇다면 우리는 어떻게 거절에 의연해질 수 있을까요?

《거절당하기 연습》이라는 책을 쓴 지아 장Jia Jiang은 "거절을 하나의 의견으로 받아들여라"라고 조언합니다. 지아 장 역시 미국에서 스타트업을 시작하면서 투자자들로부터 수차례 냉정한 거절을 받았고, 그로 인해 자신의 사업이 가치 없게 느껴지고 계속해서 거절당할 것 같은 두려움에 사로잡히는 경험을 했습니다.

하지만 그대로 포기해버리면 꿈을 이룰 수 없다는 것을 알기에 그는 '100일간 거절당하기 프로젝트'라는 것을 시작했습니다. 거절에 대한 내성을 키우기 위한 것이었지요. 그 과정에서 배운 것이 바로 상대의 거절을 진실이 아니라 하나의 의견으로 받아들여야 한다는 점이었다고 합니다.

모든 사람에게 수용되는 제안은 없습니다. 세상에는 많은 투자자가 있지만 그들 모두 다른 기준과 관점을 갖고 제안서를 검토합니다. 똑같은 투자제안서라 해도 각자의 기준과 관점에 따라 거절될 수도 수용될 수도 있습니다. 제안을 수용하는 것이 의견이듯이 거절하는 것도 하나의 의견일 뿐입니다. 한두 명의 투자자가 공격적인 질문을 하며 제안을 거절했다고 해서 그것으로 당신의 투자제안서가 가치 없는 것으로 증명된 것은 아니라는 의미입니다.

거절에서 부정적 감정을 분리해내기

유 대표는 제게 "투자제안을 거절당할 때마다 저의 무능력을 들키는 것 같고 동시에 비난당하는 것 같은 기분에 사로잡힙니다. 매일 아침 눈을 뜰 때마다 오늘도 열심히 일해야겠다는 생각보다는 패배감이 먼저 들어서 그냥 다 포기해버릴까 하는 생각까지 듭니다"라는 말을 하기도 했습니다. 유 대표의 사례에서도 짐작해볼 수 있듯이 거절의 가장 심각한 후유증은 패배감에 사로잡혀 도전을 포기하게 되는 것입니다.

회사 업무를 수행하는 과정에서 거절당하는 것조차 개인적인 문제로 받아들여 자존심 상해하며 감정적으로 대응을 하는 리더들이 있습니다. 팀원들과 함께 해결해야 할 과제를 개인의 자존심 문제로 해석하는 리더들의 특징은 인정추구 욕구와 과시욕이 크다는 것입니다. 이들은 정작 도전적인 과제에 맞닥뜨리면 용기를 내지 못하고, 중요한 순간에 '우산을 접어버리는' 행동을 하기도 합니다.

거절을 하나의 의견으로 받아들이라는 것은 훌륭한 조언이지만 이것을 실제로 자기 자신에게 적용하기가 쉽지 않다는 점을 저 역시 잘 알고 있습니다. 그러려면 먼저 거절에서 부정적 감정을 분리

해내는 연습이 필요했습니다.

유 대표는 먼저 거절을 당했을 때 당황하며 황급히 자리를 뜨는 대신 투자자에게 정중히 거절의 이유를 물어보는 일부터 시작했습니다. 투자자로부터 거절 의사를 듣는 순간 급격히 기분이 가라앉았지만, 그때마다 "나는 거절당하더라도 다시 도전할 수 있고 더 발전할 수 있다"라는 성장마인드셋을 떠올리며 용기를 냈습니다.

그렇게 투자자에게 거절의 이유를 전해 들은 다음에는 이것을 동료들과 투명하게 공유했습니다. 거절의 내용을 다른 사람과 공유하는 과정은 거절에서 부정적 감정을 분리해내는 데에 도움이 되었습니다. 더 나아가 거절을 자신에 대한 비난이 아닌 팀이 함께 해결해야 할 과제로 인식하게 되었지요.

유 대표는 거절의 이유를 객관적 피드백으로 수렴해서 사업 계획이나 서비스 개선에 반영할 것이 없는지 팀원들과 치열하게 토론을 했습니다. 거절을 자신과 회사의 성장을 위한 밑거름으로 인식하고 활용하는 단계로 나아가게 된 것입니다.

훌륭하게 거절당하는 법

서점에 가보면 '거절하기'에 관한 책은 많이 나와 있는데, '거절당하기'에 관한 책은 그리 많지 않은 것 같습니다. 하지만 리더에게는 거절을 잘하는 것보다 거절을 잘 수용하는 것이 더 어렵고 중요합니다. 사람마다 차이는 있지만 거절당했을 때의 심리적 타격은 생각보다 클 수 있습니다. 따라서 거절의 순간을 자주 맞닥뜨릴 수밖에 없는 리더들이라면 훌륭하게 거절당하는 법을 익혀두는 것이 필요합니다.

'훌륭하게' 거절당한다는 것은 거절을 성장의 밑거름으로 활용하는 단계로 나아가는 것이라고 할 수 있는데요, 그러려면 거절에 대한 두려움을 먼저 없애야 합니다. '100일간 거절당하기 프로젝트'를 진행한 지아 장은 사람들이 거절에 대한 두려움 때문에 실제보다 거절당할 확률을 더 크게 생각하는 경향이 있다고 말했습니다. 그래서 소극적이고 방어적인 태도로 제안을 하게 된다는 것이지요. 이는 우리가 거절에 대한 두려움을 없애면 훨씬 더 자신 있게 적극적인 태도로 제안을 할 수 있다는 의미가 되기도 합니다. 과연 어느 쪽이 거절당할 확률이 더 높을까요. 거절에 대한 두려움은 거절당할 확률을 높일 뿐입니다.

훌륭하게 거절당하는 방법의 하나는 기꺼이 거절당하겠다는 태도를 갖는 것입니다. 그러면 거절을 당하더라도 심리적 타격을 받지 않고, 상대로부터 더 많은 피드백을 이끌어낼 수 있습니다. 거절당해도 괜찮다는 태도로 당당하게 접근할수록 상대는 당신의 제안을 더 높이 평가할 것이고, 만일 제안을 거절하더라도 관심을 갖고 더 적극적으로 거절의 이유를 알려줄 것입니다.

거절은 진실이 아니라 상대적 의견일 뿐이며, 거절은 실패가 아니라 피드백을 받고 더 성장할 좋은 기회입니다. 유 대표도 더 많이 거절당할수록 회사를 더 빨리 성장시키고 자기 자신도 더 단단한 리더로 발전할 수 있을 겁니다.

거절당한 이후
찾아오는 불안을 다루는 법

· 윤대현

거절의 경험은 정도의 차이만 있을 뿐 누구에게나 불안감을 증폭시킵니다. 유 대표처럼 거절을 경험한 뒤 사회적 활동에 불편함을 느꼈다는 리더들을 많이 만납니다. 이런 분들은 갑자기 사람들 앞에서 발표하는 것이 너무 어렵게 느껴지고, 인간관계에서 자신감을 잃어 사람을 만나는 것이 두려울 정도라는 이야기를 합니다. 스스로 증상이 심하다고 여겨 사회공포증social phobia●이 온 것이 아닌지 궁금해하는 경우도 있었습니다.

● 사회공포증은 '사회불안장애'라고도 하며, 새로운 사람에게 노출되거나 새로운 환경에서 일을 수행해야 할 때 극심한 공포와 불안을 느끼는 것이다. 정상적인 일상생활이나 사회활동에 방해를 받고 직업적 기능에도 상당한 지장을 받는다. 공황 증세나 우울증이 동반되기도 하며 거절 이후에 경험하는 정상적인 긴장감과는 확실히 다르다.

거절을 경험하면 우리 몸과 마음은 긴장하고 위축됩니다. 이는 지극히 정상적인 스트레스 반응이며 나쁜 것도 아니고 병적인 것도 아닙니다. 스트레스를 느끼는 것은 새로운 자극을 받은 몸과 마음이 생존을 위해 열심히 반응하고 있다는 증거입니다. 불안과 공포는 불편하고 힘든 것이지만, 몸과 마음의 생존 기능이 잘 작동하고 있다는 증거이기도 합니다. 불안 증상이 나타날 때 무조건 찍어 누르려고 하면 오히려 더 크게 터져 나올 수 있습니다. 불안이란 녀석은 블랙홀 같아서 마음의 주인이 시비를 걸면 그 에너지를 빨아들여 자기 몸을 더 크게 부풀리거든요.

유 대표 역시 지금 느끼는 불안이나 공포를 정상적인 감정 반응으로 받아들이고 '내 마음이 일을 잘하고 있구나'라고 생각하는 여유가 필요합니다. 스스로 여유를 가질 때 생각, 감정, 행동이 부정적으로 치우치는 것을 바로잡을 수 있습니다.

스트레스 시스템을 멈추는 '멘탈 바캉스'

거절당한 이후에 경험하는 불안을 자연스러운 감정 반응으로 받아들이기 위해서는 우선 과도한 긴장 상태에 있는 뇌를 편안한 이완 상태로 만들어줘야 합니다. 뇌가 이완되면 마음에 여유가 생겨 불안이라는 감정도 거리를 두고 바라볼 수 있습니다.

미국 실리콘밸리의 경영자들 사이에서는 '연결을 위한 단절

disconnect to connect' 훈련이 유행이라고 합니다. '연결을 위한 단절'이란 외부 자극을 단절함으로써 자기 내면과 연결되는 것을 의미합니다. 현대인의 뇌는 밀려오는 외부 자극과 전투를 벌이느라 스트레스 시스템이 과도하게 활성화되어 있습니다. 스트레스 시스템이 계속 작동되면 뇌의 에너지가 소진되어 번아웃 증후군이 찾아오게 됩니다. 외부 자극과의 단절 훈련은 자기 내면을 균형 잡힌 관점으로 응시할 수 있는 능력을 키워줍니다. 채찍질만 해대는 무의식과 프레임의 영향권에서 벗어나 외부 자극을 하나의 정보로 다룰 힘이 생기는 것입니다.

지금 유 대표에게는 투자제안서를 잘 쓰는 것 못지않게 지친 뇌에 에너지를 충전하는 일이 필요합니다. 그래야 회복탄력성을 유지하며 지속적으로 일할 수 있습니다. 뇌를 쉬게 하고 자기 마음과 만나는 활동을 저는 '멘탈 바캉스'라고 부릅니다. 바캉스vacance라는 단어는 라틴어 바카티오vacatio에서 유래했는데, 바카티오의 의미가 '텅 비다', '자유롭다'라고 합니다. 멘탈 바캉스는 맹렬히 작동하던 스트레스 시스템의 스위치를 잠시 끔으로써 내적 에너지 충전 시스템이 다시 작동되도록 하는 활동입니다(자세한 내용은 부록 347쪽을 참고하시기 바랍니다).

스트레스가 크고 에너지 소모가 많을수록 자기 마음과 만나는 시간을 더 밀도 있게 가져야 합니다. 사람을 만나고, 계절의 정취를 느끼고, 공연을 관람하는 등 자신이 좋아하고 아끼는 것들과 함께하는 시간이 모두 멘탈 바캉스가 될 수 있습니다. 점심시간에 가벼운 산책을 하는 것도 훌륭한 멘탈 바캉스 활동입니다.

내게 지지를 보내주는 단 한 사람을 만나라

리더의 시간은 대체로 긴장과 불안으로 채워집니다. 막중한 책임감 때문이든, 성공을 향한 의지 때문이든, 리더의 시간은 자기 자신 혹은 외부의 그 무엇과 싸우고 갈등하는 쉽지 않은 순간들로 채워집니다. 그렇기에 의식적인 노력을 통해 따뜻하고 자유롭고 평화로운 시간을 확보해야 합니다.

혼자서 하는 것이 어렵다면 다른 사람의 도움을 받는 것도 방법입니다. 우리는 사회적 동물이라서 다른 사람과 '연결'될 때 에너지가 충전됩니다. 다른 사람이 보내주는 지지나 신뢰는 스트레스 상황에서 느끼는 부정적 감정을 완화해주는 좋은 에너지가 됩니다. 이를 '사회적 지지social support'라고 하며, 사회적 지지를 많이 받는 사람일수록 회복탄력성도 더 높다고 합니다.

단순히 주변에 사람이 많다고 해서 사회적 지지가 튼튼하다고 볼 수는 없습니다. 사회적 지지는 추구해서 얻어지는 것이라기보다 자신의 삶을 잘 살다 보면 자연스럽게 따라오는 것입니다. 모든 사람에게 인정받겠다는 목표를 가지면 작은 거절에도 더 크게 좌절하게 됩니다. 오히려 있는 그대로의 자기 자신을 솔직하게 보여주겠다는 전략이 더 낫습니다. 삶의 목표가 타인의 인정이 아니라 자기 삶의 의미와 가치를 찾는 것일 때 아무런 계산 없이 진심으로 응원해주는 사람을 만날 수 있습니다.

지금 유 대표에게는 처음 스타트업을 시작했을 때의 초심을 나눌 수 있는 사람이 곁에 있으면 좋겠다는 생각이 듭니다. 투자유치의 전쟁터에서 자신의 솔직한 마음을 보여줄 수 있고 삶의 의미와 가치를 공유할 수 있는 사람이라면 단 한 명으로도 충분합니다. 사람에게서 얻는 사회적 지지는 사람의 숫자가 아니라 그 마음의 깊이와 진정성으로 표현되는 것이기 때문입니다.

마음의 균형을 회복하는 '강점 노트' 쓰기

불안 반응이 심해지면 마음에서는 위기관리 시스템이 작동하기 시작합니다. 문제를 찾아내고 해결하는 데에 많은 에너지를 쓰는 것은 정상적인 작용이지만 그렇다고 해도 한쪽으로 너무 기울어지는 것은 좋지 않습니다. 다른 한편에서는 긍정적인 에너지를 채우는 활동을 해야 합니다. 적당히 맛있는 것을 먹으면서 하는 다이어트가 요요도 없고 성공적인 것처럼 우리 마음도 적당히 균형 잡힌 상태를 좋아합니다. 위기관리 시스템이 너무 강력하게 작동하면 세상이 온통 문제투성이로 보여 부정적인 감정이 더욱 강화될 수 있습니다.

마음이 부정성으로 치우치지 않도록 균형을 잡기 위해서는 자신이 '행복'을 어떻게 정의하고 있는지 생각해보는 것도 도움이 됩니다. 행복을 '불안이나 공포가 없는 편안한 마음'으로 정의하고 있다면 오히려 행복을 느끼는 것이 어렵습니다. 인생에는 항상 굴곡이 있게 마련이니까요.

행복에 대한 더 좋은 정의는 '의미 있고 가치 있는 삶을 사는 것'입니다. 이러한 정의를 지닌 사람은 불안이나 공포와 같은 마음의 통증이 삶을 더 의미 있게 만들어준다는 것을 믿습니다. 불안과 공포를 싫고 불편한 것이 아니라 내 삶을 더 행복하게 만들어주는 것으로 받아들일 수 있기 때문입니다.

지금 유 대표에게는 마음의 긍정성을 채우는 활동으로 '강점 노트 쓰기'를 제안합니다. 자신이 잘했다고 느꼈던 일, 자신이 괜찮게 느껴졌던 순간 등을 매일 적어도 좋고 일주일에 한 번 시간을 정해 적어도 좋습니다. 사소한 것이어도 좋습니다. 별거 아닌 것처럼 보이겠지만 이렇게 자신의 강점, 긍정적인 측면을 떠올리고 기록으로 축적하는 일은 실패와 좌절을 딛고 일어서는 회복탄력성을 강화하는 데에도 커다란 도움이 됩니다.

- 거절은 하나의 의견으로 받아들인다.

- 거절의 내용을 구성원과 투명하게 공유하면서 거절을 함께 해결해야 할 과제로 인식한다.

- 외부 자극으로부터 잠시 단절되는 것도 회복탄력성을 키우는 방법이다.

- 단 한 명이라도 자신을 지지하고 응원해 줄 사람을 두는 것이 중요하다.

- 자신의 강점을 노트에 쓰면서 마음의 긍정성을 회복시키는 것도 도움이 된다.

12장

기업이 비난 여론에
휩싸였을 때

위기를 기회로 만드는 법

CASE 12 젊은 CEO인 배 대표가 이끄는 온라인 교육회
──────── 사는 3년 연속 '강소기업'으로 선정될 만큼 탄탄
한 기반을 갖추고 빠르게 성장하고 있었다. 특히 배 대표는 자유
롭고 창의적인 조직문화와 근무환경을 구축하는 데에 심혈을 기
울여왔다. 덕분에 내부 구성원들의 만족도가 높을 뿐만 아니라
젊은 청년 구직자들 사이에서도 '일하고 싶은 기업'으로 인기가
높았다.

이렇게 탄탄대로를 달리는가 싶었던 배 대표는 예기치 못한 위기
상황에 부딪혔다. 신입사원 채용 과정에서 채용담당자의 실수로
한 지원자에게 합격 안내 문자를 잘못 보냈고, 이를 바로잡기 위
해 합격을 취소한다는 내용을 문자메시지로 보내면서 담당자가
자신의 실수로 그렇게 된 전후 사정을 설명하지 않은 채 결과만
통보한 것이 문제의 발단이었다.

해당 지원자는 회사의 무책임한 태도를 문제 삼았고, 여러 커뮤
니티 사이트에 공개적인 비난의 글을 올리기 시작했다. 젊은 구직
자들이 이에 빠르게 반응하면서 온갖 악성 댓글과 비난 여론이
쇄도했다. 급기야는 언론에서도 기사화되어 사태는 걷잡을 수 없
이 악화되었다. 배 대표는 어떻게든 용기를 내서 직접 수습에 나
서야 했지만, 어떻게 하는 것이 최선일지 판단이 잘 서지 않았다.

위기 상황에서
리더는 가장 앞에 나선다

· 장은지

      리더는 회사의 비전과 전략에 대한 메시지를 구성원들에게 충분히 전달했다고 생각하지만, 막상 구성원들은 그 메시지를 잘 기억하지 못하거나 중요성을 인지하지 못할 확률이 높습니다. 배 대표가 그동안 대외적으로 신뢰와 투명성을 확보하기 위해 갖은 애를 써왔음에도 그러한 전략에 부합하지 않는 상황이 별안간 튀어나오는 것도 바로 그런 이유 때문입니다. 그래서 리더는 조직 구성원들이 한마음 한뜻으로 움직여주기를 바라는 것보다는 그 반대의 상황에서 발생할 수 있는 리스크를 예측하고 대비해야 합니다.

    그렇다고 모든 리스크를 예측하고 대비하는 것은 불가능합니다. 주요 임원진의 비리와 위법, 구성원의 업무상 태만이나 실수, 개인적인 일탈 행위 등으로 기업 이미지가 실추되는 위기 상황은 더더욱 예측하기가 어렵지요. 위기가 발생했을 때 리더는 더욱 주목받는 처지에 놓입니다. 좋은 평가를 받고 성과가 잘 나올 때보다 뭔가 일이 안 풀리고 위기 상황이 닥쳤을 때 리더십은 훨씬 더 엄중한 심판대에 서게 됩니다. 리더십의 성장 관점에서나 조직의 지속가능성 측면에서나 리더에게는 성과를 잘 내는 것보다 위기를 잘 극복하는 것이 훨씬 더 중요한 역량이라고 할 수 있습니다.

솔직하게 잘못을 인정하고 진심 어린 사과하기

그렇다면 이러한 위기 상황에서 배 대표가 리더로서 해야 할 일은 무엇일까요? 저는 문제의 원인, 책임자, 해결책을 찾기 전에 우선 리더가 맨 앞에 서 있는 모습을 보여주는 것이 중요하다고 봅니다. 상황에 따라서는 리더가 전면에 나서는 것이 문제 해결에 실질적인 도움을 주지 못할 수도 있습니다. 하지만 책임을 회피하지 않는 태도는 리더에게 가장 중요한 덕목 중 하나인 도덕성과 직결되는 사안입니다. 위기를 해결하고 나면 바닥에 떨어진 성과는 얼마든지 회복할 수 있지만, 한 번 손상된 도덕성은 아예 회복하지 못하거나 아주 오랜 시간이 걸릴 수도 있습니다.

배 대표는 담당자를 추궁하고 책임을 묻는 대신 직접 수습에 나섰습니다. 사태의 원인과 잘못을 담당자에게 돌리는 대신 채용 프로세스와 시스템을 바로잡지 못한 본인과 경영진의 책임으로 인정했습니다. 해당 지원자가 커뮤니티 사이트에 올린 글을 확인하고 몇 시간 후 배 대표는 직접 해당 사이트에 매우 상세하면서도 진심이 담긴 사과의 글을 실명으로 올렸습니다. 지원자가 쓴 내용이 모두 사실이라는 점을 밝히고, 회사의 채용 프로세스가 문제가 있었고 후속 조치 역시 미흡했음을 솔직하게 인정했습니다. 그리고 향후 같은 잘못이 되풀이되지 않도록 필요한 모든 조치를 하겠다고 약속했습니다.

배 대표는 직접 피해자에게 연락해 다시 한번 진심 어린 사과를 했고 모든 물질적·정신적 피해에 대한 보상을 약속했습니다. 이렇게 리더가 진심으로 책임지는 자세를 보이자 피해자도 커뮤니티 사이트에 올렸던 글들을 모두 내리고 사과를 받아들였습니다. 이러한 소식이 알려지자 비난 일색이었던 댓글들 아래에 이번에는 '이 회사 주식 사야겠다', '사과의 정석이다', '이 회사 다니는 사람들 자랑스럽겠다'와 같은 호의적인 댓글들이 줄을 이었습니다.

사람들은 취약성을 인정하는 리더를 따른다

미국 휴스턴대학교 연구교수인 브레네 브라운Brene Brown은 수십 년간 전 세계 기업을 대상으로 진행한 연구 결과를 통해서 위기를 돌파하는 힘은 '대담한 리더십'에서 나오며, 두려움을 마주할 용기를 내는 대담한 리더십의 출발은 자신의 '취약성vulnerability'을 인정하는 것이라고 밝혔습니다. 그리고 대담하게 자신의 취약성을 인정하는 리더는 주변 사람들로부터 더 많은 지지와 도움을 끌어냄으로써 위기를 극복하게 된다고 설명했습니다.

저는 취약성을 드러냄으로써 더욱 강력한 리더십을 발휘하는 상황을 여러 차례 목격했습니다. 모든 일을 완벽하게 해내려 애쓰고 약점을 드러내지 않으려 안간힘을 쓰는 리더들과 일하는 구성원들의 피드백은 대개 "그분이 대단해 보이기는 하지만, 그렇다고 어려움을 겪을 때 도와주거나 자리를 옮길 때 따라가고 싶지는 않아요"라는 것이었습니다. 반면에 자신의 취약성을 드러내고 겸허히 도움을 청하는 리더들과 일하는 구성원들은 "그분이 어려운 상황에 놓이면 진심으로 도와주고 싶은 마음이 생깁니다. 회사 옮길 때 함께 가자고 하면 기꺼이 따라나서고 싶고요"라고 말했습니다.

물론 자기 자신을 포장하겠다는 욕심이나 두려움을 내려놓고 진정한 자기 자신과 마주할 수 있는 용기는 쉽게 얻어지는 것이 아닙니다. 하지만 자신의 취약성을 외면하고 타인의 인정을 받기 위해 가면을 써서는 안 됩니다. 리더로서 다른 사람을 이끌기 위해서는 자기 자신을 먼저 이끌 수 있어야 하니까요. 자신의 강점뿐 아니라 약점까지도 객관적으로 인식할 수 있는 리더, 자신의 약점을 인정하며 얼마든지 실패할 수 있다는 점을 받아들이는 리더, 그리고 이러한 솔직한 마음과 본모습을 구성원들과 가감 없이 나누는 리더들은 혼자 해낼 수 있는 것보다 훨씬 더 많은 일을 해낼 수 있다는 점을 기억하면 좋겠습니다.

위험을 감수하는 리더십과 심리적 안전감

하버드대학교 교수이며 《두려움 없는 조직》의 저자인 에이미 에드먼슨^{Amy Edmonson}은 병원의 각 병동 간호팀에서 의료과실이 발생하는 원인을 찾기 위한 관찰과 분석을 했습니다. 그 결과는 다소 고개를 갸웃하게 하는 것이었습니다. 전반적으로 업무 성과가 높고 리더십과 팀워크 등의 항목에서 더 좋은 평가를 받은 팀에서 그렇지 않은 팀보다 더 많은 업무 실수가 발생한 것으로 나타났던 것입니다. 에이미 에드먼슨은 다시 면밀하게 데이터를 살폈고, 이런 뜻밖의 결과가 나온 이유를 발견할 수 있었습니다.

그 이유는 바로 '심리적 안전감^{psychological safety}'에 있었습니다. 리더가 기꺼이 위험을 감수하고 실패를 용인할 때 팀의 심리적 안전감이 높고, 이는 팀원들도 위험과 실패에 대담하게 대응할 수 있도록 해줍니다. 리더십과 팀워크에서 낮은 점수를 받은 팀에는 심리적 안전감이 부재했기 때문에 팀원들이 리더의 비난과 질책을 두려워해 업무 실수를 숨기고 보고하는 것을 꺼렸습니다. 반면에 리더십과 팀워크에서 높은 점수를 받은 팀은 심리적 안전감이 높았기 때문에 업무 실수가 발생했을 때 이를 팀장인 수간호사에게 투명하게 보고하고 같은 실수가 되풀이되는 것을 예방하기 위한 논의를 했다고 합니다. 그러니까 리더십과 팀워크에서 낮은 점수를 받은 팀에서 업무 실수가 적었던 것이 아니라 투명하게 보고되지 않았던 것입니다.

성공하는 조직은 실패를 공유한다

배 대표는 조직이 위험에 처했을 때 맨 앞에 나서서 잘못을 인정하고 진심 어린 사과를 함으로써 위기를 기회로 바꿀 수 있었습니다. 만일 그렇게 하지 않고 채용담당자에게 책임을 묻고 '직원의 실수로 인한 해프닝'으로 사건을 무마하려 했다면 어땠을까요. 외부의 평판이 바닥을 치는 것은 둘째치고 내부 구성원의 사기가 크게 저하되고 도전적인 일에는 몸을 사리는 조직문화가 형성되었을 겁니다. 이처럼 위기와 실패에 대응하는 리더의 태도는 조직 구성원들에게 커다란 영향을 미칩니다.

에이미 에드먼슨이 지적한 것처럼 성공적인 조직의 특성 중 하나는 실패의 경험을 투명하게 공유하는 것입니다. 기꺼이 위험을 감수하고 실패를 용인하는 리더십이 구성원들로 하여금 실패를 거울로 삼아 교훈을 얻고 성장의 발판으로 삼을 수 있도록 해준 것이지요.

만일 '현재 우리 조직에는 아무런 문제가 없다'라고 생각하는 리더가 있다면 조직 내에 심리적 안전감이 부재하는 것은 아닌지 점검해볼 필요가 있습니다. 즉 구성원들이 실패를 두려워하지 않고 기꺼이 도전적인 업무를 수행하는지, 실패했을 때는 솔직하게 인정하고 드러냄으로써 자기 자신과 조직 전체가 교훈을 얻을 기회로 삼는지 확인해보아야 합니다. 위기를 잘 극복해서 기회로 전환하는 조직의 회복탄력성은 구성원들에게 심리적 안전감을 확보해주는 위기대응 리더십에 달려 있습니다.

리더십이 돋보이는
진정한 사과란

· 윤대현

조직이 위기에 처했을 때 가장 중요한 것은 리더의 자기반성입니다. 그런데 앞에서 설명드렸듯이 우리 마음에는 '내 탓'보다는 '남의 탓'을 찾아내 자신의 잘못을 합리화하는 프로그램이 장착되어 있습니다. 우리가 자기 잘못을 인정하고 진심으로 사과하는 것이 어려운 이유는 '남 탓'을 하는 것이 자기방어적 생존 본능이기 때문입니다. 그런 점에서 배 대표가 발 빠르게 나서서 잘못을 인정하고 사과한 것은 평소 자기반성 훈련을 잘했던 덕분이 아닐까 싶습니다.

아무리 리더라 해도 공식적인 사과를 하는 일이 쉬운 것은 아닙니다. 잘못을 인정했을 때 자신의 평판이 떨어지는 두려움을 이겨내야 하니까요. 하지만 리더에게는 사과해야 할 일이 생길 수밖에 없고, 그렇기에 사과를 잘하는 것도 리더십의 중요한 요건입니다.

사과의 네 가지 단계와 원칙

사과할 때 가장 중요한 것은 '진정성'이며, 여기에 상대의 마음을 잘 이해하는 공감과 적절한 소통의 기술이 곁들어져야 합니다. 그렇다면 어떻게 해야 진심을 담아 사과를 할 수 있을까요. 상황에 따라 세부적인 전략은 조금씩 달라지겠지만, 진심 어린 사과를 하고자 한다면 다음의 네 가지 단계와 원칙을 반드시 지켜야 합니다.

첫 번째는 "미안합니다"라고 사과의 마음을 전하는 것입니다. 두 번째는 "저의 잘못입니다"라고 잘못을 인정하고 책임지는 자세를 보이는 것입니다. 세 번째는 다시는 이런 일이 없을 것이라고 재발 방지를 약속하는 것입니다. 네 번째가 사과의 마음을 눈에 보이는 무엇인가로 표현하는 보상입니다.

간혹 "저의 잘못이 있다면 사과하겠습니다"라고 말하는 경우가 있는데, 이는 사과가 아닌 공격입니다. "나는 내가 뭘 잘못했는지 모르겠으니 당신이 내 잘못을 찾아보세요"라고 말하는 것이니까요. 제대로 된 사과는 거두절미하고 "미안합니다. 제 잘못입니다"라고 말하는 것입니다. 여기에 다시는 그런 일이 없을 거라고 재발 방지를 약속하면 사과가 더 진실해집니다. 자기 잘못이라고 말해놓고 같은 잘못을 반복한다면 그러한 사과에 진심이 담겼다고 믿기 어렵겠지요. 그리고 자기 잘못에 대한 책임을 진다는 의미에서 적절한 보상을 하는 것도 중요합니다. 미안하다고 말만 하고 아무런 책임도 지지 않는 것은 진정한 사과가 아닙니다.

진정한 사과는 변명이나 합리화를 하지 않는 것

사과의 네 가지 원칙에 비춰 보았을 때 배 대표의 사과 전략은 매우 적절했습니다. 솔직하게 잘못을 인정하고 재발 방지와 보상까지 약속했으니까요. 이와 비슷한 상황에서 입장표명을 한다면서 해명이나 핑계를 앞세우는 리더들도 심심찮게 볼 수 있는데, 배 대표가 그렇게 하지 않은 것은 상당히 현명한 결정이었습니다. 지금까지 위기대응에 실패한 조직의 사례를 살펴보면 사과의 과정에서 핑계나 변명을 앞세우는 것이 오히려 대중과 여론을 부정적으로 돌아서게 만드는 요인이었다는 점을 알 수 있습니다.

2018년 스타벅스가 인종차별 논란에 휩싸였을 때 CEO였던 케빈 존슨Kevin Johnson은 진정한 사과를 통해 성공적으로 위기를 극복한 적이 있습니다.《포브스》에서는 이를 모범적인 위기대응 사례로 분석하면서 케빈 존슨이 변명이나 합리화를 하지 않은 점에 주목했습니다. 주문을 하지 않은 채 매장에 앉아 있는 두 명의 흑인 고객을 경찰에 신고했던 매니저를 희생양으로 삼는 대신 CEO인 자신의 책임이라고 즉각적으로 인정한 것을 뛰어난 위기대응 리더십이라고 설명했습니다.

《포브스》에서는 위기를 기회로 전환하는 진정한 사과의 일곱 가지 원칙에 대해서도 제시했는데요, 1) 실제 피해가 발생했다는 즉각적이고 방어적이지 않은 인정 2) 사건에 대한 개인적인 책임을 지는 것 3) 피해자에게 끼친 영향에 대한 구체적인 이해 4) 변명, 합리화, 피해자에 대해 비난하지 않기 5) 손해를 입거나 피해를 본 모든 사람에게 적절한 보상 제공 6) 문제의 원인을 파악하고 시스템 문제를 해결하기 위한 구체적인 계획 제시 7) 후속 조치에 대한 약속과 보증이 그것이었습니다.

문제의 원인을 정확히 밝히는 사과의 기술

배 대표는 전후 사정을 포함해 회사에서 어떤 잘못을 했는지 상세하게 썼다고 했는데 이것도 매우 중요한 사과의 기술 중 하나입니다.《포브스》에서 제시한 위기대응의 일곱 가지 원칙 중 여섯 번째인 '문제의 원인을 파악하고 시스템 문제를 해결하기 위한 구체적인 계획 제시'는 단순한 위기대응을 넘어서 위기를 기회로 전환하는 데에 핵심이 되는 요건입니다.

미국 서던오리건대학교 에드윈 바티스텔라Edwin L. Battistella 교수는 진실한 사과와 그렇지 못한 사과가 각기 어떤 결과를 낳는지 살펴본《공개 사과의 기술》에서 "잘못이 무엇인지 명확히 밝히는 일은 진정한 사과의 중요한 국면이다"라고 설명했습니다. "사과하는 사람은 무슨 잘못을 저질렀고, 그것이 어떤 해악을 초래했는지 인정해야 한다"는 것입니다. 앞에서 강조한 것처럼 문제가 발생했을 때 조직의 수장이 직접 나서서 빠른 사과를 하는 것도 매우 중요하지만, 문제가 일어난 원인을 제대로 파악해서 설명하고 이에 대한 분명한 대책을 제시해야 진정한 사과가 완결됩니다.

진정한 사과는 전화위복의 열쇠

리더가 진정한 사과를 어려워하는 이유 중 하나는 잘못을 인정하게 되면 자신의 힘이 약해지고 무시당하지 않을까 하는 불안 심리 때문입니다. 그러나 적절한 사과는 결과적으로 리더십을 돋보이게 해주고 더 많은 사람을 내 편으로 만들어줍니다. 진정한 사과를 받은 사람은 존중받는 느낌을 받으면서 사과를 한 사람과 이전에 비해 더 돈독한 관계를 맺을 확률이 커지기 때문입니다.

가까운 지인에게 상처받은 사람들을 대상으로 한 연구 결과를 보면, 상처 주었던 당사자가 사과나 보상 등 화해의 언행을 보였을 때 용서의 마음과 더불어 심리적으로 그 사람과의 관계를 더 가치 있게 여기게 되었다고 합니다. 이는 우리 뇌에 상대방이 화해를 요청할 때 적극적으로 반응하려는 소프트웨어가 존재하기 때문입니다. 다만 화해를 요청할 때는 상대가 공감할 수 있는 방식이어야 합니다. 상대가 문제를 공론화하기 원하지 않을 때 공개적인 사과를 하는 것과 같은 경우는 결코 진정한 사과라고 할 수 없습니다.

배 대표도 진정한 사과를 한 덕분에 비난 여론을 호의적으로 바꿀 수 있었습니다. 이번 일을 계기로 앞으로 더 많은 청년이 일하고 싶은 회사로 주목받을 것이고, 조직 구성원들도 위기 상황에서 빛을 발한 배 대표의 리더십에 큰 지지와 응원을 보낼 겁니다. 위기는 어떻게 대응하느냐에 따라 커다란 기회가 될 수도 있다는 점을 믿으십시오. 그리고 책임지는 태도로 진정성을 갖고 문제에 뛰어드십시오. 그런 경험이 당신을 리더로서 한층 더 성장시킬 것입니다.

CASE 12 솔루션

- 잘못을 인정하면 자신의 권위가 낮아질 것 같다는 불안감은 버려야 한다.

- 위기 상황에서 리더는 회피하지 않고 책임지는 모습을 보여야 한다.

- 리더가 취약성을 인정하고, 실패의 경험을 투명하게 공유할 때 조직은 심리적 안전감이 생긴다.

- 사과에는 진정성이 가장 중요하며 핑계나 변명을 앞세우면 오히려 역효과가 난다.

- 사과를 할 때 문제의 원인을 파악하고 시스템 개선에 대한 구체적인 대안도 함께 밝히는 것이 좋다.

체크리스트

회복탄력성

실패를 마주했을 때 어떻게 대응하고 탄력적으로 회복하는지는 리더의 역량에 달렸다. 아래 표를 통해 나는 얼마나 회복탄력성이 높은 리더인지 스스로 점검해보자.

평가항목	체크
나는 토론할 때 논쟁이 되는 상황에서 내 감정을 잘 다스리는 편이다.	☐
현재는 어렵지만 앞으로의 상황은 얼마든지 좋아질 거라 믿는다.	☐
스트레스 상황에서 기분전환할 수 있는 나만의 방법이 있다.	☐
타인의 거절을 나에 대한 비난이라고 생각하지 않는다.	☐
마음을 터놓고 서로 도움을 주고받는 친구가 많다.	☐
동료가 화를 내면 그 이유를 정확히 파악하는 편이다.	☐
나는 나에게 주어진 조건, 생활, 사람들에게 감사하고 만족한다.	☐

0개~2개: 실패를 극복하기 위한 긍정성을 확보해야 하는 단계
3개~5개: 회복탄력성을 높이기 위해 노력하는 리더
6개 이상: 위기를 기회로 만드는 상위 10% 리더

● 리더의 성장 여섯 번째 단계는 '지속가능성sustainability'입니다. 이는 반복적인 성공의 경험을 축적하고, 이를 리더 개인의 성공에서 조직의 성공으로 확장하는 능력을 의미합니다.

탁월한 리더는 성공의 경험이 축적되는 과정에서 조직의 지속가능한 성장을 이끌기도 하지만, 또 어떤 리더들은 자신의 능력을 과대평가하고 과거의 성공방정식에 지나치게 의존한 나머지 성장을 멈추고 정체되는 우를 범하기도 합니다.

지속가능한 성장을 위해 리더는 자신이 달성하고자 하는 비전을 명확히 하고, 이 비전을 조직의 비전과 나란히 갈 수 있도록 해야 합니다. 축적된 성공 경험을 프로세스로 정립해 조직 구성원들을 연결하는 것은 리더에게 주어진 매우 중요한 임무입니다.

STEP 6

지속가능성

13장

빠른 성공 이후
정체감에 빠지다

● 성장 동력 찾기

CASE 13   국내 한 대기업의 1호 사내벤처를 책임지고 있
━━━━━━   는 진 팀장은 출범 3년 만에 사업을 본격 궤도
에 올려놓으며 능력을 인정받았다. 지난 3년간 10여 명의 팀원과
밤낮없이 연구개발과 시제품 제작에 매달린 결과였다. 팀원들은
회사에서 약속했던 대로 독립법인으로 분사하는 수순을 기대하
고 있고, 회사에서도 전폭적인 지원과 투자를 약속했다.

주변 동료들은 진 팀장을 부러워하고 격려를 아끼지 않았지만
진 팀장은 웬일인지 마냥 기쁘지만은 않았다. 그동안 무슨 힘으
로 그렇게 미친 듯이 일했나 싶게 온몸이 기진맥진해서 사업이고
뭐고 다 때려치우고 푹 쉬고 싶다는 생각뿐이었다. 함께 고생한
팀원들을 생각하면 독립법인으로 분사해 다음 단계로 나아가야
하겠지만, 한편으로는 그렇게 새로운 고생길로 들어서는 것이 무
슨 의미가 있나 하는 생각이 들었다.

더 깊은 속내에는 새로운 목표를 세우고 도전해서 두 번째 성공을
거두기에는 자신의 능력이 부족한 것 같다는 마음도 자리 잡고 있
었다. 이렇게 자신 없고 열정도 바닥난 상태에서 팀원들을 이끌고
책임져야 한다는 것도 엄청난 부담으로 다가왔다. 회사에서는 다
음 스텝으로 나가야 하지 않겠냐는 은근한 압박을 하고 있지만,
진 팀장은 캄캄한 어둠에 갇혀 옴짝달싹할 수 없는 기분이다.

눈앞의 목표만
좇을 때의 위험성

• 장은지

목표를 향해 나아가는 동안에는 성공하기만 하면 더 이상 바랄 게 없다는 심정이었다가 성공의 순간이 찾아오면 성취감은 잠시이고 또 다른 압박과 당혹감을 느끼는 경우가 많습니다. 성공한 스타트업 창업가들도 이와 비슷한 경험을 많이 합니다. 전속력을 다해서 뛰어온 덕분에 남들보다 빠르게 결승선을 통과한 리더들은 모든 에너지가 소진되어 다음 단계를 향해 나아갈 동력마저 잃어버리는 '번아웃 증후군'을 경험하곤 합니다.

진 팀장 역시 첫 번째 단계의 목표를 이루었지만, 그다음 목표를 향해 나아갈 에너지를 잃어버린 상태입니다. 이렇게 어느 단계까지 성공을 거두고 난 다음에 찾아오는 정체기나 슬럼프를 '플래토 이펙트^{plateau effect}'라고 합니다. 가령 어떤 것을 배울 때 처음에는 빠르게 실력이 늘었다가 어느 순간 진전이 없는 상태가 지속되는 현상도 마찬가지입니다. 이러한 정체기에 놓이면 무조건 열심히 하는 것만으로는 극복하기 어렵고 관점을 전환하고 새로운 목표를 세우는 등의 전략이 필요합니다.

플래토 이펙트의 희생자가 되지 않으려면

대부분의 리더는 누구보다 치열하게 노력해서 한 단계씩 성장해온 사람입니다. 크고 작은 성공과 실패의 경험을 쌓으며 차근차근 계단을 밟아오던 리더들에게 어느 순간 정체기가 찾아오는 것은 왜일까요.

국내 기업의 신임 임원들 대다수도 비슷한 상황을 경험합니다. 신임 임원들은 직장인이라면 누구나 선망하는 별이 되었다는 기쁨을 누릴 새도 없이 어떻게든 성과를 보여줘야 한다는 스트레스와 압박에 시달립니다. 임원이 되면 계약직으로 신분이 바뀌기 때문에 성과를 내지 못하면 곧바로 자리를 내놓아야 한다는 위기감이 상당히 클 수밖에 없습니다. 그러다 보니 단기적이고 보여주기식 과제에 매달리다가 에너지를 소진해버리곤 합니다. 20년 넘게 여러 기업에서 CEO로 재직하며 굵직한 성공을 거둔 한 리더는 자신이 오랫동안 자리를 유지할 수 있었던 비결은 단기 목표뿐 아니라 5년 이상의 장기 계획과 목표도 함께 세우며 일해온 덕분이라고 하시더군요.

단기 목표를 향해 무섭게 달리던 사람이 그다음 성장 동력을 찾지 못해 주저앉는 사례가 많습니다. 에너지가 남아 있으면 어떻게든 다음 단계로 나아갈 전략을 세울 수도 있겠지만, 이미 전력 질주를 하고 난 터라 번아웃 상태일 가능성이 큽니다.

진 팀장처럼 플래토 이펙트의 희생자가 되지 않으려면 눈앞의 목표를 향해서만 전력 질주해서는 안 됩니다. 멈춰 서지 않고 계속 앞으로 나아가려면 숲 전체를 조망할 수 있어야 하고, 일시적인 성공이 아니라 지속가능한 성장에 방점을 찍어야 합니다.

더 높은 목표와 가슴 뛰는 비전

만일 진 팀장이 성장에 대한 동기를 잃은 상태에서 조직이 요구하는 대로 그다음 목표를 설정한다면 또다시 주어진 과제를 해내는 데 급급할 것입니다. 하지만 이미 꽤 높은 수준의 성취를 경험한 진 팀장은 주어진 과제를 해내는 것 자체로는 만족감이나 성취감을 느끼기 어렵습니다. 다시금 가슴이 뜨거워질 수 있는 더 높은 목표와 자신만의 비전을 찾아야 하는 순간이 온 것이지요.

진 팀장이 새로 찾아야 하는 비전은 조직에 상관없이 자신의 인생에서 일관되게 추구하고 싶은 원대한 것이어야 합니다. 현재의 조직에서 인정받기 위해, 더 높은 연봉을 받거나 더 빨리 승진하기 위해 꾸역꾸역 해내는 목표를 세워서도 안 됩니다. 자신의 미래를 마음껏 상상하고 그 상상을 실현하기 위해 기꺼이 노력할 수 있을 만큼의 도전적인 목표여야 합니다.

이를 위해서는 다시금 리더의 성장 첫 번째 단계로 돌아가 자기 자신이 무엇을 원하는지, 삶의 의미와 가치, 커리어를 통해 달성하고자 하는 바가 무엇인지 고민해봐야 합니다. 이러한 깊이 있는 자기인식이 먼저 이루어져야 장기적인 안목을 바탕으로 가슴 뛰는 비전을 찾고 스스로 능동적인 목표를 세울 수 있기 때문입니다.

성공을 확장하기 위한 네트워크 구축

진 팀장이 두 번째로 해야 할 고민은 리더로서 거둔 개인적인 성공을 어떻게 조직의 성공으로 확장할 수 있을까에 대한 부분입니다. 이때 가장 중요한 것은 조직 내에 네트워크를 구축하는 것입니다. 다른 구성원들과의 협력과 공조가 없으면 성공의 규모를 키우고 확장해갈 수 없기 때문입니다.

개인적인 성공을 축적했지만 그것을 조직화하지 못하는 리더는 리더십의 한계를 가질 수밖에 없습니다. 그러한 리더들은 팔로워들로부터 사적이익을 추구한다거나, 개인적 공과에만 관심이 쏠려 있다는 부정적 평가를 받게 될 것입니다.

개인의 성공을 넘어 팀과 조직의 성공으로 연결하고 확장하기 위해서 리더는 이른바 '정치'를 해야 하는 순간을 맞게 됩니다. 오해하지 말아야 할 것은 이 '정치'는 개인적인 성공을 넘어서지 못하는 한계를 극복하고 조직적인 성공을 도모하기 위한 수단이라는 점입니다. 개인적인 성공이나 이익을 도모하기 위한 '정치'는 리더에게 치명적인 약점이 될 수 있습니다.

　성공적인 정치를 위해서는 우선 조직 내부에 자신이 가진 네트워크를 파악해서 세 가지 그룹으로 구분하는 것이 도움이 됩니다. 세 가지 그룹은 1) 뼈아프지만 나에게 도움이 되는 충고를 아끼지 않는 멘토, 2) 내가 목소리를 낼 수 있도록 항상 지지해주는 스폰서, 3) 나의 일을 감정적으로 지지해주는 친구의 역할을 할 사람입니다. 세 가지 그룹은 각각의 역할이 다릅니다. 내가 중요한 의사결정을 해야 하는 순간 그들은 나의 의사결정을 지지하거나 보완해주는 역할을 하게 될 것입니다.

　자신의 네트워크에 있는 사람들에 대해 잘 이해하고, 그 사람들이 나의 비전과 목표에 연결되도록 하는 것은 리더로서 영향력을 확장하고 성공의 경험을 확장하는 데에 중요한 계기로 작용할 것입니다.

다른 사람을 돕는 '기버'가 성공하는 이유

    조직 내부에 네트워크를 구축하고 나면 이제 네트워크가 잘 작동해서 협력과 공조가 이루어지도록 해야 합니다. 여기에서 핵심은 자기 자신과 네트워크의 사람들 모두가 함께 성공하는 방향이어야 한다는 것입니다.

    와튼스쿨의 조직심리학 교수 애덤 그랜트^{Adam Grant}는 타인과의 상호작용 유형에 따라 사람들을 세 그룹으로 분류했습니다.

    첫째, 받은 것보다 더 많이 되돌려주는 '기버^{giver}'

    둘째, 준 것보다 더 많이 받기를 바라는 '테이커^{taker}'

    셋째, 받은 만큼 되돌려주는 '매처^{matcher}'

    세 그룹의 사람들이 거둔 성과를 측정한 결과는 매우 놀랍습니다. 가장 성공하지 못한 집단도 '기버'였지만, 성공 사다리의 최상단을 차지한 사람들 또한 '기버'였던 것입니다. '기버'의 성공에서 다른 점은 무엇일까요. 누군가를 굴복시키며 얻은 성공이 아니라 자신과 주변 사람 모두를 함께 성공시켰다는 점이 아닐까요.

    개인의 성공을 조직의 성공으로 확장해가야 하는 시점에 놓인 팀장에게도 팀원들을 비롯한 다른 사람들의 성공을 돕는 '기버'로서의 역할이 필요합니다. 그래야 지금까지의 성취를 토대로 리더십을 확장하고 지속가능한 성공을 이어갈 수 있습니다.

성공 경험을 축적하고 조직의 자산으로 만들기

그렇다면 이제 '기버'로서 다른 사람의 성공을 돕고 그 성공을 조직의 성공으로 연결하는 구체적인 방법은 무엇일까요. 그것은 개인 차원의 성취를 조직의 프로세스로 만들고 자산화하는 것입니다.

서울대학교 이정동 교수는 《축적의 시간》을 통해 한국 기업에서 매뉴얼과 프로세스가 자리 잡지 못하는 현상을 비판하며 개인의 반복되는 경험과 지식을 축적하고 기록하는 것이 무엇보다 중요하다고 강조했습니다. 저 역시 조직운영 방법론에 관해 연구했을 때, 한국 기업이 글로벌 기업에 비해 가장 부족한 부분이 '프로세스 정립과 지식의 자산화' 영역이었습니다.

한번은 대기업 건설사와 인터뷰를 하다가 그 건설사에서 지은 매우 유명한 건물을 다시 똑같이 짓는 것이 불가능하다는 이야기를 들었습니다. 그때 일했던 사람들은 회사를 떠나 없는 데다 노하우를 정리한 매뉴얼도 남겨지지 않아서라는 것이었습니다.

내 성공을 확장하며 지속가능한 성장을 이어가려면 나의 성공이 다른 사람의 성공이 되도록 만드는 방법밖에는 없습니다. 진 팀장이 리더로서 한 단계 성장하려면 이제 혼자 열심히 일하는 것보다는 조직 구성원들을 네트워크로 연결하고 그들을 통해 일함으로써 조직의 자산을 만들어내고 성장시켜야 합니다.

나에 대한 연민이
동기부여로 이어지다

· 윤대현

　　우리에게는 가족과의 관계, 타인과의 관계, 조직과의 관계 등도 중요하지만 무엇보다 중요한 것은 '내 마음'과의 관계입니다. 가장 내 편이어야 할 내 속마음이 사실은 나를 가장 많이 괴롭히거든요. 우리는 타인과는 기버 형태의 네트워킹을 하면서 자기 마음한테는 계속 달라고만 하는 테이커 형태의 네트워킹을 하는 경향이 있습니다. 리더로서 지속가능한 성장을 하기 위해 가장 중요한 파트너는 다름 아닌 바로 자기 마음입니다.

　우리 마음을 소홀히 대하면 파업을 일으켜 성공의 확장을 위한 도전을 방해할 수 있습니다. '이렇게 열심히 일하는 것이 내 인생에 무슨 의미가 있지', '새로운 목표? 새로운 고생길이 열리는 거잖아, '나 한 사람 챙기기도 버거운데 팀원들과 어떻게 함께 가야 하지' 등의 부정적인 생각이 드는 것이 바로 마음이 파업하고 있다는 신호입니다.

그렇다면 진 팀장은 자기 마음과 어떻게 관계를 맺어야 할까요?

왜 리더는 자기 자신에게 엄격해질까

기업체 강연에서 제가 자주 하는 질문이 "아침에 눈 떴을 때 스스로가 근사하게 느껴지는 분 계신가요?"라는 것입니다. 그러면 손드는 분이 열 명 중 한 명도 안 됩니다. 누가 나에게 뭐라고 하든 자기 자신을 근사하게 여기는 마음을 유지할 수 있다면 스트레스로 감성 시스템이 녹다운되는 것을 막을 수 있습니다. 그러나 현실에는 그렇지 못한 분들이 많아 안타깝습니다. 더욱 안타까운 것은 높은 지위에 올라간 리더일수록 자신을 근사하게 생각하는 분이 드물다는 것입니다. 위 질문에 손을 드는 열 명 중 한 명은 대개 신입사원입니다.

리더가 되어 높은 자리로 올라갈수록 더 많은 도전이 주어지고 책임감도 커집니다. 그러다 보면 계속해서 더 잘해야 한다며 자기 자신을 채찍질하고 성과에 대한 기준도 더 높아집니다. 자연스럽게 실수나 실패에 대해 민감해지고 자기비판도 강화됩니다.

한 대기업의 사내 방송국에서 상담 코너를 진행했는데, 한번은

"친구는 잘 위로하면서 내 마음은 너무 '조지는' 거 아니냐"는 말을 한 적이 있습니다. 편집될 줄 알고 우스갯소리로 표현하는 것인데 촬영 스태프들이 뜨겁게 공감하며 호응해서 오히려 당황했던 기억이 있습니다.

적절한 자기비판은 건강한 것입니다. 하지만 앞에서도 설명했듯이, 과도한 자기비판은 오히려 번아웃을 불러옵니다. 번아웃이 오면 성공 경험을 축적하고 확장하는 데에 오히려 부정적인 영향을 미칠 수 있습니다.

번아웃 증후군이 위험한 이유

지금 진 팀장은 마음의 에너지가 소진된 상태인데, 이런 상태가 바로 번아웃 증후군입니다(번아웃 체크리스트는 348쪽의 부록을 참고 바랍니다). 번아웃이 찾아오면 세 가지 문제가 나타납니다. 먼저 일에 대한 의욕이 떨어집니다. 열심히 일해야 한다는 동기부여가 되지 않습니다. 그다음 성취감이 떨어집니다. 어떤 목표를 달성해도 만족감이 잘 느껴지지 않는 것입니다. 마지막으로 다른 사람과의 관계에서 따뜻한 에너지를 받아 자기 마음을 충전하는 공감 능력이 현저히 떨어집니다.

진 팀장은 "그동안 무슨 힘으로 그렇게 미친 듯이 일했나 싶게 온몸이 기진맥진해서 사업이고 뭐고 다 때려치우고 푹 쉬고 싶다는 생각뿐"이라고 했는데요, 이는 번아웃의 2단계 합병증인 '심리적 회피 반응'입니다. 사람은 스트레스 원인에서 멀어져 자신을 지키려는 방어기제를 갖고 있는데, 이를 '심리적 회피 반응'이라 합니다. 심리적 회피 반응은 단기적으로는 도움이 되지만 장기화되면 문제가 됩니다. 가령 실연을 한 사람이 심리적 회피 반응으로 스트레스 요인인 이성을 멀리하면 단기적으로는 상처 치유와 마음 안정에 도움이 됩니다. 하지만 이러한 상태가 1년 이상 지속되면 인간으로서 당연히 가져야 할 '이성에게 사랑받는 느낌'을 영원히 느끼지 못하게 됩니다.

심리적 회피 반응이 길어지면 번아웃의 3단계 합병증이 나타나는데 바로 '행복에 대한 내성'이 생기는 것입니다. 실연 때문에 이성과의 만남을 회피하다 보니 '이성에게 사랑받는 느낌'을 영원히 느끼지 못하게 되는 것처럼, 심리적 회피 반응이 길어지면 더 이상 행복을 느끼기 위한 행동을 하지 않음으로써 행복한 삶과 멀어지게 됩니다.

현재 진 팀장에게 찾아온 번아웃은 자연스러운 것으로 받아들일 필요가 있습니다. 그동안 앞뒤 돌아보지 않고 전력을 다해 달려왔을 테니까요. 하지만 마음의 파업 상태를 너무 오래 방치하면 안 됩니다. 그러면 다시 일할 의욕을 회복하지 못하고, 다시 열심히 일하더라도 행복한 성취감을 느끼지 못할 수도 있습니다.

자기연민의 긍정적 효과

진 팀장처럼 마음이 파업을 일으키고 있을 때는 자기비판이 아니라 자기연민self-compassion의 관점에서 자기 마음을 어루만져 주어야 합니다. 자기연민은 내 마음을 다정하게 이해해주는 관점을 갖는 것입니다. 진 팀장의 경우라면 자기 마음에 "내가 잘못해서 정체기가 오고 번아웃이 온 것이 아니다. 나는 충분히 노력했고 훌륭한 성과를 냈다. 지금의 상황은 열심히 도전하며 일하는 리더라면 누구나 경험하는 것이다"라고 다정하게 말해줘야 합니다.

다정한 이해와 더불어 불편한 감정을 인생의 경험으로 인식하고 수용하도록 용기를 주는 것도 중요합니다. 불편한 감정을 억지로 눌러서도 안 되고, 그 불편한 감정에 온 마음이 휩싸이도록 해서도 안 됩니다. 앞에서도 설명했던 '메타뷰'와 같은 방법을 통해 적당한 거리두기를 하면서 불편한 감정을 느끼는 것은 당연하다고 인정해주어야 합니다.

여러 심리학자의 연구에 따르면 자기연민은 다양한 환경에서 성과를 높이는 데에도 유용한 도구라고 합니다. UC버클리대학교의 사회심리학 교수 세리나 첸Serena Chen이 소개한 연구 결과도 자기연민의 긍정적 효과를 설명해주고 있습니다. 첸 교수는 실패와 좌절을 경험한 사람들을 두 그룹으로 나누어 '자기 마음에 보내는 편지'를 쓰도록 했습니다. 한 그룹은 자신에게 따뜻한 공감과 이해를 보내는 자기연민의 마음으로 편지를 쓰고, 다른 한 그룹은 자아를 팽창시켜 자존감을 높여주는 마음으로 편지를 썼습니다. 편지를 쓰고 나서 행동 변화를 관찰한 결과에서는 자기연민의 마음으로 편지를 쓴 그룹의 사람들이 성과 향상 및 변화에 대한 동기부여가 훨씬 더 크게 되었다는 점이 확인되었습니다.

　우리는 가까운 친구가 좌절을 겪었을 때 연민의 마음으로 다정한 위로와 용기를 주려고 합니다. 그런데 막상 자기 마음에게는 과도한 비난이나 비판을 하거나 억지로 에너지를 짜내야 한다고 강요하곤 합니다. 자기 인생의 가장 소중한 파트너이자 친구는 자기 마음입니다. 내 마음부터 따뜻하게 연민해줍시다.

CASE 13 솔루션

- 성공 이후 번아웃과 함께 정체기가 찾아오는 현상을 '플래토 이펙트'라고 한다.

- 단기적으로 달성 가능한 목표가 아닌 자신만의 장기적인 비전을 찾아야 한다.

- 개인의 성공을 조직의 성공으로 확장시킬 수 있는 네트워크 구축이 필요하다.

- 목표 달성을 위해 소홀히 대했던 자신의 마음을 되돌아보고 돌봐야 한다.

- 마음의 에너지가 모두 소진된 상태에서는 자기비판이 아닌 자기연민의 관점이 필요하다.

14장

계속 성장하면서
나를 잃고 싶지 않다

● **목표 구체화하기**

CASE 14 윤 부장은 지난 10년간 육아 전쟁을 치르며 한

———— 단계 한 단계 힘들지만 비교적 순탄한 성장을 해

왔다. 회사에서는 최고고객책임자CCO를 제안할 만큼 윤 부장의

부드러운 협상과 세심한 관리 역량을 높이 사고 있지만, 정작 윤

부장 자신은 매일 발생하는 크고 작은 사고에 민첩하게 대응해

야 하는 고객관리 업무가 이제는 좀 버겁다는 생각을 하는 중이

었다. 이런 윤 부장의 마음을 알기라도 하듯 고객사인 한 기업에

서 영업총괄 임원직을 제안해왔다. 하지만 영업 업무에서 경험과

역량이 충분하지 않은 자신이 그것도 새로운 조직에서 역할을

잘 해낼 수 있을지 자신이 없었다. 또 고객을 직접 상대하는 업무

에 염증을 느끼던 차여서 영업총괄 임원의 역할에 즐겁게 도전

할 마음도 크게 생기지 않았다.

윤 부장은 임원 승진이 보장된 것이나 마찬가지인 현재 회사에

잔류하는 쪽으로 마음을 굳혔다가도 무언가 찜찜한 기분 때문

에 계속 갈등했다. 현재 회사에 남으면 안정적이겠지만 일에 대

한 의욕이 사라져 정체기가 올 것 같고, 새로운 도전을 해보자니

왠지 등 떠밀리는 기분이 들어 흔쾌하지 않았다. 윤 부장은 자신

이 다음 단계의 성장을 준비해야 하는 시점에 있다는 것을 잘 알

지만, 안정적인 성장과 새로운 도전 중 어떤 것을 선택해야 할지

잘 모르겠다며 고민을 털어놓았다.

지금까지 주어진
목표만 달성하진 않았는가

· 장은지

윤 부장은 뛰어난 역량으로 어려움 없이 순탄하게 리더의 길을 걸어왔지만, 궁극적으로 자신이 도달하고자 하는 목표 지점에 대해서는 확실한 답을 갖고 있지 못한 것 같습니다. 그런데 사실 많은 리더들이 이런 고민을 하고 있습니다. 내가 달려가고 있는 이 길이 내가 가고자 하는 길이 맞는지 몰라 갈등하고, 그렇다고 여기에서 멈추자니 경쟁에서 뒤처질 것 같아 두렵지요.

사실 자기 자신에 대한 깊이 있는 성찰을 통해 스스로 원하는 비전을 수립하기란 그리 쉽지 않은 일입니다. 윤 부장뿐 아니라 안정적인 성장을 해온 리더들 대다수가 새로운 도전을 할 것인지 말 것인지를 두고 고민합니다. 정체되는 것이 두려우면서도 새로운 도전이 과연 자신이 원하는 것인지 확신이 서지 않기 때문입니다. 지금까지 어떤 목표를 갖고 달려왔더라도 어떤 성장 단계에 이르면 목표를 수정하거나 확대해야 하는데, 이것이 쉽지 않은 것이지요. 그러니까 지금 윤 부장은 안정적인 성장과 새로운 도전 사이에서 고민하는 듯 보이지만, 그 아래에 있는 더 본질적인 고민은 새로운 목표와 비전 설정에 대한 것이라고 봐야 할 겁니다.

자신만의 목표와 비전을 구체화해야 하는 이유

윤 부장이 고객사로부터 받은 영업총괄 임원 제안을 그다지 즐거운 도전으로 여기지 않으면서도 쉽게 거절하지 못하고 고민하는 이유는 무엇일까요. 그것은 자신의 목표와 비전이 확실하지 않기 때문입니다. 윤 부장은 고객관리팀 업무가 버겁게 느껴질 즈음 제안을 받았고, 그 제안을 받자 자신이 해결해야 할 과제로 생각했습니다. 능동적으로 설계된 목표가 아니라 외부로부터 주어진 목표였기 때문에 가슴 뛰는 도전이 아니라 어떻게든 해내야 하는 과제로 여겨졌던 것이지요.

지금 윤 부장에게 가장 중요한 것은 자신이 도달하고 싶은 목표를 보다 구체화하고 현실화하는 것입니다. 성공은 절대적인 개념이 아닙니다. 성공의 기준은 개인마다 다를 수 있습니다. 따라서 자신이 추구하는 성공의 기준을 명확히 해야 헛된 노력을 하지 않고 올바른 목표를 향해 나아갈 수 있습니다.

객관적으로 상당한 성취를 이루었다고 하는 리더 중에도 자신의 목표가 아닌 외부에서 주어진 목표대로 꾸역꾸역 일하는 사람들이 의외로 많습니다. 이런 사람들에게는 끊임없이 임무와 과제가 부여되므로 많은 경험을 쌓을 수 있고 덕분에 일정 단계까지는 상대적으로 안정적인 성장을 이어가기도 합니다. 특히 커리어 초반에는 다양한 경험을 하면서 그 속에서 본인의 징검다리를 찾아 길을 만들어가는 과정이 매우 중요하기 때문에 외부에서 부여하는 다양한 과제들을 잘 해내는 것도 나름의 의미가 있습니다.

하지만 이러한 과정을 거쳐 반복적인 성공 경험을 쌓은 후 다른 사람의 성공을 돕는 리더십으로 확장해야 하는 단계에 이르면 그때부터는 외부에서 주어진 목표가 아니라 자신만의 비전에 따라 구체적으로 목표를 설정하고 의사결정을 내릴 수 있어야 합니다. 리더십을 다른 사람들과 조직의 성공을 만들어내는 데 발휘해야 하는 단계에서는 훨씬 다양한 책임과 과제를 외부로부터 요구받게 됩니다. 이때 자신의 확실한 목표와 기준이 없으면 이리저리 휘둘리느라 급속히 에너지를 소진하게 됩니다. 외부에서 주어진 과제를 해내야만 사회적 인정을 받을 수 있다고 여기거나 그것이 자신의 목표인 것처럼 잘못 인식해서 그들이 원하는 속도에 맞추어 정신없이 달리게 되는 겁니다. 이렇게 에너지를 소진하고 나면 윤 부장처럼 하던 일에 염증을 느낀다거나, 무엇을 위해 이렇게 열심히 살았나 하는 공허한 감정에 휩싸이곤 합니다.

자신의 핵심역량과 핵심가치를 알고 있는가

　자신이 능동적으로 설계한 목표와 비전이 없는 사람들의 또 다른 문제는 현재 하는 일이 자신이 잘하는 일인지, 혹은 원하는 일인지에 관해 판단해볼 생각조차 하지 못한다는 것입니다. 윤 부장은 고객관리팀 업무가 '버겁다'라고 했는데, 그것은 회사에서 판단하는 것과 달리 자신의 핵심역량이 부드러운 소통과 세심한 관리가 아닌 다른 것에 있기 때문일 수 있습니다. 하지만 열심히 일한 덕분에 성과가 나쁘지 않았고 차근차근 승진도 했기 때문에 자신의 핵심역량이나 핵심가치에 대해 진지하게 고민해볼 기회를 얻지 못했을 겁니다. 그래서 조금 버겁더라도 기왕에 인정받은 고객관리팀을 맡는 것이 안정적인 성장을 이어가는 선택이라고 생각하는 것이겠고요.

　물론 윤 부장의 핵심역량에 대한 회사의 판단이 맞을 수도 있습니다. 하지만 그와 별개로 스스로 자신이 잘하는 일이 무엇이고, 의미와 가치를 두는 일이 무엇인지에 대해 자신만의 기준으로 판단할 수 있어야 합니다. 그래야 엉뚱한 방향으로 노력하지 않고 제대로 된 곳에서 능력을 발휘할 수 있습니다. 무엇보다 자신의 역량과 에너지를 효율적으로 사용함으로써 훌륭한 리더로 계속 성장하는 기반을 마련할 수 있습니다.

　윤 부장은 막연하지만 영업총괄이라는 임무가 자신에게 잘 맞지 않을 것이라고 판단합니다. 하지만 '어떤 일이든 '예스'라고 해야 능력 있는 사람'이라는 사회적 통념과 '해보지도 않고 포기하면 무능한 사람으로 찍힐지도 모른다'라는 두려움 때문에 '새로운 도전을 해봐야 하지 않을까'라는 고민의 끈을 놓지 못하고 있습니다.

지금 윤 부장에게 필요한 의사결정 기준은 '이 일이 내가 잘하는 일인가, 혹은 원하는 일인가'라는 것입니다. 이 기준에 부합하지 않는 임무나 과제에 대해서는 확실하게 거절할 수 있어야 합니다. 외부의 요구에 대해서도 거절해야 하지만, 사회적 통념에 따르려는 자기 내면의 요구도 거절할 수 있어야 합니다. 그래야 자신만의 기준으로 행복하게 성공하는 리더로서 다음 단계의 성장으로 나아갈 수 있습니다.

중요한 가치를 지키기 위한 여유

세계적인 베스트셀러 저자이자 하버드대학교 '협상 프로그램'의 공동 설립자인 윌리엄 유리William Ury는 《No, 이기는 협상의 출발점》이라는 책에서 "정중하게 'No'라고 거절할 수 있는 것은 삶에 있어 가장 소중한 기술"이라고 말한 바 있습니다.

우리가 거절을 잘해야 하는 이유는 더 중요한 일과 사람에 집중하기 위해서입니다. 자신의 목표와 비전, 그리고 핵심역량과 핵심가치를 잘 판단해서 우선순위를 정하고 이 우선순위를 깨트리는 일에 대해서는 정중하게 거절할 수 있어야 합니다. 그래야 일과 삶의 균형을 잘 잡고 자신이 중요하게 여기는 의미와 가치를 지켜갈 수 있습니다.

개인적으로 성공을 이룬 리더들과 협업하거나 소통하다 보면 자연스럽게 깨닫는 것이 있습니다. 그들은 메일 회신을 제때에 하고 약속을 잘 지키면서도 결코 시간에 쫓기듯 서두르지 않습니다. 그들에게는 소중한 일과 사람에 충분한 시간을 내어주는 여유가 있으며, 그러한 우선순위를 판단하는 자신만의 기준과 안목도 있습니다.

반면에 항상 바쁘고 분주하며 연락이 잘 닿지 않는 리더들도 있습니다. 그들과 협력하거나 소통할 때는 존중받지 못한다는 느낌을 받을 때가 많습니다. 그들이 비록 당장은 어떤 성공을 거두었을지라도 그 성공을 확장하거나 지속가능하게 끌어가지 못하리란 짐작은 충분히 할 수 있지요. 리더십을 확장하며 지속가능한 성공을 하기 위해서는 자신의 성공을 타인의 성공과 조직의 성공으로 연결할 수 있어야 하는데, 함께 일하는 사람들이 존중받지 못한다면 그의 성공은 시한부에 그치는 것이 당연합니다.

자신만의 기준을 만들고 그 기준에 따라 거절을 잘해서 여유를 확보하려 노력하는 리더는 현재 상황에서 다음 단계의 성장으로 나아갈 기회를 찾을 수 있습니다. 그러한 기회를 찾을 수 있는 통찰과 직관은 여유에서 나옵니다. 윤 부장에게도 자신이 꼭 지키고 싶은 소중한 의미와 가치에 대해 고민하고, 여유를 확보하기 위한 우선순위 기준을 잘 정해보라는 조언을 전하고 싶습니다.

마음의 에너지가 충분할 때
현명한 결정이 나온다

· 윤대현

　　윤 부장처럼 열심히 바쁘게 일하는 사람들이 흔히 경험하는 심리적 어려움 중 하나가 '결정 피로decision fatigue'입니다. "전에는 빠르고 명확하게 결정을 내렸는데 요즘은 어떤 것도 결정하기가 어렵다"라고 호소하는 분들이 많습니다. '결정 피로'가 찾아오면 마음에 불안감이 커지고 기회비용에 대한 두려움도 커져 이러지도 저러지도 못하는 '양가감정'이 생기게 됩니다. 양가감정이란 윤 부장처럼 변화하고 싶으면서도 현재를 유지하고 싶은 마음이 동시에 존재하는 것인데, 이는 결코 이상한 것이 아니라 매우 일반적인 마음의 현상입니다.

　　문제는 양가감정이 너무 오래 계속되면 선택에 대한 압박을 이기지 못해 결정을 회피하거나, 지나치게 위험한 결정을 하게 된다는 것입니다. 그래서 저는 결정 피로가 찾아온 분들에게 가능하다면 중요한 결정을 잠시 보류하라고 말씀드립니다. 윤 부장은 고객관리팀에서 매일매일 크고 작은 사건을 처리하며 빠르게 결정을 내려야 하는 업무를 오랫동안 해왔기 때문에 결정 피로를 느끼고있을 가능성이 큽니다. 이럴 때는 양가감정을 내려놓고 우선 지친마음을 재충전하는 것이 필요합니다. 번아웃에 빠지지 않도록 마음 에너지를 충실히 유지하는 것은 지혜로운 결정을 위해서도 매우 중요합니다. 만일 미룰 수 없는 결정이라면 믿을 수 있는 가족이나 지인과 충분히 상의할 것을 권합니다.

당신은 혹시 '예스맨'입니까?

우리는 어렸을 때부터 인간관계의 중요성에 대해 교육을 받습니다. 좋은 관계를 가져야 행복한 삶을 살고 성공할 수 있다고 배웁니다. 어렸을 때 가장 중요한 인간관계는 부모와의 관계입니다. 부모의 말을 잘 들으면 관계가 좋아지고 착한 아이라는 칭찬도 받을수 있다는 것을 배우면서 더 많은 칭찬을 받고 싶어 부모가 원하는 것이 무엇인지에 점점 민감하게 반응하게 됩니다. 또 친구와의관계에서도 친구의 요구에 잘 반응해주고 싫어하는 말을 하지 않으면 주변에 친구가 많아진다는 것을 알게 되면서 친구를 잃지 않기 위해 자기 마음보다 친구의 요구에 더 잘 반응하게 됩니다.

　이렇게 좋은 관계를 위해 애쓰는 사람들이 빠지기 쉬운 함정이 '예스맨'이 되는 겁니다. 이들이 직장인이 되면 조직의 인정을 받는 데에만 몰두해 자신이 의미를 두며 즐겁게 할 수 있는 일을 찾는 것에는 관심을 덜 두게 됩니다. 좋은 관계를 유지하는 데서 오는 심리적 보상, 자신이 괜찮은 사람으로 주변에 인식되는 쾌감 때문에 상대의 요구를 무조건 수용하게 되는 겁니다.

　일단 예스맨이 되면 자신이 원하는 것이 무엇인지 이해하고 표현하는 것이 점점 더 어려워집니다. 성공의 경험을 확장하기 위해서는 여러 제안을 끊임없이 흡수하고 반응해야 할 필요가 있습니다. 그런데 이게 지나치면 과부하가 걸려 번아웃이 찾아올 수 있고, 한편으론 성취의 양은 늘어나지만 성공의 질은 떨어지는 상황이 될 수도 있습니다. 따라서 여러 제안과 기회를 잘 선택해서 성공의 경험을 실속 있게 쌓고 확장하는 것이 필요합니다.

　윤 부장의 경우 이른바 '밀당'이 필요한 시기입니다. 논리적으로는 '이 길로 가야 하나'라는 생각이 들더라도 감정이 끌리지 않는다면 과감하게 거절하는 용기와 깡이 필요합니다. 거절은 상대방에 대한 공격이 아닌 내가 무엇을 원하는지 이해하는 중요한 심리적 과정입니다. 더불어 타인이 나와 잘 맞는지, 나를 소중하게 생각해주는지 판단할 수 있는 중요한 소통 기술이기도 합니다. 소통 속에서 서로에 대한 이해가 깊어지면서 관계도 성숙해집니다. 앞만 보며 달려오다 마주한 성장의 갈림길에서 윤 부장이 자신의 마음을 충분히 들여다봄으로써 진정으로 자신이 원하는 미래가 어떤 것인지 깨달을 수 있기를 바랍니다.

오늘 내가 행복해지기 위한 선택

좋은 관계에 대한 잘못된 강박관념이 예스맨을 만들어내는 것처럼 인생에서 행복한 감정은 좋은 것이고 불행한 감정은 나쁜 것이라는 이분법적 관념도 오히려 소중한 것을 놓치며 살아가게 만드는 왜곡된 틀로 작용할 수 있습니다. 우리 인생의 매 순간은 긍정과 부정이 뒤섞인 복합체로 존재합니다. 행복하기만 하거나 불행하기만 한 상황은 없다는 의미입니다.

행복의 기준을 감정이 아니라 의미 있고 가치 있는 삶의 추구에 두면 어떨까요. '오늘 기분이 좀 울적해서 행복하지 않아'가 아니라 '오늘은 내가 좀 울적하니까 이런 기분에 잘 맞는 영화를 보면 좋겠다'라고 생각해보십시오. 우울함도 소중한 내 감정으로 받아들여 삶을 더 가치 있게 만들어주는 행복한 경험으로 확대해갈 수 있을 겁니다.

그런데 이것이 쉽지 않은 이유는 우울이라는 감정이 생기면 부정적인 생각이 곧장 달려들어 반응하기 때문입니다. 일종의 '인지 융합cognitive fusion' 현상이 일어나는 겁니다. 인지 융합은 마음에서 생겨나는 느낌이나 생각을 실제의 내 삶에 연결하는 것입니다. 마치 자동차 기어를 넣는 것처럼요. 부정적 생각으로 반응하는 융합 현상이 일어나면 현재의 행복에 몰입할 수 없고 미래에 대한 시나리오도 부정적으로만 그려집니다.

이런 융합 반응을 끊어주기 위해서는 생각과 실제를 분리하는 '인지 탈융합cognitive defusion'이라는 마음 연습이 필요합니다. 인지 탈융합이란 가령 우울이라는 감정이 올라올 때 한 발짝 뒤로 물러서서 유격을 만든 다음 '지금 우울한 기분이 드는구나'라고 감정을 하나의 정보로 처리하는 것입니다. 이러한 마음 연습을 통해서 우울한 감정을 삶에서 흔히 느끼는 감정 반응으로 받아들일 수 있습니다.

이러한 조언을 윤 부장에게 적용한다면 어떻게 될까요. 지금의 지쳐 있는 마음을 자연스러운 반응으로 인정해주고 여유 공간을 만들어주십시오. 차근차근 잘 성장하던 사람들이 스트레스 압박을 견디지 못해 잘못된 결정을 내리고 돌이킬 수 없는 후회를 하는 경우를 많이 봅니다. 결정 피로가 느껴져 선택이 어렵다면 선택을 하지 않는 것도 결정이 될 수 있습니다. 우선은 지금 현재 자신이 중요하게 여기는 일이나 즐거운 일을 하면서 긍정적인 에너지를 끌어올리십시오. 선택과 결정은 나중에 해도 됩니다.

내 마음을 위로하는 '부캐' 만들기

대중 강연에서 사람들에게 "현재 적성에 맞는 일을 하는 분은 손 들어보세요"라고 하면 열 명 중 한 명이 손을 들까 말까 합니다. 저는 다소 극단적이긴 하지만 "이 세상에 적성에 맞는 일이란 없다"라고 말합니다. 좋아하는 일과 잘하는 일이 같으면 정말 행복할 것 같지만, 막상 그렇지 않은 경우가 많습니다. 가령 숫자를 좋아하는 사람이 회계사가 되어 일을 잘하면 행복할 것 같지만, 막상 좋아하는 일이 돈 버는 직업이 되면 싫어지는 게 사람의 마음입니다.

윤 부장이 기존에 해왔던 업무에서 부담감을 느끼기 시작했다고 했는데, 이럴 때는 일로부터 약간의 거리감을 두는 것도 방법입니다. 일을 그만두라는 의미가 아닙니다. 일을 더 잘하려고 애쓰지도 말고, 잘할 수 있는 다른 일을 찾으려고 하지도 마십시오. 지금까지 삶에서 일이 차지하는 비중이 너무 높아서 번아웃이 왔는데 또다시 일로써 문제를 해결하려 해서는 안 됩니다. 적어도 당분간은 마음의 초점을 일에서 삶으로 옮겨야 합니다.

그런데 윤 부장처럼 회사 일에 많은 시간과 에너지를 투자하며 살아온 사람들은 의외로 자신의 마음을 들여다보는 일에 서투릅니다. 따라서 자신의 마음을 위로하고 삶의 여유를 만들어주는 일이 무엇인지 찾기 위한 다양한 시도를 해보는 것이 좋습니다. 어떤 사람은 자연이 좋다며 귀농하면 행복할 것 같았는데 막상 시골에 가보니 하나도 즐겁지 않았더랍니다. 회사를 그만두고 파티시에를 하겠다던 사람이 육체적으로 너무 힘들다며 후회하는 사례도 보았습니다. 그러니 자신이 어떤 것에서 마음의 위안을 얻는지 이런저런 시도를 해볼 필요가 있습니다. 요즘 '부캐' 만들기가 한창 유행이라고 하던데, 부캐를 잘 만들어두면 마음에 고비가 올 때마다 큰 도움을 받을 수 있습니다.

윤 부장이 고객관리팀 업무가 버겁게 느껴지고 영업총괄 임원 역할도 자신이 없다고 느껴지는 것은 마음이 지쳤기 때문입니다. 따라서 성급하게 결정을 내리려 하지 말고 빨리 힘내서 다시 달리라고 스스로 재촉하지도 말았으면 좋겠습니다. 자기 마음에 무엇이 힘든지 물어보고 안아주는 시간을 가지십시오. 일로만 가득했던 삶에 여유 공간을 만들어 자기 마음을 위로하고 충전시켜주는 다른 것들로 채워보십시오. 그런 시간을 통해 새로운 삶의 의미와 목표를 찾게 되면 그때 다시 열심히 달리면 됩니다. 그것이 윤 부장이 스스로 원하는 '지속가능한 성장을 하면서도 자기 자신을 잃지 않는' 방법입니다.

CASE 14 솔루션

- 리더라면 외부에서 주어진 목표가 아닌 자신만의 목표를 세우고 능동적인 의사결정을 해야 한다.

- 자신의 핵심역량과 핵심가치를 정확히 파악할 필요가 있다.

- 우선순위를 만들고 더 중요한 것에 집중하기 위해 거절하는 용기도 필요하다.

- '결정 피로'가 찾아왔다면 중대한 결정을 잠시 미루는 것이 좋다.

- 지속가능한 성장을 위해 '부캐'를 만드는 것도 도움이 된다.

15장

내향적인 리더도
성공할 수 있을까

● **지속가능한 리더십**

CASE 15 외국계 게임회사에서 실력 있는 개발자로 인정
———————— 받은 오 팀장은 올해 상반기에 팀장으로 승진했
다. 공대 출신의 엔지니어로 내향적인 성격의 오 팀장은 승진이
그리 기쁘지만은 않았다. 특히 개성 강한 젊은 팀원들과 호흡을
맞추며 중요한 의사결정을 내려야 하는 역할이 영 자신이 없었
다. 새로 시작한 개발 프로젝트가 점점 커지면서 경력직 팀원을
추가 채용할 계획이어서 팀이 더 커지는 것도 부담이 되었다.

오 팀장은 사내에서 가장 의지하는 염 이사에게 찾아가 고민을
털어놓았는데, 그는 자신도 내향적이지만 필요할 때는 사람들과
적극적으로 교류하는 데에 별 어려움을 느끼지 못한다며 오 팀
장에게도 무조건 안 된다고 생각하지 말고 자신의 잠재된 다른
특성을 개발해보라는 격려를 건넸다.

오 팀장은 염 이사의 말이 일리 있다고 생각하면서도 한편으로
는 사람들이 많이 모여 있는 모습만 상상해도 스트레스를 받는
자신의 성향을 고칠 수 있을까 염려가 되었다. 프로젝트가 실패
해서도 아니고 겨우 성격에 발목 잡혀 이대로 주저앉는가 싶어
겁이 나기도 했다. 계속 성장하려면 팀장 역할도 잘 해내야 한다
는 것을 알고 있지만, 자신이 하는 말을 팀원들이 무시하며 킬킬
대는 상상을 하며 잠도 잘 자지 못한다고 하소연을 했다.

내향형 리더가
주목받는 이유

• 장은지

성공하는 사람의 특징과 관련해서는 많은 편견이 존재합니다. 저녁형 인간보다는 아침형 인간이, 내향적인 사람보다는 외향적인 사람이 더 성공한다는 생각이 대표적이지요. 한 우물만 파는 사람이 성공한다거나, 게으르거나 정리정돈을 하지 않는 사람은 결코 성공하지 못한다는 이야기도 있고요. 하지만 저는 성공의 기준이나 방식은 사람마다 다르며, 중요한 것은 자신이 가진 특성이 최대한 긍정적으로 발현되도록 하는 것이라고 생각합니다.

오 팀장뿐 아니라 리더가 되었을 때 사람과 관계 맺는 문제로 어려움을 느끼는 분들이 많습니다. 일에 몰입하는 능력은 뛰어난데 팀원들의 성장을 돕는 매니징 업무나 관계를 통해 비즈니스를 만들어가는 역할이 부담스러워 자신은 리더 자격이 부족하다고 생각하기도 하지요. 심지어 조용한 성격에 말주변도 없어서 조직에 별 도움이 안 되는 것 같다며 자괴감을 토로하는 리더들도 꽤 많았습니다. 하지만 오 팀장을 비롯해 스스로 내향적 리더라고 생각하는 분들에게 드리고 싶은 조언은 '내향성'을 오히려 강점으로 받아들여 개발하면 얼마든지 긍정적이고 지속가능한 리더십으로 발현할 수 있다는 것입니다.

내향적인 사람도 좋은 리더가 될 수 있다

우리 사회에는 외향적 성격을 가진 사람들이 리더로서 자질이 뛰어나다고 생각하는 경향이 있습니다. 사교적이지 않은 내향적인 리더는 조직 내외부의 사람들로부터 지지와 관심을 끌어내는 자질이 부족하다고 생각하는 것이지요. 하지만 《콰이어트》를 통해 내향성의 힘을 설파한 수전 케인Susan Cain은 "과도한 위험 추구와 같은 외향적인 특징을 떠받들면서 사려 깊은 조심성과 같은 내향적인 특징을 저평가한 문화"를 비판하면서 일반적인 통념과 달리 탁월한 기업가 중에는 내향적인 리더들이 많다고 주장했습니다.

마이크로소프트Microsoft 전 회장인 빌 게이츠Bill Gates도 대표적인 내향적 리더라고 합니다. 그는 매우 조용하고 자신을 잘 드러내지 않지만 다양한 사람과의 지적인 교류와 연구에 몰두함으로써 거시적인 전망과 예측에도 영향력을 발휘하고 있는 것으로 유명합니다.

와튼스쿨의 애덤 그랜트 교수 역시 "내향적인 사람도 좋은 리더가 될 수 있다"라는 사실을 뒷받침하는 연구 결과를 내놓은 바 있습니다. 그는 외향적 리더와 수동적 구성원들의 조합 못지않게 내향적 리더와 자발적 구성원들의 조합도 뛰어난 성과를 낸다고 주장합니다. 그러면서 내향적 리더들이 탁월한 리더십을 보여줄 수 있는 원천은 "사람들의 말에 귀를 기울이고 공감해주며 잠재력을 발휘할 수 있도록 기다려주는 것"에 있다고 설명했습니다.

내향성에 대한 부정적 선입견 내려놓기

유엔글로벌콤팩트UNGC에서 2020년 발표한 보고서에 따르면, 지속가능성을 기업 전략에 내재화하는 데에 남다른 성과를 보이는 경영자들의 공통점 중 하나는 '이해관계자 포용stakeholder inclusion'이라고 합니다. 즉 지속가능한 리더는 이해관계자를 관리하기보다 포용하고, 넓은 범위의 관점을 이해하려 노력하며, 의사결정 과정에 모든 이해관계자를 적극적으로 참여시킨다는 것입니다. 이러한 포용력 외에도 내향적 리더들의 강점은 경청과 협력, 몰입력, 신중함, 분석력 등으로 매우 많습니다.

사람 많은 곳에 가는 것을 꺼리고 혼자 있는 시간을 좋아하는 사람들은 어떤 문제에 직면했을 때 깊이 고찰하는 능력을 통해 최선의 해결책을 찾아냅니다. 상황을 종합적으로 보고 신중하게 판단함으로써 위기 상황에서 남다른 결과를 가져오기도 합니다. 이러한 능력들 덕분에 내향적 리더들은 외향적 리더들 못지않게 탁월한 리더십을 발휘합니다.

오 팀장도 내향적 성격에 대한 자신의 부정적 선입견을 내려놓을 필요가 있습니다. 스스로 한계를 지으며 자신의 성격을 고쳐야 한다고 생각하기보다는 내향성이 지속가능한 리더십으로 발현되도록 고민해야 합니다.

요즘 젊은 구성원들은 일에 있어서 주도성과 권한을 중요하게 생각합니다. 이러한 젊은 구성원들을 잘 이끌기 위해서는 카리스마로 조직을 장악하는 리더십보다 아래로부터의 변화와 혁신을 이끄는 리더십이 더 효과적입니다. 그래서 최근에는 다른 사람을 잘 돕고 공감력이 높은 것을 특징으로 하는 '내향성'이 리더십의 주요 특성으로 새로운 평가를 받으면서 내향적 리더들에 대한 관점도 크게 달라졌습니다.

내향적 리더십과 서번트 리더십의 공통점

리더십 특성으로 내향성이 새로운 평가를 받으면서 '서번트 리더십servant leadership'도 더욱 주목받고 있습니다. 서번트 리더십이란 "리더가 부하직원을 '섬기는' 자세로 그들의 성장과 발전을 도움으로써 부하직원이 스스로 조직 목표 달성에 기여하도록 하는 리더십"을 의미합니다. 이 리더십은 "리더의 권력은 부하직원들로부터 나온다"라는 가치관에 토대를 두고 있으며, 핵심은 리더와 부하직원 간에 신뢰를 형성하는 것입니다.

내향적 리더들이 지향하는 리더십과 서번트 리더십의 공통분모는 바로 부하직원들을 통제하고 통솔하는 대신 같은 목표를 향해 나아가는 동반자로서 존중하고 그들의 성장을 돕는다는 것입니다. 내향적 리더들은 비전과 목표의 공유로 부하직원들의 성장을 돕는데, 여기에 바로 서번트 정신의 핵심이 담겨 있습니다.

서번트 리더십 이론의 주창자이자 저명한 컨설턴트인 제임스 헌터James C. Hunter의 연구에 따르면, 외향적 리더들보다 내향적 리더들이 서번트 리더십을 통해 구성원들의 탄탄한 신뢰를 얻는 데 성공할 확률이 더 높다고 합니다. 이러한 사실은 마이크로소프트의 현 CEO인 사티아 나델라Satya N. Nadella, 그리고 구글Google, 페이스북Facebook, 아마존Amazon의 CEO나 경영자들을 보더라도 분명하게 알 수 있습니다. 그들은 내향적 성향이 강하지만 뛰어난 전문성과 구성원들의 신뢰를 바탕으로 꾸준히 조직을 성장시키는 탁월한 리더들이지요.

많은 내향적 리더들의 성공이 보여주는 것처럼, 조직 내외부에 네트워크를 구축하고 비즈니스로 연결하는 능력에 있어서 활발한 성격이나 외향성이 필수조건은 아닙니다. 많은 사람을 자주 만나서 식사를 한다거나 하는 방식으로만 인맥을 쌓을 수 있는 건 아니듯이요. 전문성을 바탕으로 신뢰를 쌓으며 훨씬 더 견고한 인맥을 만들어갈 수도 있습니다. 오 팀장도 내향성을 오히려 강점으로 삼아서 자신이 잘할 수 있는 방식으로 네트워킹을 하면 됩니다.

상호 호혜의 원칙에 기반을 둔 네트워킹

내향성을 강점으로 삼아서 네트워킹을 잘하는 리더의 사례가 있어 소개할까 합니다. 코칭을 통해 만난 CEO인데, 재무전문가 출신답게 조용한 말투에 내향적 성격의 리더였습니다. 주변에서 '저런 성격으로 어떻게 험한 비즈니스 세계에서 살아남았지?'라는 시선이 많을 만큼이요. 그런데 제가 오랫동안 옆에서 지켜보니 그분의 힘은 조직 내외에 구축한 강력한 네트워크에 있었습니다. 특히 조직 내에는 그분을 존경하고 지지하는 임원들이 많았습니다. 그 비결은 먼저 지시하기보다는 의견을 경청해주고, 상사라기보다는 멘토로서 일대일로 만나 고충을 들어주는 데 있었습니다. 또 외부 네트워크를 통해 인재를 발굴하는 역량도 대단했습니다. 술을 마시거나 골프를 치는 등의 사교활동은 자주 하지 않았지만, 콘퍼런스와 같은 행사에 참석해 새로운 정보를 얻고 인맥을 쌓는 것은 즐기시더라고요. 새로운 사람을 소개받는 것도 마다하지 않고요. 그런 장소에 가서도 본인을 알리기보다는 어떤 사람들이 주목받는지 관찰하고 많은 이야기를 들으시더군요. 그렇게 축적한 정보와 인맥을 조직에 필요한 일이 생길 때마다 연결해주었습니다.

그분이 네트워크를 구축할 때 중요하게 생각하는 한 가지 원칙이 있었는데, 바로 '상호 호혜'의 원칙이었습니다. 즉 사람들과 관계를 맺으며 무언가 주고받을 때 그것이 단순한 교환거래로 끝나지 않고 함께 성장하는 기회가 되도록 하는 것을 중시했습니다. 그분과 함께 일했던 외부 파트너의 이야기를 들어보니, 그분이 무언가 부탁할 때는 매우 신중하면서 상대를 배려하는 마음이 물씬 느껴져 도저히 거절하기 힘들었다고 하더군요.

네트워킹을 잘하려면 '찐한' 관계를 많이 쌓아야 한다는 생각도 사실 오해입니다. 세계적인 리더십 전문가이자 베스트셀러 저자인 데이비드 버커스David Burkus는 '약한 연결'의 힘을 강조하는《친구의 친구》라는 책에서 "커리어에서 도움을 주고받는 관계는 가장 가까운 사이가 아니라 한두 번 본 적 있는 약한 유대관계의 친구, 혹은 친구의 친구처럼 한두 단계 건너 뛴 사람들로부터 더 많이 생겨난다"라고 말합니다.

내면에서 우러나오는 진정성과 자기 확신 역시 사람들이 모이게 만드는 내향적 리더들의 좋은 무기입니다. 이를 무기로 당신만의 네트워크를 만들어갈 수 있습니다. 자신의 강점을 믿고 자신만의 방법으로 인맥을 쌓고 비즈니스를 연결하면 됩니다. 내향적 리더들의 시대가 오고 있습니다. 자신감을 갖고 지속가능성의 관점으로 접근해보십시오.

공감과 포용,
리더의 새로운 경쟁력이 되다

· 윤대현

외향적인 성격의 사람이 최고경영자의 자리까지 올라갈 확률은 60퍼센트에 이른다고 합니다. 이를 뒤집어 생각해보면 열 명 중 네 명은 내향적인 성향의 리더라는 이야기가 됩니다. 사실 더 정확하게 보자면, 어떤 사람의 성격을 외향성과 내향성 둘 중 하나로만 규정하기 어렵습니다. 내향성과 외향성은 이분법적으로 나뉘지 않고 넓은 스펙트럼 안에 함께 존재하니까요.

내향적인 사람들은 대체로 누구 앞에서 자기 이야기 하는 것을 어색해합니다. 이런 모습을 두고 내향적인 사람은 타인의 눈치를 많이 본다고 말할 수도 있지만, 관점을 바꿔서 보면 타인에게 관심이 많다는 것으로도 해석할 수 있지 않을까요.

오 팀장도 자신이 내향적이라서 좋은 리더가 될 수 없다고 미리부터 한계를 지을 필요는 없습니다. 앞에서도 설명했듯이 성격 자체를 바꾸는 것은 어렵지만, 성격을 받아들이는 관점은 바꿀 수 있습니다. 오 팀장의 조용하고 독립적인 성격 자체를 바꿀 수는 없겠지만, 그 성격을 강점으로 만들 수는 있습니다. 그리고 그것은 전적으로 오 팀장 자신에게 달려 있습니다.

리더는 외향적이어야 한다는 편견

외향적인 특성이 성공에 유리하다는 생각이 편견은 아닌지 생각해볼 여지가 있습니다. 어쩌면 외향적인 사람이 리더로서 더 적합하다는 편견이 평가나 인사에 있어서 영향을 미치는 것은 아닐까요. 실제로 시니어 리더 그룹의 65퍼센트가 내향적인 성향은 리더로서 단점이 될 수 있는 것으로 인식한다는 통계도 있습니다.

더 나아가 내향적 리더들이 스스로 타인의 시선과 편견을 진실로 받아들이며 위축되었을 수도 있습니다. 오 팀장이 자신은 사람들과 편안한 관계를 맺는 것이 어렵다며 좋은 리더가 될 자질이 부족하다고 한계를 긋는 것처럼 말입니다.

그런데 내향적 성향이 그렇게 취약하다면 오랜 세월 그 특성을 유지할 수 있었을까요? 진화심리학에서는 인간을 불안 유전자가 가득한 조상의 후예라고 이야기합니다. 맹수들의 위협 때문에 자연을 즐기지 못한 채 계속 주변 경계를 해야 했던 선조들의 불안 유전자가 후세대에 전해지고 있다는 것입니다. 그래서 역사학자인 유발 하라리Yuval N. Harari는 "호모 사피엔스는 생존에는 강하지만 행복에는 허약한 종"이라고 주장하기도 했죠. 그러고 보면 번아웃도 생존 시스템만 작동시키면서 살아가는 사람들에게 찾아오는 마음의 소진 상태입니다.

진화론의 관점에서 보면, 인류의 생존에 내향성도 충분한 가치가 있었기 때문에 여전히 내향적 성향의 사람들이 태어나 살아가고 있는 겁니다. 그렇지 않았다면 외향적인 사람들만 살아남았겠지요. 외향적인 리더만 성공할 수 있다는 것은 내향적 리더들의 혈액에 흐르는 강한 생존력을 간과한 편견에 불과합니다.

내향성과 외향성의 조화가 중요하다

오 팀장이 가장 걱정하는 부분이 조직 내외부의 사람들과 교류하며 네트워크를 구축하는 것인데요, 일단 조직 내부에서 성과를 내려면 리더의 성향 자체보다는 리더와 구성원의 조화가 얼마나 잘 이루어지느냐가 더 중요합니다.

앞에서 살펴봤던 애덤 그랜트 교수의 연구 내용을 좀 더 들여다 볼까요. 피자 프랜차이즈 130개 가맹점을 대상으로 리더와 구성원의 성향과 성과를 조사했는데, 다른 사람과 소통하고 교류하는 데 소극적인 내성적 성향의 구성원과 외향적 성향의 리더가 일하는 가맹점의 수익률이 평균치보다 16퍼센트 더 높았다고 합니다. 반면에 야심이 크고 동기부여가 잘되어 있는 구성원이 비슷한 성향의 외향적 리더를 만났을 때는 오히려 수익률이 평균치보다 14퍼센트 낮았다는군요. 구성원들이 자기 의견을 강하게 주장하면 외향적 리더는 오히려 위협감을 느꼈기 때문입니다.

또 다른 연구 결과에서는 내향적인 리더가 자기 의견이 강한 구성원을 만났을 때 업무 효율이 28퍼센트 증가했다고 합니다. 외향적 리더와 달리 내향적 리더는 구성원들의 의견을 잘 경청하고 수용하기 때문이겠지. 결론은 외향적인 리더가 반드시 좋은 리더는 아니라는 것, 그리고 자신의 성향을 잘 파악해서 구성원들과 시너지를 낼 수 있는 방향으로 균형을 꾀할 수 있는 사람이 탁월한 리더가 될 수 있다는 것입니다. 또한 내향적인 리더가 구성원들의 의견을 수용하는 자세는 자신의 능력을 과신하지 않고 계속 성장하게 만드는 원동력이 됩니다. 자신의 성공 경험을 구성원들과 공유하여 조직 내 프로세스 발전시켜 지속가능한 성장을 이끌어내는 데 유리한 것이지요.

오 팀장도 자신의 성격 때문에 위축될 필요는 전혀 없다고 봅니다. 자신의 성향과 조화를 이룰 수 있는 사람들과 네트워크를 구축하면 얼마든지 좋은 리더로서 지속가능한 성장을 할 수 있습니다. 그러려면 스스로 내향성을 부정적으로 간주하는 관점을 긍정적으로 전환해야 합니다. 내향적인 사람도 얼마든지 사람들이 따르는 매력적인 리더가 될 수 있습니다.

내향성의 시대가 오고 있다

엉뚱한 상상이지만 앞으로 인공지능이 더욱 일반화되는 세상이 오면 내향적 성향이 강한 사람이 좀 더 경쟁우위를 갖게 되지 않을까 싶습니다. 설득의 기술을 인공지능화한 연구들이 발표되었는데, 조 단위의 엄청난 양의 문서를 읽고 전문가 수준에 근접한 토론 능력을 학습한 인공지능도 이미 선보이고 있더군요. 그래서 인공지능이 거짓 뉴스나 왜곡된 마케팅에 사용되지 않도록 윤리적 기술적 장치가 필요하다는 주장도 제기되고 있고요.

이렇게 머신러닝 알고리즘이 빠르게 발전하고 있다고는 하지만 내향적 성향의 특징인 공감 경청과 수용력까지 인공지능이 학습하는 것은 앞으로도 거의 불가능하지 않을까요. 이런 점에서 보더라도 내향적 성향은 절대 불리한 특징이 아닙니다.

지금 우리는 각 개인의 '다양성'을 존중하는 것이 매우 당연하면서도 중요한 시대를 살아가고 있습니다. 자기 스타일을 강하게 밀어붙이는 외향적 리더보다는 타인의 의견을 잘 경청하고 수용하는 내향적 리더가 훨씬 더 경쟁력이 있습니다. 사람과의 연결과 창의력이 중시되는 미래 사회에서는 내향성이 더욱더 높은 가치를 인정받게 될 것입니다.

세상에 같은 성격은 하나도 없습니다. 우리 모두는 서로 다른 다양한 성격을 지녔으며, 어떤 성격이든 그 자체로서 존중받아야 마땅합니다. 오 팀장도 괜한 성격 프레임을 만들어 스스로 걸림돌로 삼지 말고 자기 자신과 타인의 성향을 객관적으로 바라볼 수 있는 마음의 여유를 가지기 바랍니다. 앞으로의 미래는 내향적 리더인 당신의 편이 될 테니까요.

CASE 15 솔루션

- 외향적인 특성이 성공에 유리하다는 것은 편견이다.

- 내향성도 충분히 강점으로 개발하여 탁월한 리더십으로 발전시킬 수 있다.

- 주도성과 권한을 중요시하는 MZ세대에게는 공감력과 포용력이 높은 내향형 리더가 좋은 합이 될 수 있다.

- 인적 네트워크를 쌓을 때는 외향성보다 상호 호혜의 원칙을 기반으로 진정성 있는 관계를 만드는 능력이 중요하다.

- 리더는 자신의 성향을 파악하여 구성원들과의 차이를 이해함으로써 시너지를 낼 수 있어야 한다.

지속가능성

리더는 성공 이후 정체감에 빠지지 않도록 개인의 비전과 목표를 끊임없이 재점검하며 개인의 성공을 조직의 성공으로 확장시킬 수 있어야 한다. 아래 표를 통해 나는 얼마나 지속가능성이 높은 리더인지 스스로 점검해보자.

평가항목	체크
향후 10년 나의 커리어 목표와 비전을 설명할 수 있다.	☐
개인적인 성공을 넘어 팀원들의 성장과 성공을 돕고 있다.	☐
번아웃이 찾아왔다면 '내가 열심히 노력했기 때문'이라고 받아들인다.	☐
외부에서 주어진 목표를 위해 억지로 일하지 않는다.	☐
우선순위를 판단하여 적절한 순간에 거절할 수 있다.	☐
자신의 성향과 시너지를 낼 수 있는 구성원들과 일하고 있다.	☐
내가 없어도 조직이 돌아갈 수 있도록 매뉴얼과 프로세스 정립에 항상 신경 쓴다.	☐

0개~2개: 현상 유지와 정체를 극복해야 하는 단계
3개~5개: 지속가능한 리더십을 위해 노력하는 리더
6개 이상: 축적된 성공 경험을 프로세스로 정립할 수 있는 상위 10% 리더

● 　리더십 성장의 마지막 일곱 번째 단계는 바로 성공의 고지에 오른 뒤에도 자만을 경계하며 겸손한 자세를 유지하는 '자기경계|self-regulation'입니다.

자기경계를 위해서는 자연스럽게 '자신이 어떤 사람이고 어떤 가치를 추구하는지 성찰하는' 첫 번째 단계로 돌아가게 됩니다. 새로운 자기인식을 통해 눈앞의 성공에 함몰되지 않고 더욱 겸손한 자세로 자신의 목표와 비전을 점검하며 성장을 이어나가야 합니다.

결국 리더는 일곱 단계를 차례로 거치기도 하지만 어떤 단계에서는 다시 앞의 단계를 반복하기도 하고, 마지막 단계까지 왔더라도 다시 처음부터 성장의 단계를 밟기도 합니다. 이는 리더십이 완성형으로 존재하지 않고 끊임없는 연속 과정에 있음을 의미합니다.

STEP 7

자기경계

16장

성공한 리더들이
흔히 하는 실수

● 자만심 경계하기

CASE 16   조 대표는 최근 몇 년간 굵직한 프로젝트들을
─────   크게 성공시키면서 빠른 승진을 거듭해 40대 초
반에 젊은 CEO가 되었다. 그의 업적이 외부에도 알려져 매스컴
에 오르내리면서 유명세도 얻었다. 그런데 언제부턴가 조 대표가
자기 실력만 믿고 안하무인으로 변했다는 소문이 떠돌았다. 조
대표와 그의 추종자들은 시기하는 사람들이 만들어낸 뜬소문이
라고 일축했지만, 마침내 문제가 불거졌다.

부하직원이 제출한 계획서를 조 대표가 제대로 검토하지도 않
고 "이걸 지금 보고서라고 올린 겁니까? 저한테 시위하는 거냐고
요!" 막말하며 얼굴에 던진 것이다. 그 부하직원은 평소 "비위를
맞춰주지 않는다"며 조 대표가 아니꼽게 여긴 주요 인물이었다.
이 모습을 직원들이 몰래 촬영하여 사내 커뮤니티에 올렸고 그
룹 회장까지 알게 되었다.

경영진의 도덕성을 중시하는 그룹 회장이 직접 불러 호되게 나무
랐지만, 정작 조 대표는 억울해하는 표정이었다. 그 뒤로도 조 대
표는 많은 사람이 반대하는 일을 자신의 감만 믿고 무리하게 밀
어붙이는가 하면, 사소한 일에도 쉽게 화를 내며 부하직원들의
사기를 꺾어놓기 일쑤였다. 조 대표를 롤모델로 여기며 따르던 임
원들과 구성원들이 하나둘 회사를 떠나기 시작했다.

조직을 출세의 도구로
여기지 않는가

• 장은지

우리 사회에는 화려한 성공을 동경하는 문화가 있고, 어떻게든 경쟁에서 이겨 성공하는 것을 유일한 삶의 목표로 삼는 사람들이 있습니다. 성공을 강조하고 가르치는 사람들은 많지만, 성공 이후 어떻게 해야 하는가에 관해 이야기해주는 사람은 찾아보기 어렵습니다. 많은 리더들이 강점을 바탕으로 어느 단계까지는 순조롭게 성공을 하지만 이후에는 강점이 오히려 함정으로 작용하며 실패를 경험하기도 합니다. 어떤 경우에는 생각지도 못했던 약점이 툭 튀어나와 한계에 부딪히기도 합니다. 성공하는 것보다 성공을 지키는 것이 더 어렵지만 이에 관해 제대로 알고 있는 리더는 많지 않은 듯합니다.

리더가 성장하면 리더십도 함께 성장해야 합니다. 성공한 리더일수록 리더십을 확장해 지속가능한 성장의 흐름을 만들어야 합니다. 그렇지 않고 조 대표처럼 성취감과 자기만족에 함몰되면 자신의 성공을 구성원과 조직의 성공으로 확장하지 못합니다. 성과와 함께 리더십도 정체되어 지속가능한 성장 흐름에서 탈선해버리는 것이지요.

리더로서 성공의 의미를 어디에 두어야 할까

한때 성공이라는 고지에 올랐던 리더들이 그 성공을 지속하지 못하고 추락하는 이유는 무엇일까요? 가장 먼저 짚어볼 수 있는 것은 오직 일신의 출세를 위해 성공하고자 했을 때입니다. 저는 지금까지 수많은 리더와 성공에 관해 대화를 나눌 기회가 있었는데, 그들이 생각하는 성공의 정의는 모두 달랐습니다. 매우 심오한 목표와 비전을 갖고 성공을 추구하는 리더도 있었지만, 오직 타인에게 인정받고 출세해서 경제적 성공을 거두는 것만이 목적인 리더도 무수히 많았습니다.

얼마 전 만났던 한 리더는 뛰어난 영업력 덕분에 젊은 나이에 대기업 상무 자리에 오른 분이었습니다. 그는 본인의 출세 욕구를 거침없이 드러내며 기업조직에서 살아남으려면 이런 적극성이 필요하다고 강조했습니다. 그러면서 앞으로 전무를 거쳐 그룹 부회장까지 되는 것이 목표라고 하더군요. 여러 번에 걸쳐 그를 만났지만, 그는 팀을 통해서 이루어내고 싶은 일이 무엇이고 그 일이 자신의 비전과 어떻게 연결되는가에 관해서는 단 한마디도 설명하지 못했습니다. 자신의 성공이 조직을 떠나 산업과 사회에서는 어떤 가치를 지니는가에 관해서도 마찬가지였습니다.

이러한 리더들에게 조직이란 자신의 출세를 위한 도구일 뿐입니다. 구성원들은 그러한 리더를 보며 '저 사람은 언제든지 사리사욕을 앞세워 사람들과 조직을 등질 수 있다'라는 생각을 합니다. 겉으로야 웃을 수 있겠지만 리더의 성공을 진심으로 지지하고 응원하기는 힘들 겁니다. 구성원들이 모래알처럼 각자 딴생각을 하는데 리더 혼자서 지속가능한 성장을 하는 건 불가능하겠지요.

미국 스탠퍼드대학교 총장을 지냈고, 현재는 구글의 지주사 알파벳Alphabet 회장인 존 헤네시John Leroy Hennessy는 《어른은 어떻게 성장하는가》라는 책에서 이렇게 이야기했습니다. "어떤 팀이나 조직의 리더 역할을 더 높은 직함이나 더 큰 보상, 더 많은 연봉 등 개인적 목표를 성취하기 위한 과정의 한 단계로 받아들인다면, 결코 진정한 성공을 거두지 못할 것이다. 정해진 방향으로 조직이 나아가도록 모두의 힘을 빌리는 것이 리더의 일이라고 규정한다면, 다 함께 목적지에 도착하게 될 것이다."

리더의 권력 욕구가 나쁜 것은 아니다

리더로서 진정한 성공의 의미를 일신의 출세가 아닌 '다 함께 목적지에 도착하는 것'에 두어야 한다고 해서 개인의 욕구를 모두 무시해야 한다는 의미는 아닙니다. 조직을 떠나서도 변함없이 추구하고자 하는 개인의 비전도 매우 중요하니까요. 다만 리더로서 계속 성장하려면 개인의 비전으로만 머물러서는 안 되고 조직의 비전과 연결되어야 합니다. 존 헤네시 회장의 조언대로 그것이 '리더의 일'이기 때문입니다.

조 대표처럼 더 높은 자리에 올라가려는 권력욕도 성공을 이끄는 중요한 동인이 될 수 있습니다. 그러나 권력욕 자체가 목적이 되면 성공을 하더라도 이후에 계속 더 성장하기 위해 함께 가야 할 사람들이 남지 않게 될 겁니다. 누구나 성장의 어느 단계에서는 위기를 맞이하게 되는데 그때 아무런 지원이나 협력도 얻을 수 없다면 어떻게 될까요. 권력을 얻고 사람을 잃는 것처럼 어리석은 일은 없습니다.

저명한 신경과학자인 이안 로버트슨Ian Robertson 교수 역시 《승자의 뇌》라는 책에서 "개인적인 목적을 위한 권력욕과 집단 혹은 사회를 위한 권력욕이 모두 필요하며 이 두 권력욕이 균형을 이루어야 한다"라고 말했습니다. 결국 권력욕 자체보다는 그것이 오직 일신의 출세만을 위한 것일 때 문제가 됩니다. 권력욕에서 비롯되는 에너지를 조직의 구성원들을 비롯해 주변 사람들 모두의 성공을 위해서도 사용한다면 어떻게 될까요. 권력과 사람을 함께 얻을 수 있고, 덕분에 성공의 유효기간을 더 늘려갈 수 있을 겁니다.

자기경계를 위한 거울이 되어주는 피드백

리더들이 자신의 성공을 지속하지 못하고 실패하는 또 다른 이유는, 다른 사례에서도 반복적으로 언급된 것처럼 높은 자리에 올라갈수록 피드백의 기회가 적어지기 때문입니다. 하지만 객관적인 피드백과 조언은 자기 자신을 살피고 조심하는 '자기경계'에 꼭 필요한 요소입니다. 아무리 시야가 넓은 사람이라 하더라도 자기 턱 밑의 점은 볼 수가 없습니다. 그래서 필요한 것이 다른 사람들의 피드백과 조언이라는 거울입니다. 따라서 리더는 어떤 피드백이든 여과 없이 들을 수 있는 채널을 스스로 만들어두는 것이 필요합니다. 피드백에 귀를 기울이지 않고 아첨과 아부와 같은 듣기 좋은 말만 들으려고 하는 순간부터 리더의 추락이 시작된다고 해도 과언이 아닐 겁니다.

또 저는 성공한 리더들의 눈과 귀가 가려지는 데에 우리나라 기업의 조직구조와 조직문화도 한몫하고 있다고 생각합니다. 상당수 기업조직의 리더들은 어느 단계에 올라가면 실무를 하지 않는 관리자로서만 성장하게 됩니다. 실무를 하지 않으면서 업무에 대한 전문성도 퇴보하기 때문에 리더는 본인의 권력을 조직 위계에 의존하면서 사내정치에 집중할 수밖에 없게 되지요. 이러한 리더의 네트워크는 승진과 출세를 목적으로 모여든 사람들로 채워지고, 이들에게 왜곡된 피드백만 받으면서 더는 자기반성이나 성찰을 하지 않게 됩니다. 자기반성과 성찰이 없는 리더는 쉽게 초심을 잃고 자만심에 빠져버리게 되는 것이고요.

자부심과 자만심 사이에서 균형 잡기

외부의 피드백과 조언을 거울삼아 자기 자신을 경계하는 것 못지않게 자기반성과 성찰을 통한 자기경계도 매우 중요합니다. 이와 관련해서는 좋은 지침이 될 만한 예시가 있는데요, 홍콩의 거부인 리카싱李嘉誠 회장이 자신의 성공 비결로 제시한 '자부지수自負指數'가 그것입니다. 그는 다음 네 가지 질문을 통해 스스로 얼마나 겸허한지 끊임없이 물으며 교만해지는 것을 경계했다고 합니다.

1. 내가 지나치게 교만하지 않은지?
2. 내가 바른말을 받아들이지 않고 거절하는지?
3. 내 언행이 가져올 결과에 책임지길 원하지 않는지?
4. 나에게 어떤 문제와 그 결과, 해결책을 보는 통찰력이 부족한 것은 아닌지?

우리는 어떤 목표를 이루기 위해 치열하게 노력한 결과에 대해서 '자부심'을 느낄 수 있습니다. 자부심은 계속 노력하기 위한 동기부여가 되고, 힘들 때 포기하지 않고 앞으로 나아가는 원동력이 되기도 합니다. 그런데 성공 경험이 쌓이면서 자부심이 커지고 잘못 부풀려져 자아팽창이 되면 자만심으로 변질될 수 있습니다. 마음에 자만심이 들어차면 타인에 대한 공감, 자신에 대한 객관적 반성은 사라져버립니다. 조 대표처럼 자신의 비위를 맞춰주는 사람의 말만 듣고, 자신의 감만 믿고 무리하게 일을 추진하게 되는 것이지요.

리카싱 회장의 자부지수도 결국 겸허한 마음가짐을 통해 자부심과 자만심 사이에서 균형을 잘 잡기 위한 것이 아닐까 생각합니다.

리더들의 레이스는 단거리 경주라기보다 긴 호흡의 마라톤과 같습니다. 기록을 단축하는 데 초점이 맞춰지는 것이 아니라 스스로 페이스를 조절할 수 있는 정신력이 중요한 레이스인 셈이지요. 자기경계는 이러한 정신력을 키우는 힘이기도 합니다. 조 대표에게도 더 늦기 전에 자기경계를 통해 부풀려진 자만심을 내려놓고 마음의 균형을 되찾으려 노력해야 한다는 조언을 드리고 싶습니다. 그래야 지속가능한 성장이라는 긴 레이스를 성공적으로 완주할 수 있을 테니까요.

마음에도 적절한
보상이 필요하다

· 윤대현

　　요즘 분노와 짜증이 늘었다며 찾아오는 분들이 적지 않습니다. 집에서든 직장에서든 정말 사소한 일에도 화가 솟구쳐 참지 못하겠다는 분들도 많고요. 어떤 때는 아무 관계도 없는 콜센터 직원이나 백화점 판매원에게 소리 지르고 있는 모습을 발견하곤 스스로 화들짝 놀란다며 하소연하는 분들도 있습니다.

　개중에는 자신의 뇌에 혹시 무슨 문제가 생긴 건 아닌가 걱정하는 분도 있는데, 어떤 측면에서는 뇌에 문제가 생긴 게 맞습니다. 뇌의 자기 통제 시스템에 문제가 발생한 것이니까요. 대개는 과도한 스트레스로 인해 지칠 대로 지친 뇌가 파업을 일으키는 것인데요. 자기도 힘드니까 보상 좀 해달라며 시도 때도 없이 '쾌락 시스템pleasure system'을 가동하는 겁니다. 다른 사람 위에 군림하려는 비뚤어진 권력욕도 지친 뇌가 추구하는 쾌락 중 하나입니다.

쾌락을 추구하는 뇌는 당분간 '공감' 능력을 상실하기도 합니다. 자기만족과 보상이 제일 중요하니까 남을 이해하고 공감하는 데에는 에너지를 쓰지 않는 거죠. 그래서 조 대표와 같은 이른바 '갑질' 행위를 해서 문제를 일으키곤 합니다.

흔히 성공에는 대가가 따른다는 말을 하는데요, 우리 마음도 마찬가지입니다. 성공의 정점까지 올라서느라 애를 썼으니 이제는 자기 좀 위로해달라고 대가를 요구합니다. 이 마음의 요구에 잘 대응해야만 성공이 더 오래 지속되고 더 밝게 빛날 수 있습니다. 조 대표에게 지금 가장 필요한 것은 충고나 비난보다는 자기 마음을 위로하는 법을 배우는 것이 아닌가 싶습니다.

쾌락 시스템이 오작동하지 않도록 하려면

남다른 성공을 거둔 리더가 한순간의 잘못된 행동으로 어렵게 쌓아온 평판과 성공을 잃어버리는 상황을 흔히 목격합니다. 똑똑하고 유능한 사람들이 바보 같은 선택을 하고 자멸하는 모습을 보며 우리는 도저히 이해할 수 없는 일이 일어났다고 생각합니다. 그런데 이는 우리 뇌의 작용이 그렇게 만드는 측면이 있습니다. 뇌에는 생존에 꼭 필요한 장치로서 '쾌락 시스템'이 존재합니다. 쾌감

반응을 일으키는 대표적인 것에는 음식, 사랑 그리고 권력이 있습니다. 먹어야 살 수 있고, 사랑해야 후손을 낳을 수 있으며, 권력이 있어야 나와 내 가족을 지킬 수 있죠. 이렇게 생존을 위해 뇌가 쾌락 시스템을 작동시키는데, 적절한 수준을 넘어서 과도하게 작동하면 오히려 생존을 위협하기도 합니다.

쾌락 시스템이 무리하게 작동하는 이유는 대개 스트레스에 있습니다. 스트레스를 받은 뇌가 보상 차원에서 강력한 쾌락을 원하면서 과도한 권력욕이 생기는 것이죠. 어린 시절부터 상대적 박탈감에 시달리며 오직 성공 하나만 보고 달려온 사람들도 괴롭고 힘든 순간마다 권력이라는 쾌감을 원하게 됩니다.

쾌락 시스템이 오작동하지 않도록 하려면 평소에 마음관리를 잘해두는 것이 필요합니다. 우리 마음은 우울, 공포와 같은 부정적 감정이나 스트레스 상황도 결핍으로 받아들여 이를 보상하기 위한 쾌락을 요구하기도 하니까요. 긍정적인 에너지로 충만한 마음에서는 쾌락 시스템이 오작동할 이유가 없습니다. 그런데 조 대표처럼 이미 오작동이 일어났더라도 너무 걱정하지 않아도 됩니다. 연습과 훈련을 통해 충분히 되돌이킬 수 있습니다. 우리 마음에는 탄력성이 있으니까요.

성취 후 허무감이 찾아오는 이유

삶의 위기가 찾아와도 그것을 뛰어넘고 목표를 향해 달리게 해주는 긍정성은 성공의 중요한 요인입니다. 문제는 이 긍정성을 제공하는 '마음'이 자선단체가 아니라는 데 있습니다. 자선이 아니라 대출 서비스를 해주는 개념인데요, 성공하고 싶다고 주문을 걸면 마음이 긍정성을 대출해주고, 그러다가 성취를 이룬 순간 채권회수에 들어갑니다. 긍정성이 공급되던 파이프라인을 잠가버리곤 '지금껏 네가 성공하도록 도와주었으니 이젠 나를 즐겁게 해봐'라고 마음이 보상을 요구하는 겁니다.

이것이 성취 후에 찾아오는 '허무감'의 정체입니다. 마음이 보상을 요구하면서 더는 긍정성을 제공하지 않기 때문에 허무감이 찾아오는 겁니다. 아무리 자기 통제를 잘하는 사람도 생존 본능을 완벽하게 통제하는 것은 매우 어렵습니다. 그야말로 생존 본능이기에 그 힘이 어마어마하거든요. 식욕을 통제하기가 쉬우면 왜 비만이 전염병처럼 늘고 있겠습니까.

실제로 성공의 정점에서 심각한 허무감을 느껴 내원하는 리더들이 적지 않습니다. 다시 무언가에 도전하고 싶은데 뜻대로 되지 않는다고 하는 분들도 있습니다. 이럴 땐 한 가지 방법밖에 없습니다. 마음이 원하는 대로 충분히 보상을 해주어야 합니다. 대출 자금을 갚아야 다시 대출받을 수 있는 이치와 같습니다.

성공 이후 심리적 보상을 건강하게 해결하라

마음이 원하는 대로 보상하되 건강한 방식으로 해야 합니다. 조 대표가 성공의 탄탄대로에서 그런 도덕성 문제를 일으킨 것도 성취 후에 찾아오는 심리적 보상 요구를 건강하게 해결하지 못했기 때문입니다. 본인도 모르게 찾아온 허무감을 위로하기 위해 쾌락 시스템이 과도하게 작동했고, 강력한 권력욕이 분출되면서 타인을 망가트리고 자신의 숨통마저 조여버린 것입니다.

그렇다면 건강한 심리적 보상이란 어떤 것일까요. 한 가지는 지친 자기 마음을 위로해주고 에너지를 충전하는 겁니다. 열심히 사는 것만큼이나 자기 마음을 잘 충전하는 것이 중요합니다. 마음을 잘 충전하고 나면 오작동하던 쾌락 시스템도 정상을 되찾고 다시 긍정성을 공급하는 파이프라인을 개통할 겁니다. 마음을 충전하는 법에 대해서는 몇 차례 설명한 바 있으니 여기에서는 생략하도록 하겠습니다.

그다음은 좋은 사람들과 좋은 관계를 맺는 것입니다. 좋은 관계를 통해서 얻는 심리적 보상은 매우 강력합니다. 이러한 사실을 뒷받침하는 연구 결과도 있습니다. 하버드대학교에 입학한 학생 268명을 대상으로 72년간 추적 조사한 결과를 통해 행복하고 건강한 삶의 법칙을 밝힌 《행복의 조건》이라는 책을 보면 "삶에서 가장 중요한 것은 인간관계이며, 행복은 결국 사랑"이라고 밝히고 있습니다. 부, 명예, 학벌 따위가 행복의 조건이 아니라는 건 다행인데, 사실 사람들과 좋은 관계를 맺는 것도 그리 쉬운 일은 아닙니다. 어찌 보면 인생에서 가장 어려운 것이 바로 인간관계의 문제입니다. 그래서 좋은 관계를 유지하는 사람들이 더 큰 행복감을 느끼는 것인지도 모르겠습니다.

리더로서 구성원들과 좋은 관계를 유지하는 비결은 공감과 경청입니다. 큰 성취를 이루고 주목받는 자리에 있는 리더일수록 공감과 경청을 통해서 구성원들과 긍정적인 관계를 지속하려는 노력이 필요합니다. 조 대표도 이전에는 부하직원들의 말을 잘 경청해주고 공감 소통을 하는 리더였다고 합니다. 조 대표를 롤모델로 여기며 따르는 후배들도 많았다고 하고요. 조 대표가 예전의 그 마음으로 돌아가 구성원들의 이야기에 귀 기울이며 성장과 발전을 도울 수 있기를 바랍니다. 그렇게 구성원들과 좋은 관계를 회복하는 것이 지금으로선 자기 마음에 해줄 수 있는 가장 좋은 심리적 보상이 아닐까 생각합니다.

CASE 16 솔루션

- 타인에게 인정받고 물질적 성공이나 출세를 거두는 것만이 목적인 리더는 성공을 지속하기 어렵다.

- 리더로 성장하면서 객관적인 피드백의 기회가 줄어들수록 리더에게 '자기경계'는 꼭 필요한 요소다.

- 성공 이후 마음이 심리적 보상을 요구하는데, 이때 쾌락 시스템이 과도하게 작동하면 문제 행동을 일으키게 된다.

- 성공을 위해 달리느라 지친 마음을 위로해주고 에너지를 충전하는 건강한 심리적 보상을 해야 한다.

17장

왜 요즘 애들은
쉽게 일하려고 할까

● 꼰대가 되지 않는 법

CASE 17　광고회사 크리에이티브 디렉터로 일하는 40대 ―――――――― 후반의 엄 부장은 "요즘 젊은 친구들은 왜 그렇게 쉽고 편한 것만 찾을까요?"라며 한숨을 내쉬었다. 이삼십 대의 젊은 직원들이 지나치게 개인주의적이고 일을 별로 열심히 하지 않는다는 것이었다. 하던 일을 제대로 마무리하지 않고 퇴근해버리는 무책임한 모습도 이해하기 어렵다고 했다. 심지어 얼마 전에는 중요한 프레젠테이션을 앞두고 담당자가 휴가를 내고 사라지는 바람에 곤욕을 치렀다며 혀를 내둘렀다.

엄 부장은 평소 젊은 팀원들을 못마땅하게 생각하면서도 '꼰대' 소리는 듣고 싶지 않아서 대놓고 잔소리를 하지는 않았다. 하지만 회의 시간에 아이디어를 발표하는 팀원에게 "그걸 지금 아이디어라고 갖고 온 겁니까? 그렇게 일하면서 월급 받아가기 미안하지 않아요?"라며 감정 섞인 비난을 하기 일쑤였다. 그러면서 자신이 젊을 때는 며칠씩 밤새며 일했고, 퇴근 후나 주말에도 광고 아이디어 짜내느라 연애할 시간도 없었다는 이야기를 무용담처럼 늘어놓기도 했다. 팀원들이 자기 이야기에 집중하지 않으면 책상을 치며 불쾌감을 드러내기도 했다. 하지만 엄 부장은 자신은 정말 꼰대가 아니라고 강조하며, 젊은 팀원들과 어떻게 소통해야 할지 고민이라고 말했다.

자신의 성공 방식을
강요하지 않는가

· 장은지

엄 부장은 한때 광고계에서 실력 좋기로 소문난 크리에이터였습니다. 그동안 다져놓은 신뢰 덕분에 엄 부장을 찾는 광고주들도 꽤 있는 상황이었죠. 이렇게 유능하고 성과가 뛰어났던 리더들일수록 자신이 옳다는 확신이 강해서 다른 사람의 의견을 잘 경청하지 않고, 자신의 성공 방식을 강요하는 예가 많습니다.

엄 부장은 젊은 팀원들에게 꼬박꼬박 존댓말을 한다는 점을 들어 자신은 절대 꼰대가 아니라고 주장했지만, 제가 보기에 그는 꼰대의 의미를 잘못 이해하고 있는 듯했습니다. 사실 꼰대는 나이나 직위에 상관없이 '자신의 과거 성공 방식을 다른 사람에게 강요하는 사람', '타인에 대한 공감 능력이 없어서 일방적으로 자신의 주장만 하는 사람'을 가리킵니다.

그러면 일 잘하는 리더들이 공감 능력은 왜 그렇게 떨어지는 걸까요. 여러 가지 이유가 있겠지만, 가장 큰 이유는 자신이 틀릴 수도 있다는 것을 인정하는 겸손함이 부족하기 때문이 아닐까 싶습니다. 그래서 다른 사람이 처한 상황을 이해하려는 노력도 하지 않는 것이지요. 저는 엄 부장에게 젊은 팀원들과 적극적으로 소통하고 싶다면 우선은 '자기인식'을 통해서 자신이 틀릴 수도 있다는 점을 이해하고 받아들여야 한다고 조언했습니다.

당신은 계속 배우고자 하는 겸손한 리더인가

미국의 저명한 경영사상가인 짐 콜린스^{Jim Collins}는《좋은 기업을 넘어 위대한 기업으로》에서 리더십 수준을 1~5레벨로 구분하며, 위대한 기업을 이끄는 탁월한 경영자들은 예외 없이 가장 높은 수준의 '레벨5 리더십'을 지녔다고 설파했습니다. 그는 '레벨5 리더십'을 "개인적인 극도의 겸양과 직업적인 강렬한 의지의 융합"이라고 설명하고, 이러한 리더십을 지닌 리더는 "비전과 목표를 이루기 위해서 자신을 낮출 줄 알고, 조직을 성장시키기 위해 헌신한다. 능력과 노력 그리고 열정, 야망을 자신을 위해서가 아니라 조직과 목표 달성을 위해 사용한다"라고 강조했습니다.

알파벳 이사회 의장인 존 헤네시 역시 리더십의 토대를 이루는 중요한 원칙으로 '겸손'을 제시했습니다. 그의 설명에 따르면, 그저 고개를 숙이는 것이 '겸손'은 아닙니다. '겸손'은 자신이 이해한 것이 옳지 않을 수 있음을 깨닫고 인정하는 것, 다른 사람의 도움이 필요할 때 기꺼이 청하는 것, 실수를 통해 배울 기회를 찾는 것입니다. 존 헤네시는 겸손한 리더일수록 '일을 하면서 배우는 능력'이 뛰어나며, 덕분에 지속가능한 성장이 가능하다고 주장했습니다.

이처럼 리더의 '겸손'은 리더 자신의 성장을 위해서도 조직의 성공을 위해서도 매우 중요한 요소입니다. 오늘날 리더에게 요구되는 중요한 능력인 공감과 경청의 가장 중요한 토대도 '겸손'입니다. 엄 부장이 그런 것처럼 우리가 '꼰대'라고 부르는 사람들의 가장 큰 특징이 바로 공감과 경청을 할 줄 모른다는 것입니다. 겸손한 리더는 모든 사람이 각자의 가치를 지녔다고 보기 때문에 그들에게서 무엇이든 배우려고 합니다. 무엇이든 배우려면 공감과 경청이 전제되어야 하지요. 타인의 이야기에 귀 기울이지 않고 공감할 수 없는 사람은 아무것도 배울 수 없으니까요.

자기인식을 넘어 자기경계로 나아가기

캘리포니아주립대학교 경영학과 교수인 앤드류 모리스[Andrew Morris] 교수 역시 리더에게 요구되는 궁극의 요건은 '겸손'이라고 주장했으며, '겸손'을 자기인식, 개방성, 초월성의 결합으로 설명했습니다. '자기인식'은 자신의 강점과 더불어 약점까지도 있는 그대로 인식할 수 있는 능력으로 겸손의 기본 토대가 됩니다. '개방성'은 자신의 한계와 불완전성에 대한 인정을 토대로 새로운 아이디어와 지식을 열린 마음으로 수용하고 타인으로부터 배우는 능력입니다. '초월성'은 자신의 한계를 넘어서는 더 큰 세계를 인정하고 그것과 연결되려는 노력을 말합니다.

세 가지 요소 가운데 저는 리더의 첫 번째 성장 단계이기도 한 '자기인식'에 특히 주목합니다. 리더는 깊이 있는 자기인식을 통해 자신의 부족함을 인정할 때 타인으로부터 배움을 얻게 되고 이를 통해 또 다른 성장의 계기를 마련할 수 있습니다. 그리고 과거의 성공 방식이라는 함정에 빠지지 않으려면, 자부심이 지나쳐 자만심이 되지 않도록 하려면 자기인식을 넘어서서 '자기경계'로 나아가야 합니다. 자신의 리더십을 객관적으로 조망하고 비판적으로 성찰하지 않는 리더는 결국 함정에 빠지게 됩니다.

엄 부장은 본인이 꼰대가 아니라는 점을 거듭 강조했지만, 사내에서의 평판은 그렇지 않았습니다. 다면평가 결과를 보니 팀원들은 엄 부장에 대해 실무는 하지 않고 입으로만 일하는 상사로 평가하고 있었습니다. 크리에이티브 디렉터로서 프로젝트 방향을 제시하는 것이 아니라 직원들 근태관리에 더 열을 올린다는 것이었습니다. 이러한 엄 부장에게 필요한 것이 바로 깊이 있는 자기인식과 자기경계가 아닐까 합니다. 자신이 옳다고 생각하는 방식을 구성원들에게 적용하며 그 방식을 따르지 않는다고 해서 무능하다고 비난하는 것은 독선적인 태도입니다. 과거의 무용담을 꺼내 자신을 미화하려는 것은 실무에서 멀어지며 전문성으로 팀원들을 이끌 능력이 없어진 데 따른 두려움 때문일 수 있습니다.

엄 부장은 자기인식과 자기경계를 통해 자신의 현재 모습을 스스로 점검해봐야 합니다. 유능한 리더들은 타인의 인정과 칭찬에 익숙하며 주목받는 자리에서 일해왔기 때문에 더욱 엄중한 자기경계가 필요합니다. 그렇지 않으면 지나친 자기애에 사로잡히거나 자만심에 빠져 공감 능력 부족이라는 결과를 만들어냅니다.

리더는 자만하는 순간 성장을 멈춘다

엄 부장은 자기인식과 더불어 젊은 팀원들의 능력과 가치도 새로운 관점에서 바라보고 이해해야 합니다. 자기주장이 뚜렷하고 일과 삶의 균형을 찾으려는 젊은 팀원들을 무책임하고 불성실하다고 몰아가는 관점은 자신의 방식만이 옳다고 믿는 자만에서 비롯되는 오류일 수 있습니다. 주위의 평판과 달리 엄 부장 스스로는 자신이 꼰대가 아니라고 주장합니다. 이 역시 다른 사람에게 보이는 이미지에 집착하며 스스로 우월하다고 생각하는 자만심에서 비롯된 것일 수 있습니다. 철학자 프리드리히 니체는 "자만은 독창적인 것처럼 보이려는 두려움이다. 자만은 그렇지 않으면서도 자신을 독특한 개인으로 간주하려는 맹목적인 성향이다"라고 말했다지요.

리더는 팔로워와의 관계를 수직적 관계가 아닌 수평적 관계로 받아들여야 합니다. 리더가 거둔 성취는 어떤 것이든 리더 개인의 것이 아니죠. 팀원들과 함께 이룬 것입니다. 하지만 자신이 우월하므로 성공은 당연하다고 생각하는 리더들은 자신의 성공을 팀원들과 나누어야 한다는 생각을 하지 못합니다. 앞에서도 몇 차례 언급했듯이, 자신의 성공을 팀원들의 성공으로, 조직의 성공으로 연결하며 리더십을 확장하지 못하는 리더는 계속해서 성장의 단계를 밟아갈 수 없습니다.

세계적으로 고품질의 기타를 만들어내는 것으로 유명한 일본 후지겐FGN의 요코우치 유이치로橫內祐一郎 회장도 "모든 성공은 다른 사람들의 도움이 있어야만 가능하다"라며 이렇게 말했습니다. "자신이 잘해서 성공했다고 자만하는 순간 성장은 멈춘다. 성공하고 싶다면 당신이 이룬 모든 성과가 다른 사람의 덕이라는 사실을 깨달아야 한다. 그러면 예상하지 못한 더 큰 기회를 얻게 될 것이다." 이는 자만에 빠져서 오히려 팀원들을 비난하며 자신을 합리화하는 리더들이 다시 한번 마음에 새기고 자기경계의 기준으로 삼아야 할 내용입니다.

리더의 품격은
마음의 여유에서 나온다

· 윤대현

　　사람들은 자신이 언제나 냉철하게 상황을 판단한다
고 믿지만, 사실 우리 뇌는 중요한 결정을 내릴 때 '논리'보다는 '직
관'의 영향을 더 많이 받습니다. 직관이 지시하는 대로 먼저 결정
하고 나서 그 결정을 합리화할 논리를 만들어내는 것이지요. 직관
에 따라 빠르게 결정을 내리는 것은 생존을 위해 강화된 특성인지
라 나쁘게만 볼 일은 아닙니다. 다만 뇌가 그렇게 움직인다는 점을
인식하면서 스스로 직관과 논리 사이에서 균형을 잡으려 노력해야
합니다. '내 결정이 틀릴 수 있다'라는 것을 받아들이는 여유를 갖
고 자기 마음과 직관을 객관적인 정보로 받아들여 검증해보는 것
이지요. 그렇지 않고 주관적인 직관과 판단에 휘둘리게 되었을 때

흔히 빠질 수 있는 함정이 바로 '꼰대'가 되는 겁니다.

엄 부장처럼 치열하게 노력해서 힘들게 리더의 위치에 오른 사람일수록 실패에 대한 두려움이 클 수 있습니다. 젊은 후배들에게 뒤처지면 어쩌나 하는 불안도 커질 수 있지요. 그러면 뇌가 두려움과 불안이라는 느낌에 따라서 판단하려는 경향이 강해지며 방어기제가 작동하기도 합니다. 후배들의 생각에 귀 기울일 여유를 잃어버리고, 후배들이 제각기 지닌 능력과 가치도 무시하게 되는 것이지요. 어떻게든 성공궤도에서 이탈하지 않으려 안간힘을 쓰다 보니 변화와 도전에서 더 멀어지고 자신도 모르게 고집스러운 꼰대가 되는 겁니다.

느낌과 논리 사이에서 마음의 균형 잡기

미국의 사회심리학자이자 뉴욕대학교 스턴경영대학원 교수인 조너선 하이트Jonathan Haidt는 《바른 마음》이라는 책에서 "인간은 각자 마음속 변호사를 가지도록 진화했다. 우리는 남을 기소하고 자신을 방어하는 데 능숙하다"라고 주장했습니다. 우리 뇌가 판검사보다는 변호사 역할에 무게를 두고 진화했다는 것이고, 이유는 '진실'보다는 '평판'이 생존에 더 중요했기 때문이라고 합니다. 그래서 우리 뇌는 자신의 결정과 행동이 옳은 것인가를 객관적으로 따지기보다는 자신을 보호하고 방어하는 데에 더 많은 에너지를 사용합니다. 약속에 늦었을 때 "미안합니다"라는 말보다 "차가 너무 밀려서요"라는 말이 먼저 튀어나오는 것도 그러한 방어 본능이 작용한 결과인 셈이지요.

자기 마음을 지켜주는 변호사 역할도 중요합니다. 하지만 여기에도 균형이 필요합니다. 자기 마음을 보호하고 감싸 안아주는 동시에 다른 사람들과의 연결과 소통을 통해 자신을 객관적으로 바라보고 수용하는 것도 해야 한다는 의미입니다.

엄 부장도 최선을 다해 노력하며 살아왔고, 여러 가지 경험을 쌓으며 내면에 수많은 논리와 느낌을 축적했을 테니 어느 정도 방어본능이 작동하는 것은 충분히 이해힐 만합니다. 하지만 그러한 자기 마음을 인식하고 균형을 잡으려 애쓰지 않는다면 자신이 그토록 싫어하는 꼰대 프레임에서 벗어나기 어려울 겁니다. 젊은 팀원들을 향한 주관적이고 부정적인 해석에서 잠시 뒤로 물러나 객관적으로 바라보고 판검사의 논리에 따라 판단해보는 시간을 가져보십시오. 앞에서 설명했듯이, 자기 내면과의 대화를 통해 마음의 프레임을 점검하고 긍정적으로 전환해가는 과정을 통해서 새로운 변화와 도전의 원동력을 얻을 수 있을 겁니다.

이러한 과정은 앞에서 강조했던 '겸손'과도 매우 유사한 심리적 접근입니다. "겸손해야 계속 배울 수 있다"라는 이야기에 저도 동의합니다. 우리는 겸손한 자세가 바탕이 되어야 마음의 균형을 통해 긍정적인 관점에서 새로운 변화들을 학습할 수 있으며, 그것들을 다시 내 마음으로 가져와 삶의 알고리즘을 풍성하게 확장해갈 수 있습니다.

지혜로운 연민 리더십의 훈련

자기애에 치우친 마음의 균형을 잡는 데 구체적으로 도움이 될 만한 방법으로는 '지혜로운 연민^{wisdom compassion}' 리더십 훈련을 제안합니다. 세계적인 리더십 연구자인 라스무스 호가드^{Rasmus Hougaard}의 연구 결과에 따르면, "지혜로운 연민 리더십을 실천하는 리더는 구성원들에게 유능하고 강한 리더로 인식되어 회사에서 승진 가능성도 더 크다"라고 합니다.

'연민'은 다른 사람의 처지를 불쌍히 여기는 마음으로 남을 위해 선한 행동을 하게 되는 동기가 됩니다. 리더십에서 요구되는 연민은 리더로서 팀원들에게 긍정적이며 진실한 관심을 보여주는 것입니다. 연민은 사람들 사이에 강한 유대감을 만들어내며, 협업을 개선하고 신뢰 수준을 높여줍니다. 그런데 연민만으로는 부족하고 반드시 '지혜'를 결합해야 합니다. 지혜란 무엇이 사람들에게 동기부여를 하는지, 어떻게 해야 그들이 합의된 우선순위에 따라 일하도록 만들 수 있는지에 관한 깊은 이해를 의미합니다.

'지혜로운 연민' 리더십 이론에서 연민의 반대편은 '무관심'이고, 지혜의 반대편은 '회피'입니다. 연민에 대한 강박만 있고 지혜가 없는 리더는 친절한 이미지 구축에 집착해 진실에 대한 치열한 소통은 회피하게 됩니다. 그러다 보면 쓴소리하는 사람은 멀리하게 되고 주변에 추종자들만 남기 쉽습니다. 반대로 연민 없이 자기 생각만 지혜롭다고 믿으며 밀어붙인다면 추진력과 실행력은 좋은 평가를 받을 수 있겠으나, 장기적으로는 조직과 구성원 마음에 상처를 남길 가능성이 큽니다.

지혜로운 연민을 훈련하기 위해서는 팀원들을 대할 때 "내가 어떻게 하면 이 사람에게 도움이 될 수 있을까?"라는 질문을 던져보는 것이 도움이 됩니다. 그리고 팀원의 실적이 저조할 때는 엄 부장처럼 감정적인 비난을 하기보다는 팀원이 해야 할 일을 솔직하고 구체적으로 말해주어야 합니다. 빙빙 돌려서 이야기하는 것보다는 허심탄회하고 투명하게 이야기하는 것이 훨씬 친절한 소통입니다.

존경받는 어른의 세 가지 의무

야마다 레이지山田玲司라는 일본의 만화가는 10년간 사회적 영향력이 있는 유명인 200명을 만나 인터뷰한 결과 마음으로 존경할 만한 인생 선배들의 공통점을 발견할 수 있었고, 그 내용을《어른의 의무》라는 책에 담았다고 합니다. 야마다 레이지는 존경받는 '어른의 의무'로 불평하지 않기, 잘난 척하지 않기, 기분 좋은 상태를 유지하기의 세 가지를 제시했습니다.

우선 '불평하지 않기'와 관련해서는 삶에 도움이 되는 조언이라고 합리화하며 후배들에게 자신의 불평을 늘어놓아서는 안 됩니다. 이런 선배를 만나는 후배의 마음에는 조언에 대한 감사함보다는 지루함과 짜증이 생길 수밖에 없습니다. 마음도 지치게 됩니다. 에너지를 앗아가는 선배를 진심으로 따를 후배는 없을 것입니다.

우리 뇌에 '시간은 없는데 할 말은 많은' 유전자가 있다는 우스갯소리가 있습니다. 후배 입장에서는 잔소리이지만 선배 입장에서는 자신의 노하우를 알려주고 싶은, 그래서 인류의 생존을 지속하고자 하는 거룩한 욕구가 담긴 조언이 잔소리인 셈입니다. 이처럼 잔소리는 생존을 위한 본능인지라 참기가 어렵습니다. 그렇더라도 배고프다고 먹고 싶은 대로 다 먹어버리면 비만이 되듯, 본능에 충실해 지나친 잔소리를 하게 되면 후배들은 물론 자기 자신에게도 부정적인 영향을 줄 수 있으므로 스스로 경계를 할 필요가 있습니다.

두 번째 '잘난 척하지 않기'는 '내가 너희 때는 말이야'라는 식의 이야기를 하지 말라는 의미입니다. 야마다 레이지는 후배에게 잘난 척하는 마음에 사실은 열등감이 존재하고, 열등감을 위로받고 싶어서 잘난 척하는 것이라고 지적했는데요, 후배에게도 배울 수 있는 겸손한 어른이 더 큰 존경과 존중을 받을 수 있습니다.

세 번째 '기분 좋은 상태를 유지하기'에서 가장 중요한 것은 자기 기분이 좋지 않더라도 후배에게는 긍정적인 모습을 보여주도록 노력해야 한다는 것입니다. 우리는 긍정적인 에너지를 주는 사람에게 본능적으로 끌립니다. 따라서 기분 좋은 상태를 유지하는 선배들은 좋은 후배들과 튼튼한 인적 네트워크를 구축하는 보상을 얻게 됩니다.

겸손한 마음으로 불평이나 잔소리를 하지 말고 늘 기분 좋은 상태를 유지하라. 정리해놓고 보니 존경받는 어른 되기가 참 어렵네요. 하지만 리더로서 추락하거나 정체되지 않고 다음 단계의 성장으로 계속 나아가기 위해서는 힘들어도 노력해야 합니다. 자신이 존경받는 어른으로서 행동하고 있는지 자기경계를 게을리하지 않는다면 꼰대가 아닌 좋은 선배로서 후배들의 마음을 얻을 수 있고, 이는 리더로서 당신이 지속가능한 성장을 하기 위한 소중한 자원이 되어줄 것입니다.

CASE 17 솔루션

- 꼰대는 나이, 직급으로 만들어지는 것이 아니라 과거 자신의 성공 방식을 강요하는 일방적인 태도에서 비롯된다.

- 어렵게 리더가 된 사람일수록 실패에 대한 두려움이 크기 때문에 마음의 여유를 잃어버리고 고집스러운 면모를 보일 수 있다.

- 내가 틀릴 수도 있다는 사실을 인정하고 늘 배우기 위해 노력하는 '겸손'의 자세가 탁월한 경영자들의 공통적인 특징이다.

- 팀원을 대할 때는 '내가 이 사람에게 어떻게 도움이 될 수 있을까' 생각하며 접근하는 것이 바람직하다.

체크리스트

자기경계

리더는 성공 가도에 오른 후에도 항상 자만을 경계하며 겸손한 자세를 유지해야 지속가능한 성장을 이룰 수 있다. 아래 표를 통해 나는 얼마나 자기경계를 잘하는 리더인지 스스로 점검해보자.

평가항목	체크
나에게는 소명이 있지만 혼자서는 할 수 없는 일이다.	☐
나의 개인적인 비전과 조직의 비전이 연관성을 갖고 있다.	☐
아첨과 아부는 한 귀로 흘려보낸다.	☐
과도한 스트레스를 받을 때 작동되는 쾌락 시스템을 통제할 수 있다.	☐
나의 과거 성공 방식을 다른 사람에게 강요하지 않는다.	☐
내가 틀릴 수 있다는 사실을 항상 인식하고 있다.	☐
부하직원들에게 내가 어떤 도움이 될 수 있을까 고민한다.	☐

0개~2개: 자기만족과 자만심을 극복해야 하는 단계
3개~5개: 자기경계를 위해 노력하는 리더
6개 이상: 겸손한 자세로 건강한 성공을 지속하는 상위 10% 리더

330

리더는 팔로워와의 관계를 수직적 관계가 아닌

수평적 관계로 받아들여야 합니다.

리더가 거둔 성취는 어떤 것이든

리더 개인의 것이 아니죠.

팀원들과 함께 이룬 것입니다.

결국 마음을
아는 리더가 이긴다

       복잡하고 예측하기 어려운 경영환경 속에서 오늘날의 리더들은 이전보다 훨씬 더 높은 수준의 역량을 요구받고 있습니다. 리더의 언행이 가림막 없이 대중에게 그대로 노출되는가 하면, 비윤리적인 리더십이 기업의 평판을 한순간에 무너뜨리기 때문이죠. 그 어느 때보다 성숙한 멘탈을 기반으로 건강한 성장을 도모해야 하는 시기입니다.

  코로나19 팬데믹의 영향으로 관계가 단절되고 비즈니스가 급격한 영향을 받으면서 스트레스 및 우울감을 호소하는 리더들이 늘어나고 있습니다. 최근 몇 년 동안《하버드 비즈니스 리뷰》에는 조직심리 및 리더십, 마음관리를 다룬 글들이 크게 증가했는데, 코로나19 전후에는 그 수가 폭발적으로 늘어났습니다.

이러한 변화는 꼭 팬데믹 때문만은 아닙니다. 사람의 감정과 욕구를 억제하고 표준화와 규모가 기업의 성과를 이끌던 시대는 저물었습니다. 인간 본연의 창의성과 감정이 발현될 수 있도록 조직은 빠르게 변화하고 있습니다. 전문가들은 코로나19와 같은 거대 팬데믹이나 기후변화로 인한 통제 불가 상황이 앞으로 더 빠른 주기로 찾아올 것이라고 합니다. 마음관리의 중요성은 더욱더 커질 것입니다.

국내 유수의 기업과 조직을 이끄는 리더들을 돕는 과정에서 발견한 탁월한 리더들의 비밀은 뛰어난 지식도 스킬도 아닌 자신의 '마음을 들여다보는 힘'이었습니다. 우리는 이 깨달음을 책을 통해 많은 분과 나누고자 했습니다. 리더의 자리에서 누구보다 고군분투하며 치열하게 고민하는 분들에게 이 책이 자신의 내면을 들여다보고 한 단계 성장하는 계기가 되었기를 바랍니다.

좋은 리더가 되는 것은 나만의 '성공 방식'을 만들어가는 여정과 같다고 생각합니다. 이를 위해서는 먼저 자신의 내면을 깊숙이 들여다보고 리더로서 가진 장단점을 명확히 파악할 수 있어야 합니다. 그다음 내가 생각하는 훌륭한 리더의 모습과 나의 모습과의 간극을 좁혀나가야겠지요. 우리가 이 책에서 제시한 '리더의 성장을 돕는 7단계'는 나만의 성공 방식을 만드는 주요한 자산이 될 것이라 확신합니다.

이 책에 등장하는 다양한 사례를 자신에게 비추어보고 솔루션을 적용하고자 했다면 이미 당신은 훌륭한 리더의 자질을 가졌습니다. 어지럽고 복잡한 환경 속에서 조직을 이끌어가야 하는 리더, 리더와 함께 일하며 앞으로 리더가 될 분들께 이 책이 미약하나마 좋은 길잡이가 되기를 바랍니다.

위기의 상황에서는 진실한 조언을 해줄 단 한 명의 존재가 위기를 극복하고 성장을 돕는 결정적인 역할을 한다고 합니다. 이 책이 그런 진정한 멘토 역할을 할 수 있기를 소망해봅니다.

감사의 글

이 책을 출간하는 데 있어 든든한 파트너였던 인플루엔셜의 문태진 대표님, 서금선 본부장님, 김다혜 편집자님께 감사드립니다. 그리고 퍼포먼스 코칭 클라이언트였던 동시에 마음을 열고 경험과 통찰을 공유하며 오히려 저를 코칭해주었던 수많은 리더에게 깊이 감사드립니다. 마지막으로 책이 만들어질 수 있도록 뜻을 함께한 어떤 정신과 의사보다도 따뜻하고 예리한 리더십 전문가 장은지 대표님께 깊은 감사의 마음을 전합니다.

• 윤대현

심리학·정신의학적 분석을 리더십에 접목하여 성과를 이끌어내도록 하는 퍼포먼스 코칭 방법론을 본격적으로 정립하는 데에는 이 책을 함께 집필해주신 서울대학교병원 윤대현 교수님의 도움이 컸습니다. 깊이 감사드리며, 코칭 현장에서 리더십을 성장시키는 데 오랫동안 함께 힘을 모아주신 강북삼성병원 기업정신건강연구소 신영철 교수님과 조성준 교수님께도 감사의 말씀을 전합니다.

• 장은지

부록

셀프 리더십 스터디

정확한 자기인식을 위해서는 전문가의 도움을 받는 것이 가장 좋겠지만, 지금 당장 여건이 안 된다면 온라인 진단도구를 활용해 자기평가를 해보는 것도 도움이 됩니다. 최근에는 인터넷에서 간단하게 해볼 수 있는 진단도구들이 많이 나와 있으니 적극적으로 활용해보기 바랍니다.

가치관^{value}

개인마다 각자 중요하게 생각하는 욕구^{needs}이자 어떤 의사결정을 할 때 기준점이 되는 가치관 검사

개인 가치 평가
www.valuescentre.com/tools-
assessments/pva

핵심 가치 평가
www.onlinepersonalitytests.org/
corevalues

직업을 선택할 때나 일에 있어서 중요하게 생각하는 가치관 검사

직업 가치 검사
www.123test.com/work-values-test

직업 가치관 검사
inspct.career.go.kr/web/psycho/
value

강점 strength

개인에게서 우수하거나 뛰어난 활동이나 업무, 타고난 재능 또는 개인이 차별적으로 보유한 사고 · 감정 · 행동상의 자원 검사

강점 검사
www.viacharacter.org

클리프턴 강점 검사(유료)
www.gallupstrengthscenter.com

성향 traits

개인이 가지고 있는 고유의 성질이나 품성으로 인해 환경에 대하여 특정한 행동 형태를 나타내고 그것을 유지하고 발전시킨 개인의 독특한 심리적 요소 검사

MBTI 검사
www.16personalities.com/ko

BIG5 성격 검사
together.kakao.com/big-five

에니어그램 검사
www.truity.com/test/enneagram-personality-test

DISC 성격 유형 검사
disc.aiselftest.com

성격 검사
www.123test.com/personality-test

인생 곡선 그리기

'인생 곡선 그리기Life Curve Activity'는 저성과자의 자기인식을 돕는 효과적인
활동입니다. 가로축에 출생부터 지금의 시점까지 5년 단위로 기록하고, 세로축
에는 행복했던 수준을 기입합니다. 그리고 그래프 위에 내 인생에 일어난 중요한
이벤트들을 기록하도록 합니다.

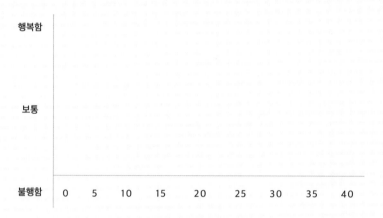

그리고 다음의 질문에 대한 생각을 찬찬히 써보십시오.

1. 나는 어떠한 일을 할 때 가장 즐거웠는가?

_____

_____

2. (타인과 비교가 아닌) 내가 가진 강점 중 내 안에서 상대적으로 뛰어난 강점은 무엇일까?

_____

_____

3. 그러한 강점을 활용하여 인생에서 작게라도 성공해본 경험이 과거에 있었나?

_____

_____

4. 그때 나의 기분이나 감정은 어떠했나?

_____

_____

5. 그 성공으로부터 나는 무엇을 배웠나?

_____

_____

STUDY 3   부적응적 스키마 유형

　　다음은 부적응적 스키마를 진단할 때 사용하는 일반적인 유형과 각 유형에 대한 해석을 간략히 정리해놓은 것입니다. 사람마다 부적응적 스키마가 다르게 나타나는데 리더들에게는 타인 중심성, 과잉경계 및 억제, 특권의식 등이 주로 나타납니다.

단절 및 거절

정서적 결핍	돌봄, 공감, 보호와 가이드 같은 정서적 지지에 대한 나의 욕구를 사람들이 충족시켜주지 않을 것이라는 믿음.
유기	내게 중요한 사람들이 불안정하고 예측할 수 없으며 신뢰할 수 없기 때문에 나에 대한 지원, 연결, 보호를 지속적으로 제공할 수 없을 것이라는 생각.
불신/학대	다른 사람들이 의도적으로 나에게 상처를 주고, 나를 학대하고, 모욕하고, 속이며 나를 이용하거나 방치할 거라는 생각.
사회적 고립	다른 사람들로부터 고립되어 있다는 믿음. 어떤 그룹에도 속하지 않는 느낌.
결함/수치심	나는 결함이 있고 불필요하고 열등하고 가치가 없다는 생각. 수치심, 비판, 거절, 비난에 대한 과민성을 동반함.

자율성 손상

실패	모든 면에서 실패할 거라는 생각. 스스로 멍청하고 부적절하고 재능이 없고 무식하며 지위가 낮고 성공에 불리하다는 생각.
의존/무능감	다른 사람들의 도움 없이는 일상적인 책임을 감당할 수 없다는 생각. 무기력감을 동반함.
위험/질병에 대한 취약성	대참사가 언제든지 닥칠 수 있고 자신은 막을 수 없다는 과장된 두려움. 질병이나 정서적 붕괴 또는 외부의 재앙에 대한 걱정.
융합/미발달된 자기	자아의 충분한 분화나 정상적 사회발달을 희생시켜서 한 명 또는 그 이상의 사람에게 과도하게 정서적으로 융합됨.

타인 중심성

복종	분노, 보복 또는 버림받지 않기 위해 욕망과 감정을 억제하면서 타인에게 통제권을 넘겨주고 복종해야 한다는 신념.
자기희생	일상생활에서 자신의 만족을 희생하여 다른 사람의 필요를 충족시키는 데 과도하게 중점을 두는 신념.
승인/ 인정추구	안전하고 진실된 자기감각을 희생하면서 다른 사람들로부터 승인, 인정, 주의를 얻으려는 욕망.

과잉경계 및 억제

정서적 억제	다른 사람들에게 인정받지 못하거나 수치를 당하거나 충동을 조절하지 못할까봐 행동, 감정 또는 의사소통을 과도하게 억제함. 감정을 회피하고 이성에 대해서도 과도하게 강조함.
엄격한 기준/ 과잉비판	매우 높은 개인적 기준을 충족시키려고 노력하며 압박감, 조급함, 자신에 대한 과도한 비난 등이 수반됨. 기쁨, 여유, 건강, 자존감, 성취감, 만족스러운 관계 등에 문제가 생김.
부정성/ 비관주의	고통, 죽음, 상실, 갈등, 죄의식, 미해결 문제, 잠재적인 실수, 배신 또는 잘못될 수 있는 일 등 부정적인 측면에 지나치게 중점을 둔 신념 체계. 삶의 긍정적 측면을 무시함.
처벌	자신이 한 실수에 대해 가혹하게 처벌받아야 한다는 생각. 자신뿐 아니라 다른 사람도 쉽게 용서하지 못하며 인간으로서의 불완전성을 고려하지 않음.

손상된 한계

특권의식	자신이 다른 사람보다 우월하거나 특별한 소명을 가지고 있다는 믿음. 자신은 특별한 권리를 가졌고 사회적 규칙이나 상호성에 얽매이지 않는다고 생각하여 다른 사람의 욕구나 감정을 무시함.
부족한 자기통제	자기통제를 하지 못하고 목표를 달성하기 위해 감정, 충동을 자제하는 능력이 부족함. 고통, 갈등, 직면, 책임감, 노력 등의 불편을 피하려는 과도한 경향.

STUDY 4 리더십 디레일먼트 유형

　　리더가 과도한 압박과 스트레스를 받을 때 평소와 달리 역기능적 행동을 하게 되는 것을 '리더십 디레일먼트'라고 합니다. 다음은 리더들에게 흔히 나타나는 리더십 디레일먼트 유형을 6가지로 간략히 정리한 것입니다.

	리더십 디레일먼트	해석
유형 1	현실안주 및 좁은 시야	경영환경에 둔감, 단기적 시각, 자기계발 소홀, 안일한 목표 설정, 새로운 변화에 대한 방어, 위험 및 불확실로 인한 변화를 회피함.
유형 2	의사결정 지연 및 갈등 회피	복잡한 갈등 상황에서 의사결정이 오래 걸리거나 결정이 불명확함, 결정에 일관성이 적음, 과도하게 타인을 의식하고 눈치를 봄, 유관부서와의 갈등 시 문제를 회피하거나 소극적으로 대처.
유형 3	마이크로매니징	사소한 일까지 통제하려고 함, 디테일에 집착함, 모든 일을 자신을 통해 결정하려고 함.
유형 4	파벌 형성 및 사적 이익 추구	지연, 학연 등의 인맥을 구축하여 친목을 과도하게 도모함, 친소관계에 따라 불공정한 평가 및 처우를 함, 인정받기 좋은 일만 실행, 조직보다 개인의 성과를 우선시 함, 전사보다 본인 조직의 이익을 우선시 함.
유형 5	공격적 언행	무시, 비하 등의 부정적 언어 사용, 폭언 및 과도한 분노의 감정표현을 함.
유형 6	소통의 부재	구성원들과 감정적 교류가 적음, 결정사항이나 진행상황에 대한 공유가 적음, 일방적으로 지시를 내림.

불면증 극복 방법

불면은 우리 몸과 마음에 적신호가 켜진 것이라고 볼 수 있습니다. 불면의 주범은 '불안'입니다. 우리 뇌에는 수면 스위치가 두 군데 있습니다. 그중에 생체 시계는 빛의 양, 호르몬 변화 등을 인식해 밤이 되면 각성 정도를 낮추고 잠 잘 준비를 합니다. 다른 하나인 감성 시스템은 불안이 감지되면 생체 시계가 아무리 신호를 보내도 각성 스위치를 끄지 않습니다. 불면을 이겨내는 핵심은 '이완'을 통해 각성 스위치를 끄는 데에 있습니다.

1. '내려놓음'을 통해 마음을 다스려야 합니다.

잠자리에 누워서 끙끙대며 잠과 싸우는 것은 불면을 악화시킵니다. 잠자리가 전쟁터가 되면 뇌가 더 각성됩니다. 잠을 자야겠다는 생각을 내려놓고 몸도 마음도 편안하게 이완합니다.

2. 잠이 오지 않으면 일어나 책을 읽거나 음악을 듣습니다.

TV 시청이나 스마트폰 사용은 오히려 각성을 유발하므로 피해야 합니다. 이완에 도움을 주는 활동은 사람마다 다르니 자신에게 맞는 것을 찾아야 합니다.

3. 한 번 실패한 잠자리에는 다시 들어가지 않는 것이 좋습니다.

거실이나 다른 남는 방이 있다면 그곳에 새로운 잠자리를 만들어 자는 것이 효과적입니다. 자동차 뒷자리 등 전혀 잘 생각이 없었던 곳에서 짧지만 깊이 잠든 경험이 있을 겁니다. 잘 생각이 없었기에 마음이 편안하게 이완되면서 잠이 든 것입니다.

4. 자연을 느끼고 즐기는 여유는 이완 시스템이 잘 작동되도록 해줍니다. 하루에 10분이라도 하늘을 올려다보고 산책을 하며 계절의 변화를 오감으로 느껴보는 시간을 가져보십시오. 생체 시계와 감성 시스템이 평화와 여유를 감지하면 전투를 끝내고 각성 스위치를 내립니다.

멘탈 바캉스 훈련

- 세 번 깊게 호흡하며 호흡의 흐름 느끼기 : 출근해서 컴퓨터가 켜지는 동안, 회의 시작 직전 또는 주문한 커피를 기다리는 잠깐의 시간을 활용해 자신의 호흡을 가만히 관찰하며 그 흐름을 느껴보세요.

- 조용한 곳에서 밥 음미하며 먹기 : 오감을 동원해 음식의 색깔이나 향을 음미하고 최대한 천천히 씹으며 다양한 맛을 고스란히 느끼는 슬로 이팅slow eating도 내부 세계에 집중하는 데 큰 도움이 됩니다.

- 하루 10분 사색하며 걷기 : 몸의 움직임이 여유롭고 자유로워지면 뇌의 긴장감도 이완되면서 자기 마음을 바라보는 여유가 생깁니다.

- 친구와 힐링 수다하기 : 마음이 지치고 불안할 때 친구의 따뜻한 공감과 친근한 수다는 큰 위로가 되어줍니다.

- 일주일에 한 번 슬픈 영화 감상하기 : 즐겁고 재미있는 내용으로 마음을 조정하는 것을 기분전환이라 하는데, 기분전환 위주의 활동을 하게 되면 자기 마음의 슬픔이나 아픔을 대면하는 능력이 줄어듭니다. 이럴 때는 꼭 영화가 아니더라도 의식적으로 슬픈 콘텐츠를 접하는 것이 도움이 됩니다.

- 일주일에 세 편의 시 읽기 : 사람의 마음은 논리보다 은유에 움직입니다. 시를 통해 은유에 친숙해지면 내 마음을 바라보고 자유롭게 하는 데에 큰 도움이 됩니다.

- 스마트폰 집에 두고 당일치기 기차 여행하기 : 기차 창문을 멍하니 보다 보면 명상 효과가 일어나고 내 마음을 바라보는 힘이 자라납니다.

STUDY 7   번아웃 체크리스트

평가항목	체크
맡은 일을 수행하는 데 정서적으로 지쳐 있다.	☐
일을 마치거나 퇴근할 때 완전히 지쳐 있다.	☐
아침에 일어나 출근할 생각만 하면 피곤하다.	☐
일하는 것에 심적 부담과 긴장을 느낀다.	☐
업무를 수행할 때 무기력하고 싫증을 느낀다.	☐
현재 업무에 대한 관심이 크게 줄어들었다.	☐
맡은 일을 하는 데 소극적이고 방어적이다.	☐
나의 직무 기여도에 대해 냉소적이다.	☐
스트레스를 풀기 위해 쾌락을 즐긴다.	☐
최근 짜증, 불안이 많아지고 여유가 없다.	☐

* 위 체크리스트 중 3개 이상 해당되면 번아웃을 의심해봐야 한다.

논문 및 저널

Bernstein, Elizabeth, "Why Introverts Make Great Entrepreneurs", *The Wall Street Journal*, August 24, 2015.

Curran, Thomas, Andrew P. Hill, "Perfectionism Is Increasing Over Time: A Meta-Analysis of Birth Cohort Differences From 1989 to 2016", *Psychological Bulletin* 145(4), 2017.

Eurich, Tasha, "What Self-Awareness Really Is (and How to Cultivate It)", *Harvard Business Review*, 2018.

Gourguechon, Prudy, "The Psychology of Apology: How Did Starbucks' CEO Kevin Johnson Do?", *Forbes*, May 6, 2018.

Harari, Dana, Brian W. Swider, Laurens Bujold Steed, and Amy P. Breidenthal, "Is Perfect Good? A Meta-Analysis of Perfectionism in the Workplace", *Journal of Applied Psychology*, 2018.

Hougaard, Rasmus, Jacqueline Carter, and Nick Hobson, "Compassionate Leadership Is Necessary – but Not Sufficient, *Harvard Business Review*, December, 2020.

Leary, Mark R., Geoff MacDonald, "Individual differences in self-esteem: A review and theoretical integration", *Handbook of self and identity*, 2003.

McKinsey&Company, the value of centered leadership(McKinsey global-survey results), October, 2020.

Marks, Mitchell L., Philip Mirvis, and Ron Ashkenas, "Rebounding from career setbacks", *Harvard Business Review*, October, 2014.

Morris, J. Andrew, "Bringing humility to leadership: Antecedents and consequence of leader humility", *Human Relations*, October, 2005.

Moshavi, Dan, F. William Brown, and Nancy G. Dodd, "Leader self-awareness and its relationship to subordinate attitudes and performance", *Leadership & Organization Development Journal*, vol. 24, no. 7 (2003): 407–418.

Rosenthal, Bill, Effective Communication: the Power of Metaphor, 2013.

Sullivan, Bob, Hugh Thompson, *The Plateau Effect: Getting From Stuck to Success*, Dutton, 2013.

Chen, Serena, "Give Yourself a Break: The Power of Self-Compassion", *Harvard Business Review*, September–October, 2018.

UN Global Compact, "Leadership for the Decade of Action", July, 2020.

단행본

데이비드 버커스,《친구의 친구: 인생과 커리어가 바뀌는 '약한 연결'의 힘》, 장진원 역, 한국경제신문사, 2019.

로버트 서튼,《또라이 제로 조직: 건전한 기업문화의 핵심》, 서영준 역, 이실MBA, 2007.

마크 브래킷,《감정의 발견: 예일대 감성 지능 센터장 마크 브래킷 교수의 감정 수업》, 임지연 역, 북라이프, 2020.

수전 케인,《콰이어트: 시끄러운 세상에서 조용히 세상을 움직이는 힘》, 김우열 역, 알에이치코리아, 2021.

야마다 레이지,《어른의 의무: 어른의 노력이 모든 것을 바꾼다》, 김영주 역, 북스톤, 2017.

에드윈 바티스텔라,《공개 사과의 기술 : 위기를 기회로 바꾸는 사과는 무엇이 다른가》, 김상현 역, 문예출판사, 2016.

에이미 에드먼슨,《두려움 없는 조직: 심리적 안정감은 어떻게 조직의 학습, 혁신, 성장을 일으키는가》, 최윤영 역, 다산북스, 2019.

윌리엄 유리,《No, 이기는 협상의 출발점》, 김현구 역, 동녘라이프, 2007.

이정동,《축적의 시간: 서울공대 26명의 석학이 던지는 한국 산업의 미래를 위한 제언》, 지식노마드, 2015.

조너선 하이트, 《바른 마음: 나의 옳음과 그들의 옳음은 왜 다른가》, 왕수민 역, 웅진 지식하우스, 2014.

조지 베일런트, 《행복의 조건: 하버드대학교·인간성장보고서》, 이덕남 역, 프런티어, 2010.

존 헤네시, 《어른은 어떻게 성장하는가: 구글, 스탠퍼드에서 배우는 리더의 품격》, 구 세희 역, 부키, 2019.

짐 콜린스, 《좋은 기업을 넘어 위대한 기업으로: 위대한 기업과 괜찮은 기업을 가르 는 결정적 차이는 무엇인가》, 이무열 역, 김영사, 2021.

리더를 위한 멘탈 수업
압도적 성과를 올리는 사람들의 7단계 성장 전략

초판 1쇄 2021년 10월 20일
초판 11쇄 2024년 7월 29일

지은이 | 윤대현 장은지

발행인 | 문태진
본부장 | 서금선
편집 2팀 | 임은선 원지연

기획편집팀 | 한성수 임선아 허문선 최지인 이준환 송은하 송현경 이은지 유진영 장서원
마케팅팀 | 김동준 이재성 문무현 박병국 김윤희 김은지 이지현 조용환 전지혜
디자인팀 | 김현철 손성규   저작권팀 | 정선주
경영지원팀 | 노강희 윤현성 정헌준 조샘 이지연 조희연 김기현
강연팀 | 장진항 조은빛 신유리 김수연 송해인

펴낸곳 | ㈜인플루엔셜
출판신고 | 2012년 5월 18일 제300-2012-1043호
주소 | (06619) 서울특별시 서초구 서초대로 398 BnK디지털타워 11층
전화 | 02)720-1034(기획편집) 02)720-1027(마케팅) 02)720-1042(강연섭외)
팩스 | 02)720-1043   전자우편 | books@influential.co.kr
홈페이지 | www.influential.co.kr

ⓒ 윤대현·장은지, 2021

ISBN 979-11-91056-99-0 (03320)